여자는 언제 지갑을 여는가

여성 고객을 매혹시키는 구매결정의 심리학

여자는 언제
지갑을 여는가

WHAT WOMEN WANT

파코 언더힐 **지음** | 김선영 **옮김**

살림Biz

차례

한국어판 서문

먼저 내 책을 읽고 편지와 이메일을 보내준 한국 독자 여러분께 감사의 마음을 전한다. 여러분은 책에서 언급한 내용이 대부분 에티켓과 밀접한 관계가 있음을 시사해주었다. 사용자 편의를 우선하는 세상은 어떻게 만들까? 다른 나라 독자도 각 나라마다 갖고 있는 고유의 전통과 예의를 존중해야 한다는 내 의견에 긍정적인 답변을 주었다.

나는 여러분의 나라 한국에 특별한 애정을 가지고 있다. 내가 처음 한국을 방문했을 때가 1972년 여름이었다. 개인적으로는 젊은 시절 가장 소중한 추억이 고스란히 담겨 있는 마법과 같은 9달이 시작된 때였다. 당시 나는 20세 청년이었는데 키가 2미터 가까이 되고, 장발에 콧수염까지 기를 무렵이라 보수적인 한국 분위기에서 눈에 확 띄는 외국인이었다.

한 학기 동안 이화여자대학교에서 교환학생으로 공부를 했다. 나와 몇몇 남자 외국 교환학생을 제외하고는 천여 명이 넘는 학생이 모두 여학생이었다. 당시 아르바이트로 모델 활동도 했다. 스포츠 모자, 신사 정장, 심지어 속옷 모델까지 했는데, 한국 의류회사 문서보관소 어딘가에 지금도 그 사진이 남아 있을 것이다.

나는 한국에 있는 동안 대부분의 시간을 여행을 하며 보냈다. 차로, 버스로, 기차로, 페리로 울릉도에서 제주도의 아름다운 해변과 많은 산들의 정상까지 올라가고, 산속 절에도 묵었고, 마을을 지나며 무당이 하는 굿도 보았다. 또한 소주를 마시고, 보신탕을 시식했으며, 공중목욕탕에서 때를 밀기도 했다. 내가 가는 곳마다 한국 사람들은 친절히 맞아주었다. 내가 미국 군인처럼 보이지 않았고, 내가 보고 느끼는 모든 것에 집요한 관심을 보였기 때문일 것이다. 이 시절에 사귀었던 친구들은 내 소중한 평생지기가 되었다. 그런데 내 인생의 가장 설레고 흥미로웠던 시기가 공교롭게도 한국에서 정치적으로 경제적으로 더 나은 삶을 위해 분투하던 역동적인 시기와 맞아떨어졌다. 이 세대의 한국인들은 세계 그 어떤 나라도 이루지 못한 빠른 경제발전을 이루어, 지금의 위상을 가져왔다.

40년 전 한국이 어떤 모습이었는지 지금으로서는 상상하기 어려울 정도이다. 12시에 통행금지가 있어 모든 서울 시민들은 11시 30분만 되면 집에 들어가려고 아우성을 쳤다. 버스, 택시, 자가용은 그 시간만 되면 경적을 울려대면서 난리법석이었다. 그러다가 12시 정각이 되면, 마치 누군가가 전원을 끈 것처럼 도시는 정적 속에 가라앉았다. 시내 중심가마다 경찰과 군인이 진을 치고 점령했다.

겨울이 되면 가정집과 사무실에서는 연탄을 땠다. 골목 모퉁이 어디에서나 천막을 치고 막걸리와 구운 마늘을 파는 주점을 찾을 수 있었다. 시장에 가면 김치를 담그는 가게 아줌마들이 있었고, 매운 고추 양념은 눈을 찔러 얼얼했고, 배추에는 흙이 고스란히 묻어 있기도 했다. 지하철은 당연히 없었고, 냄새가 역한 디젤 버스만이 유일한 대중교통 수단이었다. 대형 마트나 슈퍼마켓, 백화점, 쇼핑몰도 없었다. 세계 100위에 드는 한국 기업도 없었다. 자동차를 생산하는 회사도 없었다. 그 시절의 서울은 제3세계 가난한 나라의 수도였다.

강한 국가 정체성을 제외하고 실질적인 천연자원도 거의 없었다. 그러나 강한 정신력과 근면성, 교육에 대한 엄청난 열정으로 한국은 눈부시게 도약했다. 대부분의 한국 기업이 그들의 산업분야에서 선두에 우뚝 섰다. 삼성은 가전제품 제조회사 중 세계에서 규모가 가장 크다. 또한 한국은 최상품의 자동차를 전 세계 시장에 수출하고 있으며, 세계에서 가장 빠른 인터넷 보급망을 가지고 있고, 한국의 팝스타들과 드라마는 지구촌 젊은이들의 마음을 사로잡고 있다.

2012년, 25년 전에 내가 설립한 인바이로셀 회사가 서울에 지사를 냈다. 세계적인 기업과 유통업계가 한국시장에 지대한 관심을 갖고 있고, 많은 한국 기업도 글로벌 스탠더드에 맞게 대처하기로 결정했기에 가능한 일이었다.

이제 곧 나는 60세가 된다. 얼마 전 젊은 시절 내 소중한 추억이 담긴 한국에 다시 방문하게 되어 감회가 남달랐다. 고추장 양념을 듬뿍 넣은 비빔밥은 예전보다 훨씬 더 맛있게 느껴졌다.

이 책은 남자인 내가 쓴 여성에 관한 책이다. 전에 내 책을 읽었던 독자들은 아마 어떤 부분에서는 크게 웃을 것이고 다른 부분에서는 좀 불편할지도 모르겠다. 내 홈페이지 www.pacounderhill.com에 들어와서 여러분의 의견을 내게 가감 없이 솔직하게 얘기해주길 바란다. 내 말에 동의하시는지?

서문

내가 전 세계를 돌며 확인한 사실이 한 가지 있다. 바로 사회, 경제, 문화 면에서 여성의 영향력이 커졌다는 점이다.

대머리에 평생을 말더듬과 싸워온 나이 든 소매업 전문가이자, 말콤 글래드웰Malcolm Gladwell이 잡지 「뉴요커New Yorker」의 프로필 칸에 '어수룩해 보이는 사람'으로 소개한 나는, 각종 회의와 사내모임, 명상센터, 만찬행사 등을 돌며 많은 대중강연을 해오고 있다. 1년에 마흔 번 정도 유료 강연을 한다. 이러한 강연들은 사업에 활기를 불어넣고 미디어의 관심을 끌기에 효과적이다. 나는 강연을 할 때마다 매번 이런 말을 꼭 덧붙인다.

"지금 우리는 남성이 소유하고 남성이 디자인하며 남성이 관리하는 세상에 살고 있지만, 우리 남성은 내심 여성이 적극적으로 동참해주길 바랍니다."

많은 이들이 웃으며 고개를 끄덕인다. 남녀 모두 이에 공감할 것이다. 싱가포르에서 텍사스, 두바이에서 멕시코시티, 더블린에서 상파울루까지, 세계 곳곳을 돌며 내가 묻는 중요한 질문 중 하나는 바로 이것이다. "이 패키지와 상품, 공간, 디자인, 서비스는 왜 '여성친화적'으로 만들어졌을까?"

이런 질문을 하는 것은 사람들을 자극하려는 의도이거나 거들 먹거리려는 것이 아니다. 또 이런 질문을 던져서 도덕적 문제나 여성주의 문제를 끌어들일 생각도 없다.

나는 단지 여성이 사회나 전문 영역에서 점차 힘이 세지고 있음을 인정한 것뿐이다. 나는 현실세계와 세계시장에서 급속도로 번지는 이러한 양상을 관찰하고, 여기에 살을 붙여 묘사하기에 퍽 유리한 위치에 있다. 포장업이나 차량, 가전제품, 의류 분야는 물론이고, 가정이나 호텔, 사무실, 매장, 식당, 관광지에서도, 전자상거래나 가사도우미, 은행, 렌터카 같은 종래의 일상적인 서비스 영역에서도 이를 직접 살필 수 있다.

어쩌면 당신은 여성들이 문화에 끼친 영향력을 이미 알고 있을지도 모르고, 혹은 그런 낌새를 눈치챘을 수도 있다. 하지만 그 누적된 효과는 굉장하고 매우 인상적이다.

혹시 이런 사실을 알고 있는가?

전체 미국 여성 중 70퍼센트가 사회생활을 한다.

여성은 능동적 수입 즉, 직장에서 버는 돈 중에서 일정한 몫을 좌우할 뿐 아니라, 집안의 자산이나 물려받은 유산을 뜻하는 수동적 소득도 상당 부분 관리한다.

여성은 고등교육 과정 중 강한 면모를 보인다. 미국과 캐나다 전역의 대학 캠퍼스에서 남녀비율은 6 대 4이다.

현재 공학, 물리학, 컴퓨터공학, 생물학, 임상심리학에서 여성 연구원 숫자는 기록적이다. 의료, 법, 과학뿐 아니라 주요 산업 분야도 차츰 여성들의 수가 늘고 있다. 1970년대부터 나타난 이러한 흐름은 여성들이 변호사, 의사, 건축가를 양성하는 프로그램에서 두각을 보이면서 시작되었다. 참고로 이는 한때 전통적으로 남성들만이 포진하던 몇 안 되는 직업들이었다.

소형 트럭은 예외지만, 여성은 가정용 미니밴, 반궤도식 장갑차, 관측용 반궤도 차량, 안전하고 거대한 SUV(마초들의 차량으로 만들어진 것은 아니다) 등 가릴 것 없이, 디트로이트에서 나온 거의 모든 성공한 차량에 영향력을 행사하고 있다.

가정과 회사를 운영하며 유례없이 많은 이들이 경영대학원에 다니고 출장차 세계를 누비는 여성의 비중도 증가하고 있다. 미국에서 도서 바이어의 상당수도 여성이 차지한다.

여성은 가족을 대신해 음식을 마련한다. 농산물시장과 유기농 식품 운동의 배후에 여성이 있다.

여성에게는 가족의 단란한 시간을 준비하고, 아이들 방학에는 빅 벤드 공원Big Bend(미국 텍사스 주 남서부에 있는 국립공원-옮긴이)에서 캠핑을 할지, 낸터킷Nantucket(미국 매사추세츠 주에 있는 휴양지-옮긴이)에서 일광욕을 즐길지 아니면 그냥 집에 머물지 결정하는 권한이 있다.

여성은 여성 취향의 영화와 텔레비전 방송을 꾸준히 만들어낼 뿐만 아니라, 여성들이 즐기는 유머와 시각예술, 음악도 창조해낸다.

물론 이러한 예 중 어떤 현상은 다른 것보다 두드러지지만, 눈에 잘 드러나지 않는 부분도 있다. 예를 들면 유기농식품 운동의 출범이라든지, 연예 산업 전반에 걸친 성별 임금격차에 맞서는 것, 그리고 재기발랄한 여류작가이자 코미디언인 티나 페이^{Tina Fey}가 지난 대선을 풍자한 모습 등이 그런 경우다.

남녀 사이의 완전한 평등은 끝내 이뤄지지 않겠지만 여성은 그 간격을 차츰 좁히고 있다. 그리고 앞으로 그 흐름은 더욱 주목받을 것이다.

현실이 이러하니 만약 당신이 남성 사업가라면 그리고 여성이 휘두르는 권력과 영향력을 아직 레이더망에 완전히 포착하지 못한 사람이라면, 내 의사소통에 문제는 없는지 점검해봐야 한다. 만약 당신이 운영하는 매장과 식당, 은행, 호텔, 쇼핑몰, 여타 공공장소나 편의시설이 여성이라는 존재를 인식하지 못하고 여성을 끌어들이지 못한다면, 또 여성에게 이곳이 집처럼 아늑하고 안전하며 깨끗하고 만족스러운 데다 통제가능한 곳이라는 인상을 심어주지 못한다면, 그리고 여성이 원하고 기대하는 것(이는 남성이 원하고 기대하는 바와 사뭇 다르다)을 고려하지 않는다면, 그 사업의 미래는 암울하다. 게다가 당신 업체가 더러운 탈의실과 부실한 조명, 음침한 호텔 로비, 무례한 고객 서비스, 얼룩진 거울 혹은 거울 자체가 없는 상황, 고객을 하대하는 분위기, 이 중 어느 하나에 해당한다면, 이 사실을 자신이 아는 모든 친구와 지인에게 매우 신이 나서 떠들어댈 다수의 영향력 있는 고객을 영원히 놓칠지도 모른다.

내 경험에 따르면 여성들은 입소문 내기에 매우 능하다.

2005년 역사상 처음으로 미국 대도시에서 서른 살 미만 젊은 여성들의 경제력이 남성들을 앞질렀다는 놀라운 통계가 나왔다. 이러한 변화는 1990년대 후반 로스앤젤레스와 댈러스 같은 도시 지역에서 시작되었고, 2000년이 되자 뉴욕시티로 전파되어 이곳의 남녀 임금이 어느 정도 비슷해졌다. 5년 후에는 뉴욕시티의 다섯 개 자치구 중 하나에 거주하는 스물한 살에서 서른 살 사이의 정규직 여성들이 같은 조건의 남성들보다 117퍼센트 많이 벌었다. 이를 달리 표현하면 남성의 소득 중간값이 30,560달러인 반면, 같은 조건의 여성은 35,653달러를 벌었다는 뜻이다. 텍사스 주의 경우 황금알을 낳는 산업도 거물급 인사도 없다. 그렇지만 텍사스 주 북부 도시인 댈러스에서는 여성의 경제력이 남성의 120퍼센트에 달했다. 미국에서 가장 높은 수치다.

성별 소득 불평등? 다들 알다시피 현실에서는 여전히 존재한다. 2009년 초에야 오바마 대통령은 성별에 따른 임금격차를 없애기 위해 동일임금법에 서명했다. 다소 늦은 감이 있었다.

여성들의 경제력 향상은 전 세계 취업률과 궤를 같이 한다. 미국의 경우 2009년 당시 실업률이 8.5퍼센트인 상황에서 스물다섯 살의 여성이 정규직에 종사할 가능성은 남성보다 높았다. 이민자, 아프리카계 미국인, 라틴계 인구를 제외하면 그 비율은 더욱 커진다. 경제 불황도 여성에게는 유리하게 작용한다. 최근 불경기 동안 실직자 중 82퍼센트가 남성이었는데, 남성은 건설과 제조업 같은 분야에서 주로 일을 하기 때문이다. 반면 여성은 예부터 교육과 보건의료 분야에서 일해왔으며, 이들 업종은 경기 변동을 덜 탄다.

내가 다른 나라를 돌아보며 발견한 흥미로운 현상 중 하나는 다른 나라의 다양한 성별 격차였다. 브라질은 미국과 마찬가지로 남성 실업률이 여성 실업률보다 훨씬 높다. 필리핀의 경우 하층 여성은 가사일이나 보육 일자리를 찾을 수 있는 반면, 교육수준이 낮은 필리핀 남성은 완전히 주변부로 밀려나 있다.

이때 명백한 사실이 한 가지 있다. 교육수준이 높을수록 보수가 좋은 일자리를 얻을 확률이 높다는 점이다. 남녀를 불문하고 고등학교를 제대로 나오지 못하면 실업자가 될 확률이 73퍼센트나 된다. 고등학교 졸업장은 취업 형태를 막론하고 취업률을 약 5퍼센트 높이지만, 대학이나 대학원 학위가 있으면 전문직에 종사할 가능성이 최고조에 달한다.

이는 대학과 대학원에서 여성이 두각을 나타내는 이유 중 하나일지도 모른다. 현재 미국에서 학사학위 취득자 비율은 남성 100명당 여성이 140명이다. 이러한 성별 격차는 앞으로도 계속될 전망이다. 1969년부터 2000년까지 남자 대학생 수는 단 39퍼센트 증가하는데 그쳤지만, 같은 기간 여자 대학생 수는 157퍼센트 늘었다. 현재 여성은 사실상 모든 고등교육 기관에서 남성을 앞지르고 있다. 아프리카계 미국인 집단도 마찬가지로, 한 연구에 따르면 대학 교육을 받은 남녀 비율이 남성 한 명당 여성은 두 명이라고 한다.

이러한 현상은 일부 어린 남학생들 사이에 퍼진 학습장애 때문일지도 모른다. 남자아이들은 여자아이들보다 읽기 장애를 겪을 위험이 2.5배 가까이 높다. 난독증과 자폐범주성 장애는 어떨까? 여자아이들은 발병 확률이 6퍼센트인 반면 남자아이들은 10퍼센트다. 또 미국의 남자아이들은 여자아이들에 비해 특수교육을 받을 확률이 3배 높고, 유급할 확률도 2배 높다(물론 부모의 나이와 교육 수준을 비롯해 사회인구학적 요인을 고려하면 통계치가 바뀔 수 있다).

또한 주의력 결핍 과잉행동 장애를 뜻하는 ADHD도 있다. 이는 부주의부터 자제력 결핍, 부산함, 주의산만에 이르기까지 폭넓은 징후를 포함한다. 누가 이런 장애에 걸릴까? 대개 남자아이들이다. 이는 명백한 사실이다. 이와 관련한 논의는 많지만 아무도 정확한 이유는 모른다. 어떤 교육자들은 유치원부터 초등학교 고학년까지 교실에서 지켜야 할 행동규범인 정숙, 집중, 주목 등이 일반 여자아이들의 기질과 딱 맞아떨어진다고 말한다. 여자아이들은 얌전히 잘 앉아 있는 반면, 남자아이들은 몸부림치고 안절부절못하며 딴생각에 빠진다. 과잉행동 장애든 난독증이든 남자아이들은 교실이라는 공간이 자신들의 타고난 기질과 맞지 않는 반면, 같은 반 여자아이들은 이에 잘 적응한다. 이런 요인이 왜 여성들이 교육에서 두드러진 성장을 보이는지에 대한 궁극적인 설명이 될지도 모른다.

여성들이 경력에서 앞서가는 또 다른 중요한 이유이자, 내가 재차 강조해도 부족하다고 느끼는 요인은 바로 출산이다. 출산률 감소 혹은 어떤 여건에서 언제 누구와 아기를 낳을 것인가에 대한 선택권이라고 표현해도 좋다. 우리는 인류 역사상 지켜온 마법의 선을 넘어섰다. 산아제한 덕분에 성행위를 출산과 분리했고 이를 생물학적 행위에서 벗어나게 했다. 여성의 성생활은 유동적이고 유희의 대상이 되었다. 만약 이 말에 조금이라도 의심이 간다면 〈섹스 앤 더 시티Sex and the City〉의 예전 시즌을 한두 편 빌려보거나 극장판을 감상해보라. 대학을 졸업하거나 석·박사학위를 받은 이후에도 많은 젊은 여성들은 짝을 찾아 가정을 꾸리려고 서두르는 법이 없다. 덕분에 여성들은 전문직 경력을 쌓을 시간과 공간, 기회, 여유를 얻었고, 돈도 어느 정도 모았다. 적어도 가정을 꾸리고 아이를 낳으라는 사회적 압력이 소규모 도시나 시골 지역보다 적은 미국 주요도시에서는 그랬다.

이런 재생산 영역을 통제하게 되자, 동아프리카 동굴만큼이나 먼 시절부터 인류의 삶에 깊게 뿌리내린 몇 가지 전제가 송두리째 바뀌었다. 내 생각에 이는 바람직하다거나 혹은 문제가 있다고 여길 대상이 아니다. 그냥 그렇게 존재할 뿐이다. 그리고 이 현상은 모두 알다시피 세상을 바꾸었다.

남성은 근육의 힘으로 기여를 해왔다. 하지만 스코틀랜드의 전통놀이인 원목 던지기caber tossing를 제외하면, 농경과 군사 등 역사상 완력을 요구했던 많은 영역이 더이상 '근육'을 직무조건으로 내세우지 않는다. 디지털 기술이 확산되는 세상에서 우람한 이두박근이나 삼두박근은 갈수록 의미가 없어진다. 이는 해변에서 여자 친구를 보호하려는 44킬로그램 약골에게도, 한때 남성의 근육을 요구했던 직무를 매우 능숙하게 다룰 줄 아는 여성에게도 반가운 소식이다.

군대를 예로 들어보자. 미 공군의 무인 항공기 프레데터Predator의 신임 조종사는 앞으로 여성일 확률이 높다. 중고도에서 장시간 체공하며 원격조종 항공 시스템으로 움직이는 이 무인 항공기는 주요 목표물을 겨냥해 공중 감시를 하고 무장 정찰임무를 수행하기 위해 만들었다. 관련 영상은 실시간으로 최전방 병사에게 전달된다. 항공기 승무원은 조종사와 센서 관리사가 한팀을 이룬다. 매우 정교한 데이터 링크 덕분에 이들은 지상통제소에 앉아 항공기를 조종할 수 있다. 이 프레데터는 레이더와 적외선 카메라, 레이저 유도 헬파이어 대전차 미사일laser-guided AGM-114 Hellfire antiarmor missiles 두 대를 탑재하고 있다. 이런 항공기를 조종하는 업무에 툭 튀어나온 이두박근은 전혀 필요하지 않다. 그저 명석함과 집중력, 성실함, 민첩성, 송곳 같은 정확성만 있으면 된다. 그야말로 '여성적' 기질이 아닌가?

여성이 돈벌이를 하게 된 것은 비교적 최근 일이다. 역사상 여성은 늘 일을 해왔지만, 경제적 힘 즉, 뭐든 원하는 물건을 사고자 스스로 결정할 수 있게 된 것은 혁명 같은 일이다. 이런 현상은 빠르게 퍼지고 있다. 만약 여성이 자녀를 갖지 않기로 결심하면 그만큼 다른 곳에 돈을 쓸 수 있는 여유가 생긴다.

여성의 경제력은 능동적 수입뿐 아니라 수동적 수입에서도 드러난다. 능동적 수입은 직접 돈을 버는 여성 경영자나 직원에게 해당하는 개념이다. 반면 수동적 수입은 유산을 칭하기도 하고, 헤지펀드를 운용하던 남편이 예순넷에 주당 70시간씩 일하다가 스쿼시 코트에서 심장발작으로 쓰러지면서 홀로 남은 아내에게 남긴 돈을 뜻하기도 한다. 미국과 일본 모두 수동적 자산 중 상당액이 여성의 손아귀에 놓여 있다. 이들은 그 돈을 지출한다. 멋진 여행을 하고 환상적인 온천관광을 다닌다. 모교인 고등학교와 대학에 기쁨을 선사한다. 손주들을 위해 선물을 사거나 이들이 다니는 사립학교와 대학에 등록금을 대기도 한다.

이 여성들은 호텔, 식당, 주유소, 박물관, 쇼핑몰, 은행, 자동차 전시장, 옷가게 등 당장 떠오르는 몇몇 장소에서 화끈하게 돈을 쓰기도 한다. 단, 담당자가 이곳을 여성친화적인 공간으로 꾸며놓았을 때의 이야기다.

솔직히 나는 여성들의 요구가 그렇게 복잡하다고 보지 않는다. 그렇다면 그 짧은 요건을 한번 훑어보도록 하자.

청결

여성이라는 종족은 청결한 것을 좋아하고 반긴다. 혹자는 "청결을 강력히 요구한다."고 할지도 모르겠다. 청결은 여성들의 하드웨어에 내장되어 있다. 여성들은 대개 '청결'과 '불결'을 순식간에 알아챈다. 대다수 여성에게 "내 주변이 청결한가?"라는 느낌은 직감이자 육감으로, 자기 집 모든 방에서, 자주 가는 상점에서, 옷을 갈아입는 모든 탈의실에서, 식사하는 모든 식당에서, 여행가방을 내려놓는 모든 호텔 방에서, 자신이 다니는 헬스장에서, 풍덩 뛰어드는 모든 수영장에서, 걸어 들어가는 모든 화장실에서 이를 즉각적으로 느낀다.

왜일까? 생각해보면 청결이라는 문제는 여성의 위생과 육아뿐 아니라 식품을 사오고 음식을 준비하는 모든 일에서 중요하다. 이러한 여성의 역할은 역사적으로 초기 수렵채집 시대로까지 거슬러 올라간다. 이렇게 끊임없이 청결에 신경을 쓰는 모습은 간호 업무에서도 엿볼 수 있는데, 인체의 체액과 노폐물을 가장 가까이에서 접하는 이러한 일 역시 전통적으로 여성의 몫이었다.

2년 전 나는 일주일에 이틀씩 노인 전문병원에서 야간 봉사활동을 했다. 나이 든 중환자를 보살피는 일이었다. 봉사활동 때문에 퇴근 후 바로 집을 나서야 했지만 매우 보람찼다. 병원 일을 거들 때 전달받은 중요한 사항 중 하나는, 환자와 어떤 물리적 접촉을 했든 이후에 손을 제대로 씻어야 한다는 것이었다. 남자인 나는 그저 흐르는 물에 손가락을 적신 후 비누칠을 하고 물로 헹구고 바지에다 물기를 닦곤 했다. 하지만 그렇게 하면 안 된다. 올바른 손 씻기 요령은 다음과 같다. 1)종이수건을 이용해 수도꼭지를 튼다. 2)손에 비누를 구석구석 묻히면서 '생일 축하합니다' 노래를 부른다(끝 소절까지 불러야 한다). 3)손을 헹군 다음 아까 그 종이수건으로 수도꼭지를 잠근다. 4) 그 종이수건으로 손을 닦는다.

하루에 십여 차례 이렇게 씻고 나면, 남성들은 대다수 여성이 이렇게 청결하게 살고 있고 또 일상에서 이러한 청결을 요구한다는 사실에 새삼 존경심이 들 것이다. 청결은 여성에게 "중요한 문제다." 여성은 더욱 청결해질 방법을 고민한다. 나를 비롯한 대다수 남성은 인생을 살면서 어머니와 여자 친구, 아내 덕분에 이런 사실을 경험으로나마 깨닫는다.

통제권

만약 남성 독자라면 운전을 하겠다고 고집을 부리는 여성을 주변에서 봤을 것이다. 혹은 드문 경우지만 남성을 운전석 뒷자리에 앉히고 운전 내내 히터나 에어컨 조작 버튼을 만지작거리는 여성을 봤을 것이다. 여성에게는 온도가 딱 맞는 경우가 없다. 또 당신이 튼 라디오에서 음악이 흐르면 베이스 소리를 낮출 방법은 없냐고 큰 소리로 묻기도 한다. 공항 터미널부터 쇼핑몰, 영화관, 작은 상점에 이르기까지, 볼 수 있는 장면 중 하나는 남성 관리자들이 해놓은 초기 설정 때문에 여성들이 여러 가지 불편을 겪는 모습이다.

거듭 말하지만 이는 여성들이 온도 설정을 꼭 바꾸려 한다는 뜻은 아니다. 여성은 단지 선택권을 원할 뿐이다. 수긍할 만한 요구가 아닐까?

이 통제권이라는 문제는 좌석에서도 드러난다. 사람들은 움직일 수 있는 좌석을 좋아한다. 급히 움직여야 해서가 아니라, 다만 움직일 수 있는지 알고 싶을 뿐이다. 현재 뉴욕 타임 스퀘어 광장에는 차량통행을 막아놓은 구역이 많다. 그리고 광장측은 이동이가능한 붉은 금속의자를 보행자 통로에 배치해놓았다. 사람들은오가면서 아무 데나 원하는 곳에 의자를 놓을 수 있다. 반면 대다수 공간이나 대기실에 가보면 의자를 바닥에 고정해놓았다. 드릴없이는 의자를 옮길 수 없다. 여성들은 대개 이런 드릴을 가지고다니지 않는다.

안전

이는 남자들이 쉽게 알 것 같으면서도 '제대로' 이해하지 못하는 문제다. 남자들은 대개 여자보다 몸집이 크고 육체적으로 강하다. 따라서 여성은 신체적 안전 때문에 로비의 조명 밝기, 주차장의 수명이 다한 전구, 지상에서 3.6미터 떨어져 있는 아파트나 호텔의 창문이라도 잘 잠겨 있는지 등 남성은 대개 포착하기 힘든사항에 신경을 쓴다. 여성은 종종 위험에 노출되었다고 느낀다. 상점이나 호텔이 안전을 고려해 설계되었든 아니든, 자신의 안전을도모하려는 여성의 욕망은 매슬로Maslow의 욕구 5단계와 정확히 들어맞는다. 욕구 5단계는 호흡, 음식, 물, 수면, 성욕과 같은 인간의생리적 욕구로 시작해 신체의 안전, 건강, 자원에 대한 욕구를 거쳐, 창의성과 문제 해결이라는 피라미드 상단으로 올라간다.

아마 대부분의 독자들은 앞에 선 여성이 계산대나 포장대에서물건값을 치르는 광경을 본 적이 있을 것이다. 점원이 여성에게 영수증을 건넸다. 그런데 왜 이 여성은 움직이지 않을까? 내가 수차례 목격한 바에 의하면 여성은 자리를 떠나는 대신 마치 명상이라도 하듯 자신의 소지품을 차분하게 점검하기 시작한다. 잔돈지갑에 동전을 넣는다. 지폐와 신용카드를 지갑에 넣고 영수증을 훑은 다음, 지폐 옆에 나란히 넣거나 아니면 영수증 칸에 보관한다. 그런 다음 지갑과 잔돈지갑(간혹 이를 하나로 쓰는 사람도 있다)을 핸드백 안에 다시 넣고는 가방의 지퍼나 버클을 채우고 입구를 닫는다. 마지막으로 바닥을 훑어본다. 없다, 아무것도 흘리지 않았다.

이제야 그 여성은 떠날 채비를 한다.

남성도 이렇게 행동할까? 사람들이 줄지어 선 상황에서 남성들은 뒷사람이 계산할 수 있도록 자기가 산 물건을 한쪽으로 밀어놓고 자리에서 비켰다. 이는 남성이라는 동물의 집단성으로 보일지도 모르겠지만, 나는 이것이 자신의 신체적 안전에 무심한 남성의 성향과도 약간은 관련이 있다고 본다. 여성이 상점에 들어서기 전에 짜는 정교한 연출에는 쇼핑하면서 누리는 즐거움이라는 대미뿐 아니라 방금 마친 거래를 암묵적으로 확인하고 소지품을 단속하는 절차까지 포함된다. 이는 수동공격적 성향 때문이 아니다. 자신의 안전이 걸린 문제이기 때문이다.

배려

나는 이 대목에서 예의가 아니라 무게와 근육에 대해서 말하려고 한다. 당신의 가전제품 매장에 대형 홈엔터테인먼트 장비를 사려는 여성 고객이 왔다고 하자. 이 고객은 장비를 차에 어떻게 실을지 걱정한다. 구입한 물건을 실으려고 미리 좌석을 빼놓았어도 마찬가지다. 물론 대다수의 남성도 이를 감당하지 못하겠지만 이런 점을 인정하려 들지 않는다. 하지만 여성은 물건이 몹시 무거워서 자신에게 버겁다는 점을 잘 알고 있다. 매장에 여성 고객의 걱정을 덜어줄 만한 표지, 즉 '팁 없이 언제든 무료로 도움을 드린다'는 내용의 안내판을 설치하면 어떨까?

앞서 말했듯이, 대체로 여성들이 요구하는 사항은 사실 그리 복잡하지 않다.

1970년에 바서 대학Vassar College을 다닌 최초의 남학생 중 하나였던 나는(바서 대학은 1968년까지 여대였다-옮긴이) 지금까지 살면서 교양 있고 흥미로운 여성들을 많이 만났다. 친구도 여성이고 사업상 알게 된 사람도 여성이었다. 인생 초반 나는 두 명의 여성에게 청혼을 했다. 그렇지만 둘 다 거절했다. 이십대에 쏟아버린 내 사랑을 돌려받지 못했고, 이후에는 일종의 지적 동경심으로 사람을 사귀었다. 나는 현명하고 독립심이 강하며 교양 있는 여성에게 끌렸고, 지난 수년 동안 정치인과 미술평론가, 무용수, 음악가 등과 친분을 쌓았다. 많은 사람들과 매우 돈독한 관계를 유지했다. 이성 친구든 과거 여자 친구든 다들 수십 년 동안 나와 아주 바람직한 인연을 맺었다. 이 여성들은 나를 도와 내 회사의 이해관계에 도움을 주었고 에이전트를 찾아주었으며 책을 출판하게 해주었다.

나는 결혼한 적은 없지만, 10년 넘게 내 삶과 생활공간을 사랑하고 흠모하는 여성과 함께했다. 그 여성의 이름은 쉐릴Sheryl이지만 나는 '드림보트Dreamboat(매우 매력적인 사람을 뜻한다-옮긴이)'라고 부른다. 왜냐고? 쉐릴은 내게 유일무이한 존재이기 때문이다. 우리가 관계를 유지하는 비결 중 하나는 서로를 구속하지 않는다는 점이다. 우리는 서로 일정이 어긋나는 경우가 많다. 나는 1년 중 절반을 이동하며 보내는 반면, 클래식 플루트 연주자인 쉐릴은 장기 공연하는 브로드웨이 뮤지컬 극장에서 연주를 하며 저녁시간을 보낸다. 쉐릴은 일이 없을 때면 전국 각지를 돌며 음악축제에서 연주를 한다. 우리는 그리 자주 얼굴을 보는 편이 아니지만 쉐릴과 함께 있으면 나는 늘 집에 온 듯 편안하다.

나는 지금껏 다양한 여성들을 만난 덕분에 지난 20~30년 동안 여성의 입지 변화가 세상의 풍경을 바꾸었고, 또 많은 경우 아직 갈 길이 멀긴 하지만 세상이 이러한 변화에 타협해가고 있음을 깨달았다. 여성은 자아정체성과 자기 일에 근본적인 변화를 겪고 있으며, 이러한 현상은 우리 모두에게 중대한 영향을 미치고 있다. 그런데도 대다수 사람들은 그 파장의 범위를 깨닫지 못하고 있다.

중요한 점은, 여성을 옹호한다고 해서 내 남성성에 그 어떤 위협도 느끼진 않는다는 사실이다. 상점을 더욱 여성친화적으로 만든다고 해서 남성친화성이 줄어들거나 하지는 않는다. 역설적이게도 친여성의 길을 밟다보면 남성과 여성 모두에게 더 유익한 상황이 펼쳐진다.

나는 롤로덱스Rolodex(명함정리기-옮긴이)를 훑다가 여장부들을 발견했다. 이 여성들은 자기 분야에서 선구자 역할을 했거나 달라진 여성의 위상에 대해 독특한 견해를 보이는 사람들이다. 나는 이 책을 통해 그들 중 몇몇의 견해를 훑을 것이다. 또 타당하다고 판단되면 내 회사인 인바이로셀Envirosell(세계적인 컨설팅 회사-옮긴이)의 연구물을 포함해 시장조사와 2차 연구자료에서 얻은 정확한 정보도 활용할 것이다.

그렇지만 나는 여전히 젠더 문제 전문가는 아니다. 그저 소녀에 대한 글을 쓰는 소년에 불과하다. 다들 알다시피 여성이라고 다 똑같진 않다. 쇼핑을 좋아하는 여성도 있고 쇼핑을 떠올리기만 해도 치를 떠는 여성도 있다. 자동차 대리점에 당당히 들어가 판매직원과 한담을 나누다가 새로 산 미니밴의 열쇠를 손에 쥐고 걸어 나오는 여성도 있고, 차량 구입을 자기 인생의 남자에게 맡기는 여성도 있다. 그렇지만 나는 서로 할 말이 전혀 없는 두 남자가 만나도 언제나 공통점을 발견하듯이, 여성들도 다른 여성들과 공유할 수 있는 특정한 공통분모가 있다고 본다.

요점은 남성이 다른 일로 바쁠 동안 여성은 차츰 사회, 경제, 문화 분야에서 주요한 세력이 되었다는 점이다.

이제 여성들이 일상을 어떻게 바꾸었는지 살펴보도록 하자.

1장

주택의
지각변동

맨해튼에서 80킬로미터 정도 떨어진 어느 맥맨션(맥도날드처럼 특색 없이 대량으로 지은 교외의 대형 주택-옮긴이) 맞은편, 크고 비싼 돌담길 앞에 차를 세웠다. 나에게 안으로 들어오라고 손짓한다. 그러나 선뜻 발이 떨어지지 않는다.

그 맥맨션의 건축자는 이 건물을 베르사유 궁전 아니면 나이든 영국의 록 가수가 소유한 널찍한 시골 저택처럼 보이도록 짓고 싶었겠지만, 제1세계 대부분의 국가에서 싹튼 맥맨션의 역사는 20년이 채 안 된다. 결국 특색 없이 자리만 차지하는 대형 건물로 보일 뿐이다.

비하의 뜻도 담긴 대중적 기술용어인 '맥맨션'은 1990년대 초에 생긴 말로, 처음 이 말을 쓴 사람은 뉴욕의 환경보호주의자인 제이 웨스터벨트Jay Westervelt다. 그는 1980년대부터 뿌리내리기 시작한 부동산 동향을 설명하려고 이 말을 만들었다. 당시 월가의 증시가 호황을 이루면서 상당한 자산이 생겨났다. 맥맨션은 보통 건물이 간신히 들어설 만한 땅에 우람하고 번지르르하게 지은 새 주거지를 일컫는데 옆집과 바싹 붙은 점은 참으로 유감이다. 일부 맥맨션은 파괴의 산물이다. 지나치게 비대한 흉물에게 자리를 내주기 위해 식물과 뒤뜰, 산 그리고 쾌적하고 유서 깊은 전통가옥들을 없애버린 당시의 천박한 유행 속에서 맥션은 태어났다. 이런 흉물이 들어선 지역은…… 에이 모르겠다. 생각나지 않는다.

하나의 건축양식으로 볼 때 맥맨션은 심미적 요소를 찾기 힘든 것은 물론이고, 공장에서 찍어낸 듯 틀에 박힌 분위기를 풍긴다. 그런데 맥맨션은 새로운 부와도 연관이 있다. 맥맨션은 처음 모습을 드러내자마자 바로 금융 호황기뿐 아니라 솟구치는 남성의 자존심을 상징하는 아이콘으로 등극했다.

흡사 남성적인 분위기의 주거지에 근접한 맥맨션에는 다음과 같은 특징이 있다.

1. 프렌치 샤토French château(프랑스 대저택-옮긴이)부터 영국 및 재커비언Jacobean(영국 제임스 1세 시대의 건축양식-옮긴이)풍의 대저택, 그리고 현대 이탈리아 양식에 이르기까지, 고전주의와 신고전주의 건축을 산만하게 조합했다('신고전주의'는 이 오합지졸 건축양식을 점잖게 이르는 표현이다).

2. 기이하게 조합한 지붕 선. 이해가 잘 안되면 지붕 창, 지붕 달린 현관, 〈바람과 함께 사라지다〉풍의 기둥, 팔라디오풍 Palladian windows 창문(아치형 중앙창과 양옆의 좁고 네모난 창으로 이루어진 창문-옮긴이), 가짜 스투코 stucco(벽면 마감재의 일종-옮긴이), 벽돌로 장식한 돌출창, 빈티지 자동차 대여섯 대 정도는 너끈히 들어갈 만큼 널찍한 차고, 눈자동차, 사륜 오토바이, 선반 하나 만들어본 적 없을 것 같은 최신식 목공소 등을 조합해 일단 짓는다.

3. 나무가 없다. 덤불도 없고 수풀도 없다. 새롭지만 전반적으로 식상한 분위기에 생기를 불어넣기 위해 심은 흔들거리는 나무 몇 그루를 빼면, 그 어디에도 자연은 없다. 건축자 입장에서는 착공에 앞서 부지의 모든 나무를 없애는 편이 비용이 적게 들었을 것이다. 이 말은 수세기 동안 그 자리를 지켜왔던, 그늘을 제공하고 즐거움을 안겨주던 나무를 없앴다는 뜻이다. 대다수 미국 맥맨션의 주변에는 울창한 나무가 없어서 등골이 오싹하고 영혼을 빨아들이는 것 같은 장엄함과는 전혀 다른 분위기를 자아낸다. 상상만 가능할 뿐 이루 형용하기 힘든 행동이 암암리에 일어나는 형국이랄까?

4. 현관은 어디에 있을까? 그런 건 없다. 현관을 만드는 데 지나치게 많은 돈이 든다. 현관의 기능 중 하나가 가족의 사적

공간을 바깥세상과 연결하는 것이라고 할 때, 이 동네에서 현관이란 지나치게 친근하고 고상하지 못한 공간이다.

5. 당신이 여성이라면, 이런 규모의 집을 깨끗이 유지하기 위해 일주일에 한 번은 편두통을 앓을 것이다. 식구들이 어디에 있는지 확인하는 일만 해도, 이들에게 전자발찌를 채워놓지 않는 한 불가능에 가깝다. 보금자리를 가꾸는 여성의 전통적인 역할을 고려할 때 또 하나 주목할 점이 있다. 맥맨션에서 엄마들은 다른 역할 하나를 더 해야 한다는 점이다. 바로 자식들이 외로움을 느끼지 않도록, 그리고 이리저리 방황하지 않도록 보살펴주는 일이다. 정규직으로 일하는 여성이 어느 정도 공평하게 가사분담을 한다 해도 이런 집을 청결히 하고 동시에 온갖 음식을 마련해야 한다면 그 심정은 어떨까? 그 부담감은 상상에 맡기도록 하겠다.

6. 다음은 특색이라기보다 전반적인 소감에 해당한다. 한마디로 집에 가고 싶다. 그러고는 든 생각, 이곳도 누군가에게는 집이잖아? 그렇지만 누가 이런 곳에 살고 싶을까?

7. 바로 남성들. 이런 점을 깨닫지 못하는 남자들이 이런 곳에 살려고 한다.

8. 맥맨션이여, 안녕. 이제는 여성을 배려하는 새로운 주거공간과 인사하자.

가끔 어릴 때 살던 집이 꿈에 나타나 이리저리 몸을 뒤척이다가 잠에서 깬 경험이 있을 것이다. 수년간 사용한 빗물 젖은 현관 발판으로 두세 걸음 옮겨본다. 안락한 복도 안쪽에는 평범한 꽃무늬 벽지가 발라져 있다. 갈색 난간과 해진 양탄자가 깔린 계단, 추수감사절과 성탄 전야에 혹은 할머니가 방문하실 때만 사용하던 식당, 아버지의 특별한 의자가 놓인 거실.

집 뒤쪽으로는 주방이 있다. 냉장고부터 굵은 회색 코일이 감긴 스토브까지, 가전제품들은 흡사 하얀색 마시멜로 같았다. 이 냉장고가 언제 어떻게 우리 집에 들어왔는지는 몰라도 열네 번째 골프 티에서 자세를 취한 아빠의 폴라로이드 사진, 콜로니얼 윌리엄스버그(미국의 옛 식민지 시절을 복원해놓은 관광지-옮긴이)에서 찍은 가족 사진, 동네 철물점에서 받아온 작은 달력, 무당벌레 모양 자석, 그리고 당연히 빠질 수 없는, 유치원에 다니는 우리 집 피카소가 스케치하고 손가락 물감으로 완성한 작품까지 온갖 가족 소품들이 냉장고를 덕지덕지 장식했던 기억은 생생하다.

비좁긴 했어도 이런 게 집이었다. 위층에 올라가면 엄마아빠 전용 화장실이 딸린 부부침실이 있거나 이보다 작은 아이들 방 두 칸이 있었다.

하지만 요즘 주택시장에서는 이런 집이 팔리지 않을 것이다.

1964년 부모님이 메릴랜드 주 체비 체이스에 집을 장만하셨을 때, 그 집값은 아버지의 연봉 수준이었다. 나는 강연을 다닐 때마다 어떤 이가 자신의 2010년 연봉과 맞먹는 가격의 집에 산다고 한다면, 이것이 안쓰러운 일인지 부러워할 일인지 잘 모르겠다는 말을 하곤 한다. 요점은 중산층으로 살려면 맞벌이를 해야 한다는 이야기다. 제2차 세계대전 때 남자들이 전선에서 목숨을 걸고 싸우자 이를 명분 삼아 리벳공 로지Rosie the Riveter(제2차 세계대전 때 전쟁으로 인해 무기 공장의 일손이 부족해지자 여자를 대거 고용하기 위해 만든 정부 선전물의 캐릭터)도 소매를 걷어붙였다. 그렇지만 지난 몇십 년에 걸쳐 여성은 가족이 사는 곳으로 일하러 돌아갔고, 이 과정에서 가정주부라는 여성의 전통적 역할은 홈 디자이너, 홈 건축업자, 공구 벨트를 두른 맥가이버, 그리고 많은 경우 주택담보 대출자로 바뀌었다.

그렇다면 21세기형 주택은 어떤 모습일까? 앞으로 거듭 강조하겠지만, 21세기형 주택은 당신이 자라온 집과는 사뭇 다른 공간이다.

1950년대 이후로 미국 주택의 기본 디자인은 바뀌지 않았다. 그러던 중 눈에 띄는 변화가 생겼다. 설명을 덧붙이자면 이는 수년간 이의를 제기한 끝에 얻은 것으로, 특정 문화와 인구학적 현실을 수용하기 위한 조정작업이었다. 요즘은 비전통적 가정에 맞춘 주택이 비싸게 팔린다. 예를 들면, 같이 사는 자매를 위해 안방이 두 개인 집, 다 큰 자녀와 같이 살 만큼 공간이 넉넉한 집, 한 지붕 아래 사는 삼대를 위한 집, 할머니들이 사는 아파트, 하숙을 하면서 대신 요리와 청소, 개 산책을 돕는 지방 대학원생을 위한 아파트 등이 그런 주택들이다.

자식이 출가한 노부부 중 3분의 1은 단순하고 간소하게 살고자 한다. 면적을 포기하는 대신 실제 활용하는 공간이 많은 주택을 선호하는 추세다. 즉, 사람들은 크기는 작으면서도 공간 활용이 좋고 필요한 요소를 알뜰하게 갖춘 공간을 원한다. 아마도 대학가 주변의 집들이 이런 형태일 텐데, 덕분에 대학생들은 학교 가까이에 살면서 수업도 편하게 듣고 영화관, 커피 전문점, 서점 등도 이용한다. 이제 사람들은 실제 살림을 하는 본인의 구체적인 요구에 맞춘 주거지를 찾고 있다.

그 한 예로 집 안에 사무실이나 운동을 할 수 있는 공간을 갖춘 주택을 들 수 있다. 냉장고와 냉동고, 식기세척기를 갖춘 독립형 아파트도 이에 해당할 것이다. 옥외 수영장이 있는 집이라면 접시와 컵을 보관하는 바퀴 달린 캐비닛뿐 아니라 야외에 별도의 술 보관실이 있을 것이다. 십대인 내 조카 가브리엘과 미란다의 방에는 자그마한 가정용품이 각각 하나 있다. 바로 음료수와 간식을 보관하는 소형 냉장고다. 이는 아이들의 좋지 않은 습관 때문에 들여놓은 게 아니다. 내 누이는 아이들에게 주전부리나 레드불^{Red Bull}(에너지 음료-옮긴이)처럼 벌컥벌컥 마시는 음료수를 사주지 않는다. 대신 아이들이 직접 간식거리를 사서 보관하도록 한다.

핵가족이 줄어들면서 미국에 등장한 풍경 중 하나는 한쪽 방에는 손자가, 다른 방에는 조부모가 거주하는 등 여러 세대가 한 집에 모여 사는 모습이다. 장성한 자녀들이 부모와 함께 사는 경우가 늘면서, 혹은 현실세계를 맛본 자녀들이 안락했던 어린 시절의 침실로 다시 돌아오면서, 흥미롭게도 밖으로 문을 낸 침실이 등장했다. 물론 기존의 집에도 현관문과 뒷문 그리고 머드룸mudroom(흙먼지 등을 터는 공간-옮긴이)으로 통하는 옆문이 뚫려 있었다. 하지만 주택이 진화하면서 문의 개수도 점점 늘어나는 추세다.

(스물여섯 젊은 나이에 부모님 집에 다시 들어갔다고 해보자. 별도의 문이 있으면 내게 따라붙는 시선을 피할 수 있는 것은 물론이고, 의례적인 생활공간을 통과하지 않고도 내 침실을 오갈 수 있다는 사실이 무척 감사할 것이다. 비상대피소로 기어 올라가야 하는 점만 뺀다면 별도의 문은 참으로 근사한 아이디어다.)

이러한 공간 분할은 남미 베이비 붐 세대에서 많이 볼 수 있는데, 집을 떠나지 못하게 자식을 붙잡는 부모가 많기 때문이다. 게다가 남미 베이비 붐 세대는 손자들 그리고 연로한 부모와 함께 살면서, 비남미계 가정에서는 볼 수 없는 장면을 연출한다. 한 예로 모든 남미 가정은 휴가철이면 모든 세대가 반드시 함께 시간을 보낸다. 이에 유람선 회사 프린세스 크루즈Princess Cruise는 여러 세대가 항해 중에 함께 숙박할 수 있는 맞춤상품을 내놓았다.

상당수의 교외 거주자들이 이렇게 말한다. "시골생활에 질렸다면, 유행에 앞서가는 도시로 돌아가자." 나는 나이 들어서도 뉴욕이나 시카고 같은 도시에 사는 것에 반대하지만 한편으로 이점도 있다고 본다. 링컨 센터Lincoln Center(공연예술 전문 센터-옮긴이)에 걸어 갈 수 있고, 웨스트 빌리지West Village에 있는 우리 집 앞에 쌓인 눈을 누군가 치워주기도 하며, 머레이 치즈 숍Murray's Cheese Shop에서 치즈 한 상자를 배달할 수도 있기 때문이다.

유동성이 증가하면서 사회 전반적으로 물건을 사용하다 버리면 그만인 시대가 되었다. 이케아와 H&M(스웨덴 의류 브랜드-옮긴이) 덕분에 기존 물건을 내다버리고 새 물건으로 집 안을 꾸미는 일이 가능해졌고 적어도 이런 행동을 합리화하게 되었다. 이런 매장에선 품질이 좋고 저렴하지만 영구적이진 않은 제품들을 팔기 때문이다.

'비영구성'과 관련해 덧붙이자면, 집을 새로 산 사람들은 자기 집에 변화를 주어야겠다고 생각할 것이다. 그렇다면 그 집에 언제까지 살 계획일까? 만약 영원히 살 생각이라면 앞서 말했듯이 자녀와 부모, 손자 들의 미래까지 고려하는 게 현명할 것이다. 간단히 말해 인생을 사전 계획하는 것이다. 이는 수년간 뉴욕의 임대료 규제 아파트에서 살아가는 친구들의 모습에 비유해볼 수 있다. 이들은 사실상 이사 갈 생각을 안 한다. 왜 그럴까? 집을 옮겼다가는 월세가 하룻밤 사이에 네 배로 뛸 수 있기 때문이다. 이렇게 임대료 규제 아파트에 눌러앉으면 내가 고른 주거지가 결국 남은 내 인생을 결정짓게 된다.

집 크기 줄이기에서 또 하나 주목할 점이 있다. 최근 경제난으로 그리고 많은 베이비 붐 세대들이 현재 진행 중이거나 계획 중인 살림살이 처분 문제로 우리의 관심이 물품 즉 수년간 쌓아온 엄청난 물건에 쏠리고 있다. 지난 30년 동안 신용카드를 팍팍 쓰고, 정말 필요한 물건 하나를 사기보다는 대형 텔레비전을 세 대씩 구입한 행동이 미국의 상업용 부동산 분야에서 개인물품 보관업이 가장 빨리 성장한 현상과 아무 관련이 없다고 보기는 힘들 것이다. 현재 주요 개인물품 보관시설은 5만 3,000개에 달한다(여기서 '주요'라는 말은 사업 매출에서 핵심이라는 뜻이다). 매출액은 약 221억 달러다. 현재 열 가구 중 한 가구꼴로 개인물품 보관시설을 빌리는데, 이는 지난 12년 동안 약 65퍼센트 성장한 것이다. 현재 미국에서 개인물품 보관용 임대 면적은 총 22억 1,000만 평방피트 즉, 모두 합해 6,000만 평이 넘는다. 물론 이 소형 차고 중 상당수는 단기체류하는 군 관계자들이 빌리지만, 한 번 이상 이사하거나 부모나 조부모로부터 처치 곤란한 가구 및 미술작품을 물려받은 일반인들도 점점 대여 횟수가 늘고 있다.

상황이 이렇다보니 요즘 수납용품 매장은 당연히 호황이다. 심지어 경기 침체에도 물건을 깔끔히 정돈하려는 여성들의 사명감은 사그라들 줄 모른다.

2007년 유타 주에 소재한 지역개발 단체인 케니코트 랜드 Kennecott Land는 여성 주택 구입자들이 현대 주택에서 추구한다고 판단되는 요소를 몇 가지 도입했다. 이 자문단을 구성한 건축가와 주택 구입자 들은 모두 여성이었지만, 남성들도 이들의 활동 중 일부를 높이 평가했다. 그 내용을 살펴보면 다음과 같다.

우선 어떤 형태로든 아이들의 공간을 포함하거나 통합한 주방이다. 이상적으로 볼 때 이런 주택에는 널찍한 놀이공간으로 뚫린 높이가 다른 조리대를 갖춘 주방이 있다. 주방에서 주부는 스무디나 나초를 재빨리 만들어낼 뿐만 아니라, 저녁을 준비하면서 아이가 레고나 인형 집을 잘 가지고 노는지, 패밀리 컴퓨터family computer(게임 전용 컴퓨터-옮긴이)로 이상한 웹사이트에 접속하지는 않는지, 고모할머니가 물려준 램프를 박살내지는 않는지 살필 수 있다.

또 어떤 이점이 있을까? 수년 동안 엄마아빠가 작은 주방을 꾸리는 모습을 보면서 아이들은 자신이 축복받았다고 느끼게 된다. 또 있다. 아이들이 부모를 따라 요리하고 오믈렛 뒤집기를 배우며 차도 끓일 수 있게 되고 햄버거에 얹을 치즈를 녹이거나 파스타를 꼬들꼬들하게 삶는 법도 알게 된다. 더욱 좋은 점은 높이가 적당한 조리대 덕분에 아이들은 요리 재료를 마음껏 다지고 갈고 뒤섞고 정제하고 튀기고 굽고 할 수 있다는 점이다. 식사 준비시간이 절반으로 줄고, 두 사람 이상이 들어갈 만큼 주방이 넓다면 함께하는 요리를 하며 일상이 즐거워진다.

케니코트 랜드 여성 자문단은 가족 욕실이라는 구상도 내놓았다. 이는 온 가족이 각자 이름이 적힌 변기에 앉아 동시에 방광을 비우는 한 칸짜리 작은 공간을 말하는 것이 아니라, 칸막이 문으로 나뉘는 좌우 한 쌍의 화장실이다. 이렇게 하면 아침에 엄마아빠는 옆 칸에서 학교 갈 채비를 하는 아이들의 모습을 번갈아 살피면서 샤워와 양치질을 할 수 있다. 칸막이 문은 상황에 따라 그리고 누가 언제 무엇을 하느냐에 따라 꽉 닫기도 하고 조금 열어놓기도 한다. 내가 아는 성인 중에 자신이 샤워하거나 목욕하는 모습을 아이들에게 보이고 싶어 하는 사람은 아무도 없었다. 어느 정도 나이가 들면 아이들도 마찬가지일 거라 생각한다. 따라서 이는 가족 모두가 만족하는 구조다.

이는 여성이 살고 싶은 공간, 여성이 가꾸고 싶은 집을 아는, 같은 여성이 고안한 흥미롭고 개선된 공간이었다.

20세기에 가장 큰 해악을 끼친 인물 중 하나는 건축가 프랭크 로이드 라이트Frank Lloyd Wright, 1867-1959이다. 그 덕분에 미국인은 이웃들과 서먹한 교외 문화권으로 이사를 가면서 개인적으로 인간의 본성이라고 생각하는 마을 공동체 및 공동체적 정서와 멀어지고 말았다. 남편들은 "내가 원하던 게 바로 이런 잔디야. 여기서 직장까지 차로 통근할 수도 있어."라며 결단을 내리는 반면, 부인들은 이웃과 서먹하거나 완전히 단절됐다는 고립감 때문에 성에 갇힌 기분을 느꼈다. 특히 자녀가 있을 경우 더욱 심했다.

이런 맥락에서 뉴어바니즘 공동체New Urbanist Community가 요즘 여성에게, 특히 싱글맘으로 살아가는 여성에게 또 다른 대안으로 떠오른 것은 당연해 보였다.

도시와 교외가 결합된 뉴어바니즘 공동체는 미국 전역에서 꽃을 피웠다. 이 공동체는 전국에 50곳 정도 되는데 가장 널리 알려진 곳은 플로리다 주의 해변 도시인 시사이드^{Seaside}다. 이곳은 깨끗하고 질서정연하며 자전거 수리점부터 진료소까지 온갖 매장과 서비스센터를 갖추어 할리우드 세트장 같으면서도 실제 공동체 문화를 이루고 있다. 시사이드에는 미술관 세 곳과 식당 열일곱 곳이 있으며, 피자와 도예 파티, 모래성 쌓기 시합이 열리고, 심지어 레퍼토리 극장(전속 극단을 갖추고 프로그램을 바꾸어가며 상연하는 극장-옮긴이)까지 있다. 뉴어바니즘 공동체의 매력 중 하나는 나를 보살펴주는 사람이 항상 곁에 있다는 점이다. 이는 가정폭력이나 범죄가 좀처럼 발생하지 않는다는 뜻이다. 이곳은 안전을 은밀히 보장하므로 사람들은 안전 문제로 고민하지 않는다. 즉 주민들은 보안회사에 연락할 필요를 느끼지 못한다. 수상쩍은 사람이 옆집을 넘보면 바로 알려주고, 페덱스 소포가 오면 이웃이 대신 받아주기 때문이다.

싱글맘에게 육아는 힘겹고 돈이 많이 드는 일이다. 하지만 뉴어바니즘 공동체 구성원들에게는 다른 집 아이까지 보살핀다는 신조가 녹아 있다. 이들은 아이에게 자전거 사고가 났다든가, 숲에서 담배를 피우고 있다고 엄마에게 말을 전한다. 그러므로 이 동네로 이사 오기로 결심하면 싱글맘은 다수의 잠재적 안전장치를 얻을 수 있는 셈이다. 아파트나 교외의 마을 중에서 이렇게 알려주는 주민이 있는 곳은 드물지 않을까?

게다가 공동체 주민들은 자동차 의존도를 낮추고 필요한 장소에 걸어 다니기도 한다. 도시를 떠나 뉴어바니즘 공동체로 이사 간 내 친구들은 도시에서 살 때 가장 아쉬웠던 세 가지 중 첫 번째는 '걷기'였다고 했다. 이제 이들에게 걷기란 일상 속 운동이다.

뉴어바니즘 공동체에 살면 공동체적 삶을 엄격히 통제받는 것은 물론, 서로 다른 집끼리 어느 정도 동질성을 갖춰야 한다는 불편이 따른다. 만약 내 집에 자줏빛 물방울무늬로 페인트칠을 하려고 하면 이를 저지당할 수 있다. 게다가 세탁소부터 일곱 곳의 옷가게에 이르기까지 특색 있는 시설이 있긴 하지만, 인구밀도가 낮은 탓에 아직 여러 상점이 공동체 주변에 들어서지 않았다. 하지만 앞으로 이런 시설들이 속속 등장할 것이다.

그렇다면 다양한 일로 바쁜 요즘 여성들은 현대식 주택을 어떻게 자신이 상상하는 이미지에 맞게 개조했을까? 이제부터 여러분은 나와 함께 이 방 저 방, 주방에서 화장실, 집 안 사무실부터 운동공간을 훑은 다음, 집이 아닌 모든 이의 집 즉, 호텔로 이동할 것이다. 그런 다음 가전제품을 쇼핑하고, 여성과 죄악이라는 주제를 살핀 후 백화점에 들렀다가 쇼핑몰을 돌고 잠깐 농산물시장에서 약국을 살피고 미용실 세계를 훑고는 마지막으로 온라인 쇼핑몰을 구경할 것이다.

이 책이 이 모든 것을 완벽히 다루진 못하더라도 독자들이 책장을 덮으며 즐거움을 느꼈으면 한다.

2장

주방에서
위로받는 여성들

나는 여태껏 본 적 없는 가장 화려한 부엌에 들어와 있다. 가로 폭이 두 배인 냉장고에서 광채가 난다. 스토브는 화구가 여덟 개짜리다. 와인 냉각기, 에스프레소 기계, 밥솥, 팝콘 기계 그리고 스무디가 가능할 정도로 강력한 믹서기가 각각 놓여 있다. 집에 가고 싶은 마음은 전혀 들지 않는다.

20년 전에는 첨단 주방 전문매장의 존재조차 모르는 여성이 부지기수였다. 지금은 미국 중부 중산층 여성이면 누구나 가정용품 전문업체인 윌리엄스 소노마Williams-Sonoma를 알 뿐 아니라 최신식 욕실과 주방도 이용할 수 있다. 인터넷과 주부 잡지, 그리고 〈오래된 집This Old House〉〈왜 이런 집에 사세요?Why Don't We Flip This Joint?〉〈좁은 방 꾸미기Design That Stylin' Crib〉〈5초 만에 만찬으로 변신하는 정크푸드Cook

This Junk for Dinner in Five Seconds〉같은 프로그램을 24시간 방송하는 케이블 텔레비전 덕분이다(《오래된 집》만 빼고 나머지 세 개는 모두 내가 구상했다).

중석기 시대 말까지 여성은 수렵채집 즉, 그러모으는 일에서 큰 즐거움을 느꼈을 것이다. 그렇지만 이제 수집은 단지 식품을 구입하는 일만 지칭하지 않는다. 이제 여성이 자기 소굴에 가져온 음식을 가공하는 과정도 뜻한다. 여기서 소굴이란 다름 아닌 현대식 주방이다.

여성에게 현대식 주방이란 온갖 장비와 설비, 주방용품이 진열된 곳이자 행복에 흠뻑 취해 거니는 공간이다. 남자들이 사륜 오토바이와 할리-데이비슨 오토바이 그리고 차고 한쪽에 시트를 씌워놓은 채 거의 타지 않는 빈티지 포르쉐 등 온갖 기계 장비를 장난감 사 모으듯 집 안에 들여놓았다면, 여성에게 그런 장비는 바로 주방용품이다. 여성들은 이렇게 외칠 것이다.

"이봐요, 당신이 전기톱과 새로 나온 맥북 프로MacBook Pro를 산다면 나는 어마어마한 냉장고를 한 대 들여놓겠어요!"

우리 대부분이 자란 주방이라는 공간은 칙칙하지만 실용적인 곳이었다. 주방은 식사를 하고 간식을 먹고 도시락을 싸는 공간이었다. 주방은 화려한 곳도, 식구끼리 모여 떠들고 오랜 시간을 나누는 곳도 아니었다. 당연히 엄마들에게 주방은 흥겨운 곳과 거리가 멀었다.

그렇다면 수세기 동안 실용성 위주였던 낡은 주방은 어쩌다 자취를 감추었을까? 남북전쟁 이전에 집안을 돌보는 여성은 거대한 벽난로가 장악한 부엌에서 요리하고 수선하고 세척하고 양초를 만드는 책임을 도맡았다. 부엌은 여성만의 공간이자 '작업장'이었다. 그러다가 빅토리아 시대Victorian era(영국 빅토리아 여왕이 통치한 1837년부터 1901년까지의 기간-옮긴이)에 접어들면서 기술이 자신의 존재를 알리기 시작했다. 석탄이나 나무로 열을 가하는 무쇠 스토브가 19세기 중반 무렵 처음 등장해 도심지 시장에 넘쳐나더니 곧이어 시골에서도 볼 수 있게 되었다. 남북전쟁 이후 공장에서 일하면 한결 형편이 나아지고 삶도 더 윤택해진다고 생각한 가정부들이 부엌에서 대거 빠져나가자 이에 맞춰 부엌도 그 규모가 줄어들었다. 그리고 사라진 인력에 대응이라도 하듯, 노동절감형 장비가 속속 등장하기 시작했다.

1880년대부터 20세기로 넘어오는 시기는 주방용품의 황금기였다. 오늘날 당연시하는 수많은 주방용품이 소비자 시장을 유례없이 장악한 시점도 바로 이때다. 그 결과 기계화된 주방이 탄생했고, 집 안에만 머물던 여성들은 인생의 전부라고 생각하던 고역 같은 가사노동에서 풀려나게 되었다.

토스터기, 달걀거품기, 와플기를 비롯해 이런저런 용품들이 끊임없이 쏟아져 나왔다. 1920년대 무렵 여성 소비자들은 진공청소기부터 식기세척기, 다리미에 이르기까지 모든 물품을 구입할 수 있었다. 후저 캐비닛Hoosier cabinet(20세기 초반에 유행한 부엌 수납장-옮긴이), 각종 용기를 넣는 1.8미터짜리 소나무 수납장, 은식기 서랍장,

재료를 썰고 다지기 좋은 견고한 나무 도마도 물론 쉽게 구입할 수 있었다.

한편으로는 주방기기가 등장하면서 이를 중심으로 부엌이 설계된 것이지, 반대로 부엌이 변하면서 주방기기가 등장한 것으로 보기 힘들다는 주장도 가능하다. 1930년대에 냉장고와 스토브가 주방에 자리를 잡으면서, 부엌은 집 안에 있는 그 어느 곳 못지않게 섬세하고 계획적이며 사랑스럽게 꾸민 공간이 되었다. 1940년대에는 교외 지역에서 공장이 찍어낸 최신 주방기술을 앞장서서 받아들였다. 뉴욕 주 레빗타운Levittown에서 활동하던 건축업자 윌리엄 레빗William Levitt은 주방을 전면에 배치하면 주방이 현대식 주택의 비공식적 통제실로 기능할 수 있다고 보고, 집 뒤편에 있던 부엌을 앞쪽으로 옮겨왔다.

기계화는 빠르고 격렬했다. 사람들은 쓰레기통과 작별하고 집에 폐기물 처리기를 들여놓았다. 또 오븐과 헤어지고 전자레인지를 끌어안았다. 이는 단지 서막에 불과했다.

그렇지만 여성들이 대거 일터에 나가기 시작한 1970~1980년대가 되어서야 부엌은 다른 공간과 통합된 구조를 띠었다. 피곤한 몸으로 직장에서 돌아와 곧바로 가족을 위해 식사 준비를 해야 하는 여성은 집 안 한구석에 멀리 떨어진 부엌에서 혼자 있고 싶지 않았다. 그보다는 집 안의 다른 공간과 한데 섞인 탁 트이고 어우러진 주방을 원했다. 즉, 거실에서 파이프를 입에 문 채 신문을 보는 남편, 식탁 아래로 기어들어와 장난을 치는 아이들과 함께하고 싶었다.

시간이 흐르자 벽난로가 활활 타오르진 않아도 현대식 부엌은 친목의 장으로 거듭났다. 이제 부엌은 더이상 기능적으로만 존재하는 공간이 아니라 미감과 디자인을 보여주는 곳이 되었다.

친목의 장은 이에 걸맞게 옷을 갖춰 입어야 했다. 주방은 전기가스 겸용인 바이킹 레인지부터 명품 냉장고인 서브-제로Sub-Zero, 화강암 조리대 등으로 치장하기도 했는데, 이들 제품의 가격대는 대개 명문 주립대의 1년 등록금에 맞먹었다. 뉴욕 타임 워너 센터에 있는 윌리엄스 소노마 매장에는 3만 달러짜리 스토브가 두 대 있다. 버킹엄 궁전의 수석 요리사도 3만 달러짜리 스토브는 필요 없다. 이런 제품은 여성판 허머Hummer 자동차(사륜구동 지프형 차량-옮긴이)라고 보면 된다. 개중에는 이를 그저 소유하고 싶어 하는 여성도 있으니까.

이제 괴물 같은 존재인 냉장고를 한번 살펴보자. 냉장고는 주방의 핵심기구인 스토브를 넘어섰다. 냉장고는 엄마와 아빠, 자녀 모두가 찾지만, 스토브는 단 몇 사람만 사용하는 모습에서 이런 사실을 확인할 수 있다. 현대식 냉장고의 디자인은 환경운동뿐 아니라 여성 월간지인 「리얼 심플Real Simple」의 산뜻한 감각에서도 영향을 받았는데, 그 기본 논지는 일하는 여성이 증가할수록 시간절약형 주방장비를 갖춰야 여성이 여러 업무를 소화할 수 있도록 도울 수 있다는 것이었다. 아이러니하게도 오늘날 전자레인지용 식품과 미리 세척된 포장 샐러드가 나오면서 주방은 그 어느 때보다 과잉

설계된 곳, 즉 그다지 쓰임이 많지 않은 공간이 되었다. 주방은 여성들이 요리할 시간이 생겨야 들어가는 곳이다(요리할 시간이 '생기면'이라는 부분에 주목하자). 시간적 여유와 이러한 주방 설비는 직장에 다니는 여성에게 반드시 필요한 보상이다.

여성이 조종석 기장이고 주방이 중앙통제실이라는 현대 미국식 발상이 다른 나라에서도 반드시 통하는 것은 아니다. 서유럽과 미국의 패션지 및 여성지를 거쳐 흘러들어온 광범위한 이미지들은 다른 지역들과 무관하다. 신흥시장의 중산층 여성들은 대부분 요리사와 가사도우미를 둔다. 이들의 주방은 미국이나 서유럽과 달리 모두에게 열린 공간이 아니다. 주방에서 즐거움을 느낀다거나 미식 요리로 솜씨를 자랑하는 일은 이들 나라에서 불가능하다. 각 나라의 부엌들은 해당 지역의 문화적 이슈, 식습관, 공간적 제약에 따라 다르게 발달했다.

예를 들어 일본의 식기세척기는 선반 위에 붙박이식으로 설치되어 있다. 일본 여성에게 이상적인 졸업선물은 신형 컴퓨터나 프린터가 아니라 색상이 조화로운 갖가지 주방기구다. 이 선물은 젊은 여성에게 집에서 독립하라고 넌지시 암시하는 것일 뿐 아니라 홀로 성인으로 살아갈 권리를 인정하겠다는 뜻도 담겨 있다. 일본인은 독신여성이 자기 집 주방에서 속옷을 말릴 수 있는 장비도 개발했는데, 덕분에 여성들은 남들이 다 보는 곳에 속옷을 널어 말리는 민망한 상황을 피하게 되었다.

미국에서는 이른바 열린 주방open-plan kitchens이 갈수록 늘어나고 있다. 이는 다른 공간이나 흩어진 방들과 산뜻하게 어울리는 주방이다. 동시에 이는 주방기구의 소형화도 뜻한다(안 그러면 주방기구가 집 안 전체의 미관을 해친다). 과거 소형 아파트나 화물열차만 한 도시 아파트 혹은 보트에만 적용했던 일종의 공간절약형 디자인이 이곳에도 등장하기 시작했다. 이에 해당하는 제품으로는 조리대 아래 전자레인지, 오븐의 보온장치, 수납장에 딱 맞는 커피메이커와 에스프레소 기계가 있으며, 최적 시청거리에 맞게 수납장에 올려놓거나 아예 냉장고에 부착한 LCD^{Liquid Crystal Display}(액정디스플레이) 텔레비전도 종종 보인다. 덕분에 여성들은 모닝커피가 끓기를 기다리며 〈투데이 쇼〉를 시청할 수 있게 되었다.

물론 고품격을 지향하는 대형 주방도 있다. 이 주방들은 갖가지 전용 공간이 있을 만큼 공간이 넓고, 냉장고와 오븐, 싱크대, 가스레인지 같은 유사한 장비가 한 벌을 이룬다. 또한 네 명에서 여섯 명의 조리사가 싱크대 두 대와 도마 두 대에서 여유롭게 작업할 수 있다. 그런가 하면 가열된 공기가 시속 96킬로미터로 음식에 스며드는 초음파 오븐도 주방에 등장했다. 이런 장비를 쓰면 일반 오븐을 사용할 때보다 열다섯 배 정도 음식을 준비하는 속도가 빨라진다. 주방기구 전문가들은 심지어 '지능형' 오븐까지 선보였는데, 이 오븐은 휴대전화 한 통이면 닭 요리나 추수감사절에 먹는 칠면조 요리를 시작한다.

요즘에는 구입만 하면 여성을 단박에 주방의 주인공으로 변신시키는 장비들도 있다. 바로 주방저울, 쿠진아츠^{Cuisinarts}(주방 가전 브

랜드-옮긴이) 주방기구, 대형 블렌더, 소형 블렌더, 소형 다지기, 과
즙기, 스무디 메이커, 팝콘 기계, 피자 도구들이며, 그물국자, 껍질
벗기는 칼, 막자와 막자사발, 숟가락, 주걱, 양념통 수납함, 집게, 시
루, 타이머, 후추갈이, 소금갈이, 레몬 및 라임 즙짜개, 국자, 튐방
지망, 야채탈수기, 거품기, 온도계, 거름망, 여과기, 병따개, 깡통따
개, 유리병따개, 양념뿌리개, 양념붓, 강판, 절단기, 팬케이크틀, 칼
꽂이, 칼갈이 등도 이에 해당한다.

어머님들이 존경스럽다.

우리가 살피고 있는 현대식 주택의 새로운 공간처럼, 요즘은 주
방용품도 노동절감형 즉, 작업에 드는 시간을 줄여주는 제품들 일
색이다. 어릴 적 자주 드나들던 패스트푸드점의 효율성을 모방이
라도 하듯 우리는 부엌에서 시간 단축의 시대를 체험한다. 많은
연구들을 보면 1960년대 중반 이후 부엌에서 보내는 시간이 현격
하게 줄었음을 알 수 있다. 1960년대 중반 미국 여성들은 일주일
에 평균 열세 시간을 식재료를 끓이고 굽는 데 소비했다. 반면 요
즘 미국 여성들은 하루 약 30분 정도를 음식 준비에 할애한다고
고백한다. 한 전문가는 가정에서 조리한 그 어떤 음식이라도 패스
트푸드점의 음식보다는 건강하단 점에서 가정에서 요리하는 시간
이 줄어든 현상이 미국의 치솟는 비만률과 무관하지 않다는 가설
을 제시했다. 그리고 이런 맥락에서 비만률이 미국과 엇비슷한 영
국은 최근 정부 차원에서 중고생들이 요리수업을 듣도록 하는 법
안을 통과시켰다.

식사 준비가 암페타민Amphetamine (중추신경계를 흥분시켜 신체활동 전반을 증대시키는 약물-옮긴이)을 써서라도 능률을 극대화해야 할 그런 대상이라면, 역사상 가장 성공한 것으로 보이는 텔레비전 광고업자 론 포페일Ron Popeil은 조리를 단숨에 해치우도록 했다는 점에서 현대적 의미의 신과 같은 존재일 것이다. 일요일 아침이나 늦은 밤에 텔레비전 채널을 돌리다보면 혁신적일 뿐만 아니라 시간을 절약하게 하는 최신 발명품을 들고 나와 이를 자랑스럽게 선전하는 론의 모습을 보게 된다. 바비큐 훈제기인 쇼타임 로티세리Showtime Rotisserie ("설정만 해놓고 딴일 보세요."), 소형 푸드 프로세서인 찹-오-매틱Chop-O-Matic ("눈물 한 방울 안 흘리고도 모든 양파를 남김없이 썰어줍니다."), 야채다지기 다이얼-오-매틱Dial-O-Matic ("토마토를 달랑 껍질만 남을 정도로 얇게 썰어줘요!"), 달걀 껍질을 요란하게 깨지 않고도 스크램블을 만들어주는 달걀젓개Inside-the-Shell Egg Scrambler ("스크램블 에그에서 끈적이는 달걀흰자가 사라져요!"), 식품건조기("아이에게 사탕 대신 사과스낵이나 바나나칩을 먹이세요! 사냥이나 낚시, 등산, 야영 갈 때도 아주 좋습니다. 500그램에 3달러인 육포를 만들어 드세요. 직접 만들기 때문에 안에 뭐가 들어가는지 알 수 있어요!"), 고형 조미료 주입기(이 제품은 귀에 착 감기는 광고문구는 없지만, 그 모습이 마치 인공수정 장면을 연상시켜 늘 꺼림칙했다) 등이 화면에 보일 것이다.

혹시 궁금해하는 독자들을 위해 덧붙이자면, 이들 정보성 광고가 겨냥하는 대상은 여성들이다. 그리고 만돌린Mandolin (만능채칼 제품-옮긴이)도 나온다.

나? 나는 만돌린에 푹 빠졌다.

지금 내가 말하는 것은 류트(르네상스 시대에 널리 쓰이던 기타처럼 생긴 현악기-옮긴이)의 일종인 음쇠가 박힌 나무악기가 아니라[나는 르네상스 축제Renaissance faire(매해 열리는 중세 풍물을 재현한 축제-옮긴이)에 한 번도 얼굴을 비춘 적이 없다], 현대식 주방용품이다. 나는 내 만돌린을 무척 아껴서 주방 수납장 맨 위 서랍, 와인 병따개 옆에 이를 보관한다. 주방용품인 만돌린은 플라스틱에 칼날이 박힌 그야말로 단순한 제품이다. 더 좋은 제품일수록 어떤 재료든 그에 맞는 다양한 칼날이 필요하다. 튀김요리가 먹고 싶을 때는 양파, 피망, 감자 두어 개를 썰어야 한다. 내 만돌린은 이 야채들을 놀랍도록 빠르고 얇게 썰어준다. 그런 다음 이 야채들을 전자레인지에 넣고 돌리면 10분 후 멋지고 건강에도 좋은 한 그릇의 요리가 완성된다.

유일한 문제점은 만돌린을 사용하다 방심할 경우 손끝이 날아갈 수 있다는 점이다. 난 아직 그런 불상사는 겪지 않았다.

시간에 쫓기는 여성에게는 빠르고 간편한 게 최고다. 요리책 저자이자 텔레비전에 나오는 유명한 방송인, 그리고 온갖 물건의 홍보대사인 레이첼 레이Rachael Ray는 그럴싸한 건강식을 단숨에, 길어 봤자 30분 만에 만드는 요리법을 소개해 나름의 영역을 구축했다. 현대식 장비가 시간 절약에 골몰하듯이, 요즘 주목받는 요리책들도 빠르고 간편한 조리법에 치중한다. 마치 다들 가급적 단시간에 가장 먹기 좋은(아니면 적어도 먹음직스러운) 요리를 만들어내는 시합이라도 한판 벌이는 분위기다.

이렇게 새로운 용품과 장비가 등장한 세상에서 남성들은 어떻게 적응하고 있을까? 1975년으로 거슬러 가보자. 한 무리의 남자들이 식탁 주변에 웅크리고 앉아 있다. 이들은 육체노동자거나 사무직 노동자 혹은 이도저도 아닐 수 있다. 이들에게 손등이나 손바닥이 보이도록 식탁에 손을 올려달라고 하자. 그런 다음 살펴본다. 장담하건대 이들 중 적어도 절반은 직접 자동차 엔진, 자동차 후드, 배기관 등을 손보느라 손가락에 기름때 흔적이 남아 있을 것이다.

내 세대 대다수의 젊은이들처럼, 나 역시 일찌감치 내 자동차의 오일과 점화플러그를 어떻게 교체하는지 배웠다. 이는 일종의 밀약이었다. 주 정부에서 운전면허증을 발급해줬고 부모님도 운전 능력을 신뢰하는 만큼, 나 대신 오일을 교체해줄 사람이 없었기에 그 방법을 터득해야 했다. 그러다가 1980년대 초반이 되자 여기저기에서 귀청이 터질듯이 쾅쾅거리는 소음이 들려왔는데, 바로 자동차 수백만 대의 후드가 끊임없이 닫히는 소리였다. 당시 자동차 엔진은 지금처럼 완전히 디지털화되어, 수리보증을 원하는 소유주는 차에 손을 대지 말아야 했다. 최근까지 나는 '그레타Greta'라고 부른 아우디를 몰고 다녔다. 8년 동안 주행거리가 12만 킬로미터를 훌쩍 넘은 그레타를 타고 다니다가 최신 모델로 바꿨다. 그동안 내가 그레타 내부를 살피기 위해 혹은 뭔가 손보거나 고치기 위해 후드를 연 총 횟수는 손가락으로 꼽을 정도다. 이는 내가 사는 곳이 뉴욕시티여서 엔진이나 점화플러그 문제로 기름때를 묻힐 일이 적기 때문만은 아니다. 내가 차 내부에 새끼손가락이라도 대었다가는 아우디 서비스 계약이 무효가 되기 때문이다.

때문에 나를 비롯해 세상 모든 남자의 손에서 뭔가 씨름할 대상이 사라졌다. 권투? 그건 내 나이에 벅차다. 백개먼^{Backgammon}(서양식 주사위 놀이-옮긴이)? 그건 내 취향이 아니다. 문제는 남성들은 몸소 부딪치는 일을 즐긴다는 점이다. 간혹 예외가 있겠지만, 주방이 남자를 늘 환영하지 않는다면, 우리 남자들을 위한 공간은 따로 있었다. 바로 야외였다.

이렇게 하여 남자들은 뒷마당에서 바비큐를 해먹기 시작했다. 이는 숯불이나 라이터, 성냥을 이용한 웨버 그릴^{Weber grill}(바비큐용품 전문업체-옮긴이) 바비큐만 뜻하는 게 아니다. 내가 말하는 것은 커다란 가스 바비큐 즉 누가 보면 닭 가슴살이나 핫도그, 스테이크가 아니라 피셔 캣^{fisher cat}(족제빗과에 속하는 포유류-옮긴이)이라도 굽는 줄 착각할 만큼 커다란 특대 사이즈 스테인리스 꼬챙이와 포크가 한쪽에서 대롱거리는 바비큐다. 이러한 풍경만큼 여성성과 동떨어진 것도 없다. 생고기, 제멋대로 춤추는 불길, 연기, 열기가 가득하고, 무기 같은 장비가 늘어선 공간에서 인내심과 긴장감, 조심성을 요구하는 작업이 이뤄진다. 게다가 이러한 장비 중 일부는 남성들의 세계를 휘어잡기 위해 나왔다. 최근 내 눈길을 끄는 가스 그릴 제품은 조리면 위로 7만 8,000BTU(일정 단위의 연료가 완전연소했을 때 발생하는 열량을 표시하는 단위 중 하나-옮긴이)의 열량을 내

뽐고, 내장형 로티세리rotisserie(쇠꼬챙이에 끼운 고기를 돌려가며 굽는 기구-옮긴이) 버너와 매우 튼실한 로티세리와 모터가 장착되어 있으며, 연기 배출용 후드도 있고, 이 후드에 이중 할로겐램프가 내장되어 있는 데다 다중 스테인리스 밸브까지 있다.

손에 기름때 묻히던 시절이 그리운가? 그때로 돌아갈 수 있다.

남자들은 손때 묻힐 공간을 원한다. 아니 필요로 한다. 여성들에게 스피디한 요리의 여왕으로 칭송받는 레이첼 레이가 있다면, 남성에게는 〈바비 플레이와 함께 바비큐 요리 정복하기Grill It! Throwdown with Bobby Flay!〉와 〈소년, 그릴을 만나다Boy Meets Grill〉를 진행하는 바비 플레이, "짠Bam!"과 "한 차원 높여요Kick it up a notch!"를 외치는 에머릴 라가세Emeril Lagasse와 같은 요리 전문가가 있다. 또 대개 남성 요리사들이 출현해 한 가지 주재료가 모두 들어가는 코스 요리를 즉석에서 한 시간 내로 만드는 〈미국판 철인 요리왕Iron Chef America〉도 있다. 이 프로그램은 승자와 패자를 가른다(남성은 이런 대결을 즐긴다). 이때의 속도와 효율성은 가족과 함께 보낼 시간을 마련하기 위해서가 아니라 승부를 내기 위해 존재한다. 남자들에게 지상 최고의 요리사로 남성들도 활약한다고 말해보라. 보통은 어깨를 으쓱이며 뭐 그러냐는 식으로 반응할 것이다. 어쨌거나 이들 요리 방송 덕분에 묵직한 철제 냄비를 가까이하면서, 때로는 무게가 두 배 가까이 나가는 까만 바닥 팬을 휘두르면서 남자들은 요리와 친숙해지고 실력도 늘었다. 그 결과 남자들은 차츰 요리에 능숙해졌고, 즉석요리를 만들어내며 심지어 요리 재능이 자신의 남성성을

깎아내린다는 생각에서도 벗어나고 있다. 이는 바람직한 현상으로
보인다.

3장

욕실의
호화로운 변신

피곤에 찌든 현대 여성에게 욕실은 궁극의 밀실이다. 종업원
도 없고 산책을 나가지 않아도 되며 직원에게 팁을 줘야 한다는
부담도 없는 호화로운 데이 스파(하루나 한나절 동안 사우나와 마사
지 등을 즐기는 휴양 시설-옮긴이)를 떠올려보라. 아이가 있는 여성에
게 이곳은 실로 근사한 시간을 홀로 보낼 수 있는 유일한 공간이
다. 이곳은 다름 아닌 욕실이다. 무엇보다도 역사적으로 볼 때 욕
실은 여자라면 누구나 이곳에 드나드는 모습을 들키고 싶지 않은
부끄러운 장소였다. 그러나 실은 이와 정반대다. 여성들 덕분에 이
보잘것없던 욕실이 꾸준히 발전했다.

오늘날 욕실은 뿌연 김이 올라오는 향기로운 공간, 때로 촛불
을 켜놓은 채 공상을 하거나 향락과 호사를 누리는 곳, 자존감(때

로 자아도취로 흐르기도 하지만)을 느끼며 혼자 기분 좋게 여유를 만끽하는 장소가 되었다. 인류는 계단 뒤편 아래에 눈에 띄지 않게 만든 작은 공간에 불과하던 욕실을 변기가 딸린 열대우림 같은 곳으로 진화시켰다. 요즘은 욕실이 많을수록 좋다고 본다. 2005년에 지은 주택 네 채 중 한 채는 욕실이 세 칸 이상이었다. 또 지난 몇십 년 동안 미국의 대다수 중산층 가정은 욕실 크기를 넓히는 경향을 보였다.

욕실이 영광의 시기를 누리고 있다고 느끼던 차에, 미국 북동부 지역에서 고급 욕실 및 주방 설비를 파는 최고급 업체인 빌리 브레너 주식회사Billie Brenner Ltd.의 설립자인 빌리 브레너와 함께 탑승 수속을 밟게 되었다. 룰루Lulu, 벨 드 주르Belle de Jour, 자도Jado 같은 브랜드처럼, 빌리도 보스턴 디자인 센터에 최고의 상품만 전시해놓고 판다.

내가 물었다.

"빌리, 빌리 브레너 주식회사 같은 곳이 들어서기 전에 욕실은 보통 어떤 공간이었나요?"

빌리가 답했다.

"실용성이 전부였지, 뭐."

이는 실상을 축소한 말이다. 욕실이 처음 등장하자 사람들은 욕실을 입에 올리기 꺼려하거나 작은 목소리로 말하곤 했다. 이러한 부당한 평 때문에 초기에는 욕실을 가급적 작게 만들려고 하였다. 즉, 절대적으로 필요한 욕실을 줄여 성인들이 인형 집만 한

좁은 곳에서 볼일을 보게 하였다. 처음에는 욕실을 옷방 안쪽에 혹은 위층 침실과 떨어진 곳에 감추듯이 만들었다. 인간의 가장 기본적인 욕구(그리고 점잖게 감추는 욕구)에 공간을 지나치게 할애하는 것은 낭비라고 보는 분위기였다. 그러니 욕실이 어떻게 눈길을 끌었겠는가?

손님 화장실 또는 부인용 화장실half bath(욕조 없이 변기와 세면대만 갖춘 화장실-옮긴이)이라고도 불리는 파우더 룸powder room은 그 기원이 18세기 초반으로 거슬러 올라간다. 물론 당시에도 파우더 룸은 남녀가 조용히 들어가 가발에 분가루를 뿌리던 곳만큼이나 작았다. 파우더 룸은 빅토리아 시대를 버텨냈다. 당시 정숙한 숙녀는 양해를 구하고 자리에서 일어나 "화장 좀 고치고 올게요."라고 말했을 것이다. 매력 있게 에두른 이 표현을 특정 세대의 교양 있는 여성들은 아직도 쓴다. 작고 창문도 없고 보통 차양이 내려진 파우더 룸은 오늘날까지 이어지고 있는데, 끝없이 이어지는 계단 아래쪽 쑥 들어간 곳에 위치해 있어서, 방문객은 위층에 있는 주인의 개인 공간을 침범하지 않고도 화장실을 이용할 수 있다.

내 친구 하나는 뉴잉글랜드의 120년된 우아하고 확 트인 중세풍 집에서 10년 동안 살았다. 이곳은 모든 면에서 이상적이었지만, 딱 하나 1층에 화장실에 없다는 점만 빼면 그랬다. 당시 지은 대부분의 집들은 아래층 화장실이 비록 조그만 파우더 룸일지라도 그 존재 자체를 예외적이고 몰지각하게 여겼다. 당연히 18세기 여성은 화장실에 들어가는 모습을 들키지 않으려고 했다. 내 친구와 그 아내가 초대한 손님들은 볼일을 보려면 위층으로 터벅터벅 올라가야 했는데, 이곳에서 이들은 고민에 빠졌다. 복도 중간에 있는 화장실, 즉 복도 문으로 나뉜 복도 바로 옆 화장실을 쓰느냐, 아니면 원래 이 집 지하에 살던 하인들이 쓰던 이보다 비좁은 화장실을 쓰느냐 하는 고민이었다. 처음에 내 친구는 아래층에 화장실이 없는 점을 독특한 매력으로 여기더니, 시간이 흐르자 화장실이 없어서 불편하다며 짜증을 냈다. 한밤중에 친구는 귀찮거나 반발심이 생길 때면 뒤 베란다로 나가 수풀에 소변을 보곤 했다.

오늘날 화장실은 과거와 전혀 다른 공간이 되었다. 빌리는 이렇게 평했다.

"여성에게 화장실은 두 가지 의미가 있지. 첫째는 여성에게 안락함을 주는 공간이고 둘째는 여성이 자존감을 느끼는 공간이지."

그렇다면 우리는 언제부터 실용성이 전부였던 화장실을 나를 충전하는 휴식 공간으로 탈바꿈시켰을까? 간단하게 답하자면 시간이 흐르면서 인간이 진화했고 기술적 효율성이 높아졌기 때문이다. 인류는 집에서 온수를 쓸 수 있게 되었을 뿐만 아니라 여러 장비도 사용할 수 있게 되었다. 얼마 전만 해도 화장실에는 콘센트가 없었다. 돈, 정확히 말하면 축적된 부도 중요한 역할을 했다. 신혼부부는 부부침실을 아름답게 꾸미고 나면 보통 자연스럽게 욕실도 침실처럼 보기 좋게 꾸미려고 했다.

또한 갈수록 국내외 여행객이 많아진 점도 현대식 욕실 디자인과 편의시설에 한몫했다. 사람들은 이탈리아로 여행을 간다. 남부 지역으로 일주일간 짧은 여행도 다닌다. 산타페^{Santa Fe}로 자동차 여행을 가기도 한다. 이러할 때 소비자들이 더 나은 품질과 디자인을 구입하도록 충동질하는 요인은 무엇일까? 바로 심미적 취향이다. 널리 알려졌다시피 미국은 자유분방한 문화의 나라다. 독신들이 밀집해 사는 지역에는 자녀가 있거나 부모를 모시고 사는 사람이 거의 없다. 이들 중 상당수가 미국 사우스웨스트^{Southwest}를 방문했다가 우연히 평소 갈망하던 타일 문양을 발견하기도 하고, 퍼시픽 노스웨스트^{Pacific Northwest}에 갔다가 나무와 유리에 홀딱 반하기도 한다.

몇 년 전 나는 두바이에 있는 놀이공원인 두바이랜드와 일했다. 나를 고용한 회사는 현장 작업 디자이너를 대거 데리고 왔는데, 이 중에는 디즈니에서 일한 사람들도 끼어 있었다. 당시 나는 이 디자이너들을 이해하느라 고생한 기억이 있다. 많은 아랍국에서는 십대가 되어야 화장실 변기의 물을 내려보기 때문이다. 중동에는 제 손으로 자기 몸을 씻어본 적이 없는 젊은이들도 있다. 누군가 늘 비누칠을 해주고 문질러주며 물기를 말려주기 때문이다.

미국 욕실에서 비누는 어떻게 진화했는지 살펴보자. 많은 이들이 용도가 다양한 여러 가지 비누를 쓴다. 낮 동안 손을 청결히 유지할 수 있도록 짜서 쓰는 비누도 있다. 자기 피부색에 맞는 비누를 별도로 갖고 다니는 여자도 많다. 욕조와 샤워기에는 다목적 비누가 놓여 있다. 십대와 대학생 또래 남자들의 경우 바디워시와 샤워젤이 아이리시 스프링^{Irish Spring}과 아이보리^{Ivory} 비누를 밀어냈다. 난 이러한 현상이 여자들이 떨어뜨린 낙수효과^{落水效果}라고 본다.

미국인이 청결에 집착하는 인종처럼 보일지도 모르겠다. 하지만 미국에 건너온 일본인 중에는 미국인의 위생 관념에 화들짝 놀라는 사람이 많다. 그들은 미국인 특유의 체취를 맡으며 미국인의 목욕 습관에 문제가 있다고 한다. 내 일본인 동료 중에는 욕조가 없는 미국 호텔에는 묵지 않으려는 이들도 있다. 일본인에게 목욕은 하나의 의식이다. 일본에 있는 욕실은 대개 바닥 중앙에 배수구가 있다. 일본 남성과 여성은 몸을 구석구석 씻은 후 욕조에 들어가 오랫동안 몸을 담근다. 일본에서 욕조는 휴식과 명상을 위한 공간이자 열기와 증기, 고요함을 만끽하는 공간이다. 이러한 정화의식의 뿌리는 신도^{神道}이다. 서양인이 느끼기에 이 목욕물의 온도는 델 만큼 뜨겁다. 일본인은 목욕에 중독된 사람을 '오후로^{おふろ} (전통 일본식 목욕탕-옮긴이) 홀릭', 목욕중독자들이 빠져드는 황홀감을 '유데다코^{ゆでだこ}'라고 부른다. 유데다코는 대강 옮기자면 '삶은 문어'란 뜻이다.

일본에는 욕조에서 읽을 수 있는 잡지도 있다. 이 잡지는 공기 주입장치가 부착되어서 물에 절대 젖지 않는다.

나는 일본을 방문할 때마다 위생에 무척 신경을 쓴다. 매일 더운 물로 목욕하려고 애쓴다. 옷 한 벌을 24시간 이상 입어야 할 때는 매일 증기다림질한다. '일본식 청결'을 유지하는 게 내 목표이기 때문이다. 이는 일본인의 환심을 얻는 데 중요하다. 면도 후에는 로션을 적당량 쓰거나 아예 바르지 않는다. 나는 어류보다 육류를 즐기는 미국 사람이므로, 열댓 번씩 씻더라도 '가이진^{外人}(외부인을 뜻하는 일본말-옮긴이)'이 풍기는 육류 냄새를 지우기 힘들다는 점을 잘 안다. 우리 모두는 위생 습관뿐 아니라 먹는 음식이 빚어낸 산물이기 때문이다. 동질성이 강한 나라에서 토박이들끼리는 체취에 거부감이 없다. 그러다가 이들 사이에 외국인이 끼면 그자는 먼저 체취로 존재를 알린다.

일본의 목욕 문화는 이슬람의 하맘^{hamam} 즉, 터키식 목욕 문화와 공통점이 많다. 터키의 목욕 문화는 다시 로마의 온천탕에서 나왔다. 하맘은 향락의 온상이 아닌 이슬람 문화권의 휴식과 평온을 보여주는 곳이다. 건축적으로 볼 때 하맘은 십자 형태로 펼쳐진 구조이다. 머리 위로는 웅장한 돔이 휘어져 있다. 은은한 조명이 흐르고 여기저기서 증기가 새어나오며 소박함에서 느껴지는 안락함이 있다. 목욕보조사는 장갑을 끼고 입욕자들의 피부를 문지른 후 머리부터 발끝까지 마사지를 해준다. 하맘의 여탕에서는 보조사가 설탕 혼합물을 이용해 거슬리는 머리카락을 뽑은 후 염색을 해주고 꽃내음이 풍기는 물로 피부를 청결하게 씻어준다. 마지막으로 입욕자는 조용히 앉아 혼미해진 정신이 돌아올 때까지 기다린다.

사실 여성은 현대식 주방뿐 아니라 욕실의 가치를 재발견하는데 일조했다. 이에 덧붙여 나는 오늘날 욕실 장비 중 상당수가 호텔 및 식당 디자이너 그리고 건축가 덕분에 자리를 잡았다고 생각한다. 홍콩에 있는 스카이라운지 펠릭스^{Felix}에 가면 남성들은 유리

벽을 마주보고 서서 시내를 내려다보며 볼일을 본다. 1980년대 맨해튼의 명소였던 로열턴 호텔Royalton Hotel에서는 남성들이 나란히 서서 폭포처럼 흘러내리는 물줄기를 향해 소변을 봐야 했다. 소년 시절부터 다른 사람의 성기를 보는 것을 꺼리는 남성에게 고의로 재미를 주고자 한 파격적인 디자인이었다. 짓궂은 시설들도 있다. 몬트리올에 있는 더블유 호텔W Hotel은 침실과 욕실 사이에 칸막이가 달랑 하나밖에 없다. 그런데 이 칸막이에 구멍을 뚫어놓아서 원한다면 동반자가 샤워하거나 소변보는 모습을 들여다볼 수 있다. 그리고 다소 노출증 성향이 있는 사람을 위해 로어 맨해튼에 있는 리빙턴 호텔Hotel on Rivington은 비누칠한 당신의 몸을 행인들이 감상할 수 있도록 바닥부터 천장까지 통유리로 된 공간을 마련해놓았다. 부끄럼이 많거나 남들 이목에 신경을 쓰는 사람이라면 호텔 관리자가 기꺼이 가리개를 제공한다.

요즘은 최고급 욕실이라면 최소한 스파 욕조 정도는 갖춰야 한다. 적어도 미국은 욕조보다 샤워기가 더 인기 있는 나라인데도 이런 추세다. 현대식 욕조 중에는 여성들이 발톱을 깎거나 다리털을 밀 수 있도록 작은 거치대를 설치한 제품도 있다(실외용 온수 욕조가 인기를 끄는 이유 중 하나는 여성들이 직장생활이나 살림을 하며 느끼는 책임감과 긴장에서부터 휴식을 명백히 구분하였기 때문인 것 같다).

하지만 남녀는 목욕과 청결에 관한 한 뚜렷한 차이를 보인다. 이를 잘 보여주는 비유가 있다. 남자들은 옷가게 탈의실에 옷 한 벌을 들고 들어가 몸에 맞으면 바로 산다. 반면 여자들은 옷을 입어보는 행위 자체에서 엄청난 기쁨을 느낀다고 한다.

남녀는 쇼핑 습관뿐 아니라 욕실에 머무는 시간에도 차이가 있다. 여자들이 욕실에서 하는 행동은 남자보다 얼마나 더 많을까? 한번 세어보자. 화장하기, 다리털과 겨드랑이털 제거하기, 화장 지우기, 피부각질 없애고 보습하기, 머리 감기, 모발영양제 바르기, 거울 보며 얼굴 살피기 등이다. 여성이 압도적으로 많다.

그러고 보니 인바이로셀이 최근 일본에서 진행한 흥미로운 연구과제가 떠오른다. 우리 회사는 레이저 면도기를 비롯해 소형 개인용품을 연구했다. 우리가 내린 결론 중 하나는 매우 자명했다. 체모 관리 및 제거와 관련해 남녀는 서로 다른 반응을 보였다. 남자의 경우 면도를 하고 턱수염이나 콧수염을 다듬으면서 보통 자부심을 느낀다. 반면 여자에게 체모 제거는 흥겨운 일이 아니었다. 다리털이든 겨드랑이털이든 대다수 여성에게 털은 없애버리고 싶은 대상이었다. 우리가 수행한 또 다른 연구에 따르면 여성 쇼핑객은 혼자 쇼핑하는 확률이 낮았고, 일회용 면도기를 구입하는 비중이 남성보다 높았으며, 면도날의 개수보다 제품 디자인을 더 살폈다. 반면 남성들은 여성보다 브랜드 충성도가 높았고, 짧은 수염을 깎아주는 보조칼날이 있는 제품 즉, 마하 쓰리 터보Mach 3 Turbo 면도기나 콰트로Quattro 면도기를 선호했으며 포장 디자인에는 그리 신경 쓰지 않았다.

우리 회사가 업체에 권한 사항 중에는 면도기를 비롯한 여성용 제모용품을 남성 코너 옆이 아니라 란제리 코너 안에 진열하라는 내용이 있었다. 이는 여성의 다리를 매끄럽게 만들고 보습하는 행위에서 남성성이나 기능성이 아닌 관능적인 분위기를 풍기기 위해서였다.

나는 최근에야 10년 넘게 살고 있는 우리 집에서 안방 침실에 딸린 욕실을 제외하곤 다른 두 욕실에 세면대가 작고 선반이 없다는 점을 발견했다. 생각해보니 우리 집을 설계한 사람은 남자였다. 이들 화장실에는 수납공간이 없다. 수납은 현대식 욕실과 관련해 여성들의 또 다른 고민거리이다. 즉 수납장에 여분의 휴지를 둘 수 있어야 하고, 첫 번째 서랍에는 화장품과 보습제를, 두 번째 서랍에는 티슈와 화장솜을, 세 번째 서랍에는 머리핀과 머리끈을, 네 번째 서랍에는 구급상자 물품을, 다섯 번째 서랍에는…… 계속 나열할 수 있지만 지면이 부족하므로 여기서 그만두겠다.

4장

워킹맘을 위한
또 다른 일터, 홈오피스

오늘날 홈오피스의 모습을 살펴보자. 본격적으로 살피기 전에 우리 부모님의 통제실을 훑어보는 게 유익할 듯하다.

부모님에게 홈오피스가 있었다면 그리고 내 기억이 정확하다면, 그곳은 사각형에 공기가 통하지 않는 불필요한 물품들로 가득 찬 공간이었다. 투박한 회색 서류함은 바퀴가 빠져서 제자리에 들어가지 않았다. 낡은 싱거^{Singer} 재봉틀이나 KLH 전축, 혹은 시절에 따라 IBM 셀렉트릭 타자기나 1세대 매킨토시 컴퓨터가 있었다. 책이 수북이 쌓여 있고 잡동사니가 굴러다니며 흘러간 세월만큼 책 가죽에 밴 묘한 냄새가 방 안에 진동했다. 온갖 종이더미와 파일들, 압정통과 클립, 펜과 연필, 쓸데없는 물건들, 엄마아빠 전용 물품, 그리고 코드가 배꼽처럼 돌돌 말린 까만 다이얼 전화기도 어딘가에 있었을 것이다. 이 전화기를 찾아내는 방법은 딱 하나, 벨소리를 기다리는 것뿐이었다.

우리의 측은한 엄마아빠들. 십대처럼 부모님에게도 홈오피스가 쉼터였다. 칵테일 시간cocktail hour(저녁식사 전 술을 즐기는 시간-옮긴이)이나 저녁식사 후에 부모님은 조심스럽게 방문을 닫고 다른 식구들이 혼자 있는 시간을 배려해주길 바랐을 것이다. 그래서 만약 당신이 뭔가 물어보려고 아니면 보고 들은 이야기를 전하거나 농담 따먹기를 하려고 방문을 정중히 두드리거나 조금 열었을 때, 부모님이 썩 반가운 얼굴로 맞이하지는 않았을 것이다. 왜 그랬을까? 유감이지만 홈오피스는 부모님들이 자식들을 피해 들어간 공간이었다. 미안하다. 진실을 알면 상처를 입는 법이다.

하지만 이후로 상황이 달라졌다.

미국 건축가협회가 발표한 자료에 따르면, 2005년부터 홈오피스는 집주인들이 디자인을 요구하는 공간에서 1위를 차지했다. 유가 상승뿐 아니라 저렴하고 선택의 폭이 넓어진 기술이 등장하면서 사람들은 유연성 있는 공간을 원하게 되었다. 또한 관리가 쉽고 공간이 확 트인 다목적 평면도를 설계하면서 주택 소유자들은 홈오피스에 관심을 보였다.

생각해보면 홈오피스는 현대 여성에게 통근시간을 줄여줄 뿐만 아니라, 외부세계를 가정이라는 영역으로 이동시키는 역할을 했다. 데스크톱 컴퓨터와 노트북 그리고 빠른 인터넷을 통해 바깥세계가 여성에게 다가왔다. 개인적으로 그리고 전문적으로 볼 때, 이는 매일 일감을 배달받는 것과 같다. 여성은 원할 경우 다우존스 주가 평균을 확인할 수 있고, 열흘 분의 일기예보를 살펴볼 수 있으며, 애청하는 텔레비전 방송이 시작하는 시간이나 오븐을 꺼야 할 시간을 알람으로 설정할 수도 있다. 가정을 비롯해 온 세상이 내 손가락 끝에서 놀아나고 내 손안에 들어온 기분이다.

이는 현대식 홈오피스가 부모들의 홈오피스와 달리 마음 편히 쉴 수 있는 안락한 곳이기 때문이다. 실제로 대다수 여성들은 자녀들이 목소리를 낮추고 모뎀에 주스를 흘리지 않으며 뭐든 약속한 행동만 한다면 이곳에 들어와 놀아도 좋다고 허락할 것이다. 물론 사실 이상적인 요구이긴 하다.

오늘날 홈오피스의 기원은 소규모 가족 기업이다. 베스트 바이Best Buy, 오피스 디포Office Depot, 스테이플스Staples 같은 창고형 할인매장들은 얼마 전에야 현대식 홈오피스 문화에서 지배적인 영향력을 행사하는 주체가 여성임을 깨달았다. 스테이플스나 오피스 디포를 찾아가보면 예전보다 촉감이 부드럽고 기발한 제품에 맞게 매장을 재단장한 모습에 깜짝 놀라게 된다. 전에는 전산용지 더미와 흰색부터 검정색까지 각종 파일이 있던 한쪽 벽면을 지금은 빨강부터 옅은 청록색까지 다양한 색상의 파일들이 채우고 있고, 자주색, 주황색, 노란색 봉투를 녹색 또는 빨간색 편지지와 섞어놓는 등 서로 어울리지 않게 조합한 문구류가 또 다른 벽면을 메우고 있다. 물론 지금도 인쇄용지를 판다. 단지 여성이라는 소비자를 인식했을 뿐이다.

사무용품 전문점 오피스 맥스Office Max는 마치 풍선껌 기계에서 풍선껌 빼먹듯이 사무용품을 골라잡는 판매 방식을 도입했다. 여성 소비자들은 500그램당 9.99달러를 내면 재미있는 모양의 깜찍한 클립과 압정, 색깔 입힌 문서집게를 골라잡을 수 있다. 샐러드 바를 떠올리면 된다. 칼라마타 올리브 kalamata olives나 모차렐라 치즈 볼 대신 단순한 기능을 넘어선 갖가지 장난스런 사무용품을 고른다고 보면 된다. 오피스 맥스는 이러한 용품에서 상당한 수익을 본다. 남자들에게는 이렇게 아기자기한 소품이 쓸모없어 보이겠지만, 여자들에게는 일의 기능을 높여주는 촉매제다. 즉, 이들 소품을 이용해 창의적이고 기발하게 서류를 관리하는 법, 핵심내용을 색상을 활용해 전달하는 법, 집 안을 분위기에 맞게 꾸미는 법 등을 고민하기 때문이다.

이는 남자들이 색상에 무관심하다는 뜻일까? 그렇지 않다. 다만 홈오피스를 만들 때 여성적 분위기가 중요하다는 점을 최근 사무용품 매장들이 깨달았다는 뜻이다. 벽에 꽂는 파일과 현재 스테이플스가 판매 중인 사무실에 활기를 불어넣는 인공 야자수 화분, 또 스테이플스가 온라인으로 1년 내내 판매하는 사탕 제품인 리즈피스Reese's Pieces부터 트위즐러Twizzlers까지, 이 모두가 이런 분위기를 반영한다. 참고로 이 사탕들은 인바이로셀 뉴욕 지점에서도 매우 인기 있는 활력소다.

일하는 여성에게 홈오피스는 보통 2차 통제실이다. 사실상 집 안에서 친목의 장은 주방이라 해도 열을 발산하는 모터, 코드, 이더넷 케이블Ethernet cables, 설치설명서, 주방 및 다른 집 안과 가족생활의 효율성을 높여주는 메모달력 등은 홈오피스에 있다. 일상의 사무업무와 관련해 집 안의 여사장은 직장에서 작업하던 파일이나 문서를 전송할 수 있고, 늦게 도착했을지도 모를 다급한 이메일도 확인할 수 있다. 파일이 사무실 컴퓨터에 있긴 하지만 여성은 집안 컴퓨터에도 복사본을 저장해놓는다. 실상 여성은 살림을 하면서 동시에 안락한 집에서 자신의 업무를 효율적으로 처리하는 셈이다.

그렇다면 왜 홈오피스였을까? 현대식 홈오피스는 보통 두 가지 임무, 즉 일뿐만 아니라 집과 가족에 대한 여성의 책임을 위해 존재하는 가정의 '첨단 공간'이기 때문이다. 이곳은 누구나 환영한다. 아이들도 환영이다! 가족과 관련해 여성은 아이들이 학교 웹사이트에 올라온 과제를 마치면 이를 전송하게 하고, 멸종위기 생물에 관한 보고서를 작성하거나 프랑스어 동사활용 연습문제를 풀게 할 수 있다. 온 가족이 같은 물리적 공간에 있기 때문에, 여성은 노트북으로 분주히 자판을 치면서도 각자 할 일을 잘하고 있는지 확인할 수 있다. 한편 집 안에서 여성은 업무 관련 이메일에 답장을 보내고 요리 전문 사이트인 에피큐리어스닷컴www.Epicurious.com에 들어가 고추냉이가 들어간 으깬 감자 요리법을 검색하며 인터넷 서점 아마존에서 책을 주문할 수도 있다. 또 페이스북 계정을 만들 만큼 호기심이 강하고 당찬 여성이라면(아이들을 감시하면서 페이스북을 못마땅하게 여겼을 테니) 옛 동창이나 연락이 끊긴 사람들과 디지털 세상에서 친분을 쌓을 수도 있다.

지난 10년 동안 여성들이 휴렛팩커드에서 제품 개발을 주도한 덕분에, 우리는 업계에서 모피MOPY라고 부르는 제품을 접하게 되었다. 이는 "무엇하러 원본을 여러 개 만드나요?Multiple Original Prints +Y?"의 약자다. 다시 말해 "모피가 있으니 사본을 만드는 건 낭비다."라는 뜻이다. '복합기'라고 하면 더 잘 알아듣는다. 이 고가의 기계에는 문서를 주고받는 팩스, 옛날 사진과 파일을 복제해 디지털 문서로 변환하는 스캐너, 흑백 문서와 컬러 문서 모두 사용가능한 복사기가 장착되어 있다. 물론 프린터도 있다. 가정에서 가족의 추억 관리는 사실상 여자가 맡는다. 모피가 있으면 여성들은 몇 메가바이트 메모리를 이용해 생일이나 기념일, 휴가 때 찍은 디지털 사진을 전송하고 이를 디스크에 저장하며 케이스에 담아 라벨을 붙이고 항목과 날짜별로 서랍에 분류할 수 있다. 더이상 둘둘 말린 사진이나 폴라로이드 사진을 몇 상자씩 만들 필요가 없다.

모피의 다양한 성능은 걸리는 시간을 대폭 줄여준다. 즉 모피는 번거로운 일[중요한 문서를 복사하고 스테이플스 매장에 가서 팩스를 보내고 월그린Walgreens(식품 및 잡화 판매점-옮긴이)을 방문해 사진을 현상하는 일]을 가정용 기계 한 대에 옮겨놓았다. 더구나 플러그 하나만 꽂으면 그만이니 더욱 마음에 든다.

이는 곧 밤에 여성들이 집에서 북극곰 생태보고서부터 프랑스어 동사 연습문제, 스프레드시트까지 가족 모두의 문서를 출력하고 스캔하고 복사하며 팩스로 보낼 수 있다는 뜻이다.

이러한 구상이 흥미롭든 아니면 끔찍하든, 21세기 아이들을 집 안으로 끌어들이는 확실한 방법은 바로 기술이다. 대형 스크린 텔레비전, 컴퓨터, 위Wii 같은 기술들이다. 이 제품들은 스크린에서 빛을 발한다. 벽난로처럼 점화하여 사람들을 끌어당겨 마음을 달래준다. 그렇지만 불붙은 화로 앞에서 물리적인 행복은 느껴도 페이스북처럼 인간미 넘치는 유대감은 얻지 못한다. 이는 다른 차원의 온기다. 홈오피스는 근본적으로 와이파이와 무선 블루투스 기술 덕분에 가능해졌다. 이 기술들은 물리적 범위를 대폭 넓혔다. 오늘날 홈오피스는 침실과 식당, 주방 식탁으로 옮겨간다. 물론 주택이나 아파트를 전선으로 감으려면 중앙 모뎀과 라우터router가 필요하지만, 와이파이 기술 덕분에 우리 모두는 책상 앞 높은 등받이 의자에 앉아야 할 필요가 사라졌다. 대신에 우리는 노트북과 코드를 들고 자리를 옮겨가며 이불이나 지하실 소파 위, 심지어 집이나 아파트에서 150미터 떨어진 그물침대에 누워 검색을 하고 작업을 할 수 있다.

인구가 밀집된 도시에 사는 나는 우리 집 홈네트워크에 접속할 때마다 한 블록 반경 안에 있는 와이파이 사용자 목록을 보며 깜짝 놀란다. 내 이웃들의 와이파이 계정 아이디로 '리스네 집The Reese Family', '존스와 메릴Jones/Merrill', '생기발랄한 개Sparky the Dog' 등이 뜬다. 각 계정마다 비밀번호가 있다. 내 와이파이에도 당연히 비밀번호가 걸려 있다. 나도 이웃집 남자처럼 내 공간을 소중히 여기는 사람이니까.

정규직이든 임시직이든 직장에 다니는 여성에게 컴퓨터를 갖춘 홈오피스는 인터넷을 맘껏 활용할 수 있는 공간이기도 하다. 여성들은 웹사이트를 오가며 남몰래 어디에도 얽매이지 않고 여기저기 구경 다닐 수 있다. 여성은(남성도 마찬가지겠지만) CNN이나 허핑턴 포스트Huffington Post(미국의 뉴스 전문 미디어-옮긴이), 영국 일간지 가디언UK Guardian이나 프랑스 일간지 피가로Figaro의 웹사이트에서 속보를 접할 수 있다. 또 타겟Target(미국의 대형할인점)이나 제이 크루J. Crew(의류 전문 쇼핑몰), 포터리 반Pottery Barn(미국의 인테리어용품 쇼핑몰)에서 패션 및 특가품에 대한 최신정보를 입수할 수 있고, 남편의 쉰 번째 생일선물로 뭐가 좋을지 고민할 수 있으며, 십대 자녀의 침실 벽에 걸어놓을 코르크 게시판을 물색할 수 있다. 사전 쇼핑도 가능하다. 즉, 온라인에서 제품을 알아본 다음 실제 판매자와 얼굴을 대하면 제품의 정보, 특징, 사양 등을 미리 알아두었기에 자신 있게 쇼핑에 임할 수 있다.

이렇듯 뜻밖에도 인터넷은 현실에 존재하는 가게들에 큰 영향력을 행사하게 되었다. 집에 있거나 일할 기분이 아닌 여성, 때마침 새 휴대전화나 냉장고를 사는 데 관심이 있는 여성이라면 온라인에서 이 제품들에 대한 소비자들의 후기들을 살피고 알아본 다음 가까운 베스트 바이나 시어스Sears(캐나다의 종합쇼핑몰)로 곧장

차를 몰고 가 필요한 것을 구입할 수 있다.

인바이로셀은 여성 인터넷 사용자들 사이에 떠도는 일명 '2차 쇼핑 처방'을 발견했다. 최첨단 대도시와 떨어진 작은 동네에 사는 여성이라도 현재 뉴욕시티나 로스앤젤레스, 더블린, 도쿄에서 팔리는 최상품을 웹사이트에서 눈요기할 수 있다. 마치 생생하고 화려한 여성잡지를 훑는 기분이다. 여성들은 넋을 놓고 매장과 호텔, 휴양지를 감상하는데 자신의 예산을 훌쩍 넘더라도 전혀 부담이 없고 남의 눈을 의식하거나 눈치 보지 않고 아무런 제약 없이 즐길 수 있다.

나는 여성의 마음을 사로잡는 웹사이트의 특징을 조사해보았다. 그중 하나는 어느 정도 오락성이 있어야 한다는 점이었다. 그리고 무엇보다도 목적이 분명해야 했다. 첫 방문객을 고려한 디자인인지, 아니면 단순히 구경만 하고 돌아다니는 사람들을 위해 꾸민 것인지 확실히 해야 한다. 일상적 의식이나 즐거움, 인생의 낙, 도피 공간 중 무엇을 표방한 웹사이트인지 무수히 많은 인터넷 사이트들과는 어떤 차별성이 있는지 명확히 해야 했다.

웹 디자인의 꾸준한 관리도 매출에 큰 영향을 준다. 최근 나는 닭 사육과 관련된 한 웹사이트에 들어갔다(그 이유는 묻지 마시라). 그곳은 마지막 자료가 올라온 지 수년이 지난 사이트였다. 케케묵은 분위기에 신뢰가 팍 떨어져서 곧장 나와버렸다.

친여성적인 사이트는 분위기에도 공통분모가 있다. 이는 디지털 공간에 가구를 들여놓고 벽지를 바르는 것과 같다. 인터넷 서점 아마존은 이를 제법 잘 해낸다. 도서목록을 끊임없이 바꾸고 나의 과거 소비성향을 토대로 권장도서를 슬쩍하게 보여주기 때문이다. 아마존과 나는 서로를 잘 알기에 시간낭비할 일이 없다. 또 여성에게 호감을 주는 웹 디자인이라는 점에서 색상과 흥미로운 외양은 영향이 크다. 세상에는 남성적인 직각 형태의 사이트가 차고 넘친다. 컴퓨터 자체도 직사각형 즉 기본적으로 상자 모양이다. 그렇지만 휘어진 외량^{外量}이나 완만히 굽은 아치형으로 디지털 공간을 구성하면 좀더 흥미롭지 않을까?

여성친화성과 동떨어진 사이트를 보고 싶다면 일부 대형 사무용품 매장의 웹사이트에 가보면 된다. 심하게 무미건조하다. 마치 연장도구 소개목록을 들여다보는 기분이다. 너무 꾸밈없는 모습은 최악의 복병이다. 호텔닷컴www.Hotel.com과 트레블로시티Travelocity(미국 인터넷 여행사-옮긴이)는 비즈니스에만 몰두한 바람에 검색하다 우연히 들른 누리꾼을 포섭하는 일을 망각해버렸다. 또 다른 문제도 있다. 지나치게 많은 정보를 입력해야 하는 사이트, 즉 개인정보를 세세하게 묻거나 이를 강요하는 듯한 분위기를 풍기는 사이트라면 여성들은 썰물처럼 빠져나간다. 앞서 말했지만 여자들은 남자들보다 개인정보에 훨씬 민감하다. 그리고 성급하게 너무 많은 개인정보를 요구하는 것은 불쾌한 사람이 수작 거는 듯한 인상을 받게 한다.

집에서 인터넷을 쓰는 여성에게 또 하나 중요한 요소는 역시나 시간을 절약하고 번거로움을 덜어주는 것이다. 여성은 홈오피스에서 인터넷 쇼핑을 할 수 있는데, 이 경우 비용이 줄어들 뿐 아니라 한 번 이상 매장을 오가는 수고를 덜게 된다. 크리스마스와 생일 때는 어떨까? 장바구니에 물건을 담고 클릭한 후 전송하면 끝이다. 각종 행사 때 흥겨운 분위기에 찬물을 끼얹는 구불구불한 줄서기도 피하고, 차를 끌고 나갈 필요 없이 연휴 분위기를 만끽할 수 있다. 만약 베이비 붐 초중반 세대에 속하는 여성이라면 내친 김에 이메일로 감사편지를 써도 예의에 어긋나지는 않는지, 아니면 종전처럼 시간을 들여 감사글귀를 적어야 하는지를 놓고 고민하기도 한다(현재 나의 프로토콜 전문가 말에 따르면, 이메일로 감사글을 써 보내도, 종이와 펜으로 보낸 것만큼 세심해 보이지는 않겠지만 대체로 괜찮다고 한다). 여성은 또한 언젠가 물려받을지 모를 묵직한 동양풍 융단과 밴조 시계banjo clock(19세기 초에 미국에서 사용한 시계-옮긴이) 석 대를 지금 자신이 살고 있는 침실 두 칸짜리 초현대적인 아파트에 절대로 둘 수 없으므로 이를 처분할 방법을 찾기 시작할지도 모른다.

요즘 여성에게 구식 파일 캐비닛이 있다면 이는 대부분 컴퓨터나 모피로 뽑은 출력물을 보관하는 용도일 것이다. 이런 점에서 컴퓨터는 매개자다. 즉 여성의 삶과 메일함에서 여분의 불필요한 데이터를 빠르게 처리하고 압축하는 역할을 한다.

마지막으로 홈오피스는 어떤 곳일까? 만약 남편이나 아이들과 〈스쿨 오브 록School of Rock〉을 열 번 넘게 보고 싶지 않다면? 〈프린세스 다이어리 2The Princess Diaries 2〉에 질렸다면? 다른 식구들이 각자 할 일을 하면서 이 영화들의 주인공인 잭 블랙Jack Black과 앤 해서웨이 Anne Hathaway를 감상할 동안, 여성은 자신의 홈오피스로 조용히 들어가 옛 그라나다Granada 방송사에서 방영한 〈다시 찾은 브라이즈헤드Brideshead Revisited〉의 첫 번째 디스크를 DVD 플레이어에 꽂거나, 아이튠즈에서 남몰래 내려받은 의학 드라마 〈하우스House〉 시즌 5를 감상할 것이다.

이는 30년 전 여성의 부모님이 서재 방문을 닫던 모습과 닮아 있다. 작가 솔 벨로Saul Bellow의 말을 빌리자면 이는 한솥밥 먹는 식구 사이에서 느끼는 고독감 같은 것이다. 다른 말로 행복이라고도 부른다.

5장

헬스장 대신
홈짐을 택한 여성들

우리는 지금 동네 헬스장에 와 있다. 운동하러 온 게 아니라 뭐랄까 그냥 관찰하러 왔다.

우리는 하루 중 몇 분을 할애해 현대 중년 남성을 관찰하고 있다. 그는 어느 정도 나이가 있고 신체 관리에 신경을 쓰는 평범한 남성에 불과하다. 해안가에 살지 않으니 그의 멋진 몸은 기껏해야 1년에 두 번 지역에서 공개적으로 열리는 행사용이다. 오늘 그는 사방이 벽면거울이고, 번쩍번쩍 거대한 연체동물처럼 생긴 첨단기구가 즐비한 경기장만 한 공간에서, 실내자전거 그리고 노틸러스 Nautilus 순환운동기구와 씨름하고 있다. 연속극부터 CNN, 록 스타의 아내를 다룬 〈이! 트루 할리우드 스토리 E! True Hollywood story〉까지 온갖 방송이 나오는 여덟 대의 벽면 텔레비전을 비롯한 각종 시설들 때문에 어느 쪽을 바라보든 그의 모습이 보인다.

이 사내는 쉰줄에 접어들었다. 그의 몸은 계단을 한 번에 두 칸씩 오르든 에스컬레이터를 이용하든 상관없이 모든 남성의 몸에 일어나는 변화를 보여주는 살아 있는 증거다. 그는 허리 부위가 두툼해졌다. 이 '러브 핸들love handles(허리 군살을 뜻하는 말-옮긴이)'은 애정이 담긴 완곡어법이다. 배가 나오고 엉덩이도 처졌다. 가슴은 오동통하고 부드러워졌다. 눈 아래 그늘이 내려왔고 주름이 자글자글하며 얼굴 여기저기에 사마귀가 생겼다. 이제 길을 걸어도 매력적인 여성이 눈길을 주지 않아 못내 아쉽다. 이제 은행직원도 농담을 걸지 않는다. 현금인출기를 써야 하는 또 다른 이유다. 날 받아준 사랑스러운 아내가 곁에 있다는 것만으로도 감사하다.

그렇지만 그는 이렇게 살지 않기로 했다. 그래서 헬스장에 등록하기로 마음먹었다. 물론 집 지하실에는 크기와 중량별로 사다놓은 아령과 오래된 아령 거치대가 있다. 그렇지만 십대 아들 녀석과 친구들이 그의 장비를 장악해버렸다. 그래서 우리의 중년 남성은 한 시간 정도 시간이 날 때마다 헬스장으로 향하게 되었다.

연간 회원권이 만료되었을 때 그는 갱신하는 것을 깜빡했다. 다시 5년 동안 헬스장에 다니고픈 생각은 없지만 주치의가 걷든 뛰든 일주일에 세 번 20분씩 규칙적으로 운동을 하지 않으면 더이상 치료하지 않겠다고 엄포를 놓았다.

바로 그때, 아내가 몇 년 전에 구입해 일주일에 서너 번 사용하는 지하실의 트레드밀treadmill이 눈에 들어왔다. 아내가 이 기구를 살 때 돈 낭비라고 생각했다. 하지만 지금은 나는 몰랐던 사실을 아내는 진작 알았던 것 같다. 아내는 운동기구를 다 쓰고 기름칠만 잘 해놓으면 사용해도 좋다고 허락했다.

역도 선수든 운동 마니아든 아니면 단순히 몸매 유지를 위해서든 여성들의 헬스장 이용률은 어마어마하다. 문제는 헬스장이 시각적, 정서적, 신체적으로 볼 때 지나치게 자극적인 환경이라는 점이다. 몇 톤은 됨직한 운동기구는 물론이고 온갖 낯선 장비와 딱딱한 표면, 스판덱스Spandex(고무같이 신축성 있는 합성섬유-옮긴이)처럼 근육을 부풀리고 수축시키며 과시하는 모습들이 그래 보인다. 하지만 남녀 모두에게 다행스럽게도 현대식 헬스장은 여러 가지로 주변 환경을 신경 쓰기 시작했다. 머리 위쪽에 텔레비전을 달았을 뿐 아니라, 소형 텔레비전이 내장된 트레드밀도 들여놓았다. 헤드폰을 끼고 〈레지스와 켈리Regis and Kelly 쇼〉, 지역 뉴스, 집 수리 프로그램, 지난 밤 방송한 〈존 스튜어트Jon Stewart〉 재방송을 보며 조깅할 수 있다. 또한 팟캐스트로 달라이 라마의 인터뷰를 듣거나 통근 길에 놓친 미 공영방송의 보노Bono 인터뷰를 보면서 스테어매스터 Stairmaster(유산소 운동기구-옮긴이)를 사용할 수도 있다. 어떤 유산소 운동기구에는 책이나 잡지용 선반도 있다.

이 헬스장은 아마 홈짐이 강력한 경쟁 상대임을 깨닫고 이 모든 장비를 들여놓았을 것이다. 많은 여성들은 공간만 넉넉하면 방하나를 건강을 위한 장소로 만들기 때문이다. 요즘 바로 이 '웰니스^{wellness}'가 유행이다.

나는 지금 웰니스를 폄하하려는 게 아니다. 대다수 여성에게 '웰니스'와 '균형'은 불안정한 자아를 돌아보게 하며 '내가 어디로 가고 있는지' 자각시켜주기도 한다. 어느 사회나 여성은 다양한 역할을 한다. 아내로 엄마로 전문직 여성으로 살고, 딸로서 나이 든 부모도 모신다. 여성이 자신에게 90분을 투자한다는 것은 남성의 경우보다 훨씬 자연스러운 발상이다. 어쨌거나 여성에게 의지하는 사람들이 엄청나게 많기 때문이다. 그리고 여성에게 아이가 생기면 임신과 출산이라는 신체적 변화로 유보해야 할 일이 생긴다. 즉 여성이 자기 몸을 보살피지 않으면 자신과 관련된 모든 이들에게 제대로 된 역할을 할 수가 없다.

미 노동통계국^{Bureau of Labor Statistics}이 발간한 보고서에 따르면, 전국 어느 지역을 막론하고 학력수준이 높을수록 스포츠나 각종 여가활동에 참여하는 비율이 훨씬 높다고 한다. 대학 학위만 받아도 스포츠 활동을 할 확률이 두 배 높아진다. 지금도 그렇고 앞으로 수십 년 동안 고등교육에서 우위를 점할 성별이 어느 쪽인지 모두 알기에 이는 매우 수긍이 가는 결과다.

여성에게 홈짐은 유익한 공간이자 내 존재감과 역할을 확인하고 내 삶을 통제하는 곳이다. 덕분에 많은 여성은 자신을 괴롭히는 심리적 갈등 즉, 내게 시간을 투자하느라 가족을 돌보지 못했다는 위축감이나 이기적이라는 죄책감을 전혀 느끼지 않고도 집안 살림을 할 수 있다. 따라서 홈짐은 여성이 바쁜 일상에서 한정

된 시간을 밀도 있게 활용하고 또 여러 가지 업무도 가능하게 해준다. 한 시간을 빼서 스테어매스터에서 땀을 흘리고 뜀박질을 하며 엑서사이클exercycle(실내 자전거-옮긴이)에 올라가 페달을 밟은 다음 딥스 동작과 몸 굽히기, 윗몸일으키기, 요가 스트레칭, 프리 웨이트free weights(바벨, 덤벨이나 자신의 체중을 이용한 근력운동-옮긴이)를 몇 차례 해주는 것은 자신의 정신과 육체에 신경을 쓰면서도 중심을 잃지 않는 대단히 좋은 방법이다.

미 노동통계국 조사에 따르면, 여성은 스포츠나 운동을 식구들과 함께하는 경향이 높은 반면, 남성은 친구들과 운동을 즐긴다고 한다(남성에게 이는 서먹한 관계를 없애는 여러 전략 중 하나이다). 1인용이나 2인용 유모차가 나오면서 초보엄마는 아기가 누워 잘 동안 행동반경이 넓어졌고, 덕분에 임신 전 몸매로 돌아가거나 신선한 공기를 쐬고 아이에게 특별한 체험을 해주려는 열망에 사로잡혔다.

대다수 남성들은 인생의 어느 시점에 이르면 허영심이 한풀 꺾인다. 신체적 자아에 집착하는 것이 유난스럽고 남자답지 못하게 멋이나 부리는 행동 같기 때문이다. 배우자를 찾던 시절에는 남성도 외모에 신경을 썼다. 그러다가 사십대 후반이나 오십대로 접어들면 남성들은 딱 필요한 기능만 갖춘 차량처럼 변해간다. 이 시기 남성들은 보통 직장에서 거둔 성공과 가족 부양능력으로 인정을 받는다. 남성들도 갱년기를 겪지만 잘 인식하지 못한다. 반면 여성은 신체적 변화나 호르몬 변화에 민감하다. 그래서 여성들은 남성보다 외모에 투자를 많이 하고 또 나이가 들수록 온전하게 사는 데 운동이 필수가 된다.

이번에도 정보성 광고는 집 안에 운동 공간을 마련하는 데 충실한 역할을 한다. 가정용 운동기구 광고는 그 어떤 기적 같은 제품을 홍보하든 과학적 근거나 공기역학적 원리를 설명하는 일에는 시간을 거의 할애하지 않는다. 이는 남자들의 관심사다. 대신 일주일에 두세 번 단 20분이면 복부가 납작해지고 배에 탄력이 생기며 엉덩이가 탱탱해진다는 사실에 초점을 맞춘다. 그래서 남자에게 잘 팔린 제품은 보플렉스Bowflex(전신 운동기구-옮긴이)인 반면, 여자에게 초대박을 친 물건은 앱 롤러Ab Roller(복근 운동기구-옮긴이)이다.

한번 상상해보라. 한 여성이 마룻바닥에서 흔들거리는 이 요상한 기구 위에 엎드려 손잡이를 쥐고 앞뒤로 흔들대는 모습을. 10분 뒤면 여성의 복부는 탄탄해지리라. 그보다 더 마음에 드는 건 10분만 투자하면 된다는 점이다. 덕분에 나머지 시간은 다른 일을 할 수 있다.

여성이 집 안에 만든 운동 공간은 대개 고요한 명상실이라는 특징이 있다. 이곳에는 요가나 필라테스 매트, 향초, 운동 관련 파일을 재생하는 아이팟 스피커, 심지어 DVD와 연결된 소형 텔레비전도 있다. 아침 일찍 일어나 커피를 내린 후 여성은 아름다운 배경, 보통은 하와이가 나오는 화면을 보며 남녀 운동 강사의 동작을 따라한다.

요가는 2만 6000년이나 된 운동이다. 그 기원은 남자 요기들의 수양이었는데 처음 수련 장소는 인도의 동굴이었다. 요가란 단어 자체도 우주정신과의 결합이나 합일을 뜻하는 산스크리트어 '유즈yuj'에서 왔다. 그렇지만 오늘날 요가수련원이나 강좌에 가보면 수련생의 90퍼센트 정도가 여성이다. 아마도 여성스러운 분위기와 시간의 제약 때문에 남성들은 대개 요가 수련을 주저한다. 요가는 온화하다. 내면을 돌아보게 한다. 그리고 완벽함을 내세우지 않는다. 남들과 경쟁하지도 않는다. 적어도 경쟁하는 분위기를 내세우지 않는다. 요가에 심취한 내 친구는 요가를 하면 내면과 외면이 균형을 이루어 하루 종일 균형 잡힌 상태를 유지할 수 있다고 주장한다.

여성 수련생이 압도적으로 많은 요가에서 한 가지 예외인 분야는 바로 비크람 요가Bikran yoga(우리나라에는 핫요가로 유명하다-옮긴이) 같은 하이브리드 요가이다. 섭씨 38도로 후끈거리는 수련실에서 하는 이 요가는 요가보다 패리스 아일랜드Parris Island에 있는 미 해병 훈련부대와 공통점이 더 많아 보인다. 한 가지 다른 점이 있다면 모래벼룩이 없는 점이랄까. 허튼 동작을 용납하지 않는 요가 강사가 마이크 헤드폰을 통해 내지르는 지시에 맞춰 동작을 따라하다 보면, 온몸에 땀이 줄줄 흐르면서 750칼로리 정도 소모하게 된다. 주변에서 들리는 신음소리, 끙끙거리고 힘겹게 내뱉는 한숨 등은 동물적이고 육감적이다. 비크람 요가를 수련하다보면 약간 어지럽고 구토가 나며 코피가 터진다고 한다. 수련생들은 불편한 증상이 있어도 동작을 따라하라는 말을 듣는다. 그러니 현대판 남성 글래디에이터들이 이 요가에 끌리는 건 하등 이상하지 않다. 물론 비크람 여전사들도 많다.

그렇지만 한번 생각해보자. 홈짐에는 회원가입비가 없고 다른 사람들도 없다. 지켜보는 사람도 없고 원하는 만큼 동작을 반복할 수 있다. 유일하게 뜸 들이는 순간은 오늘 운동을 할지 말지, 만약 한다면 아침에 할지 밤에 할지 결정을 내릴 때뿐이다.

요즘 여성들 사이에는 '영적인 운동soulful exercise'이 침투했다. 이 운동들은 무릎에 충격을 주거나 무리한 동작을 하지 않는다. 자전거를 타고 15킬로미터를 달리거나 10킬로미터 넘게 오르막 뛰기를 하지도 않는다. 대신 필라테스나 요가를 하고 활기차게 걷는다. 아이팟, 작가 에크하르트 톨레Eckhart Tolle나 수 그래프턴Sue Grafton이 쓴 최신작을 읽어주는 여배우, 아니면 킹 제임스 성경King James Bible을 큰 소리로 낭송하는 배우 제임스 얼 존스James Earl Jones와 함께하기도 한다. 이는 헬스장에 차를 몰고 가서 운동복으로 갈아입은 다음 스테어매스터를 얼른 차지하고 낯선 남정네들의 눈길을 피해 운동하다가 지저분한 샤워실에 들어가 몸을 씻고 일상복으로 다시 갈아입은 후, 때에 따라 일하러 가거나 집에 오는 것과는 비교가 되지 않는다. 이는 여성이 기대하던 건강과 평온, 회춘 대신 기진맥진한 상태와 불쾌감, 하루 중 두 시간을 꼬박 바쳐야 한다는 부담감만 안긴다.

이를 인식한 헬스장들은 시간에 쫓기는 현대 여성들의 요구에 맞춰 차츰 변신하고 있다. 이 중 커브스Curves(여성 전용 헬스장-

옮긴이) 체인은 30분 순환운동으로 90분의 운동 효과를 볼 수 있다고 장담한다. 이 체인은 여성 회원 400만 명을 확보했다. 심지어 그래놀라 바와 팝콘, 비타민, 민소매 티셔츠, 카프리 팬츠capri pants(통이 좁은 8부 바지-옮긴이)도 시장에 선보였다. 이제 대다수 현대식 헬스장에서, 언변 좋고 몸을 과하게 태운 코치가 랫 풀다운lat pulldown(광배근 강화 운동기구-옮긴이)이나 트라이셉스 익스텐션triceps extension(삼두근 단련기구-옮긴이) 사용법을 설명해주던 모습은 보기 힘들다. 요즘 대다수 헬스장에는 여성 트레이너가 남성 트레이너만큼 많이 포진해 있다. 그리고 현대식 슈퍼마켓이 패스트푸드 소비를 겨냥해 매장 안에 보스턴 마켓Boston Market(닭고기 외식업체-옮긴이)이나 던킨 도너츠를 입점시켰듯이, 많은 헬스장들도 단독형 스튜디오와 경쟁하기 위해 마사지사는 물론 자체적으로 요가와 필라테스, 암벽등반 수업을 개설하고 있다. 카페를 갖춘 헬스장도 있다. 운동을 마친 여성들은 이곳에 들어와 친구 두어 명과 함께 자리를 잡은 후 탄산수를 마시거나 헬스장의 와이파이를 이용해 최신 CNN 주요 뉴스를 확인한다. 카페는 통밀 머핀과 칠면조, 알팔파 새싹이 들어간 샌드위치 등 엄선된 식사도 제공한다.

그렇다고 해도 집에 여성을 위한 운동 공간이 있고, 개별 방문을 하는 개인 트레이너나 요가 강사, 필라테스 강사를 둘 의향과 이를 감당할 비용이 있다면 사방팔방이 거울이고 사람들로 북적대며 고급 기구들을 써보겠다고 작성한 가입신청서들이 수북한 공개 장소에서 운동하는 것보다 자기 집에서 운동하는 편이 훨씬 유대감을 다지기 쉽다. 헬스장에 가는 것은 단순히 하루 중 몇 시간을 빼는 것만을 뜻하지 않는다. 이는 대중 속에서 느끼는 고독이다. 인간미 없이 죽 늘어선 기구와 나누는 내면의 대화이다. 반면 집을 방문한 트레이너는 각자의 개성에 맞게 여성들의 자아를 존중해준다. 게다가 여성들은 헬스장까지 오갈 필요가 없다. 이는 사소한 문제가 아니다. 특히 인구가 밀집된 도시 지역에서 더욱 중요하다. 홈짐은 허영심과 겉치장 문제도 잠재운다. 또 집에서 복근 기구로 운동하면 나를 쳐다보는 75명의 눈길 대신 자신을 응원해주는 트레이너가 한 명 있을 뿐이다. 내가 최선을 다하도록 격려해주는 이가 곁에 있으면 운동 목표 달성은 쉬워진다.

따라서 여성에게 홈짐은 주부로서 헌신적 역할을 등지는 곳이 아니라 이상적인 역할을 하기 위한 헌신 그 자체다. 여성이 나만의 운동 공간을 만들기로 마음먹었든 아니든 조용한 나만의 운동 공간은 이미 여성의 마음속에 자리 잡았다.

6장

맥가이버가
된 여성들

나는 어린 시절과 청소년기 초반을 외국에서 보냈다. 아버지
가 대사관에 근무하셔서 우리 가족은 인도네시아, 말레이반도, 필
리핀, 한국 그리고 폴란드에 잠깐 있다가 미국으로 돌아왔다. 2년
간 폴란드의 수도 바르샤바에서 지낼 때 부모님이 청소와 식사를
도맡을 사람을 딱 한 명 고용한 기간을 제외하곤 어린 시절 내내
우리 집에는 시중드는 사람이 여럿이었다. 말레이반도에서 살 때
는 집에 요리사가 한 명, 위층 담당 가정부가 한 명, 정원사가 두
명이었다. 한국에서는 요리사 한 명, 위층 및 아래층 가정부 한 명,
심부름꾼 한 명, 정원사 두 명, 운전사 한 명이 있었다. 우리 집이
부유해서가 아니다. 이들은 외교관직에 딸린 사람들이었다. 극동
지역은 대개 일반 중산층 가정들도 집에 상주하는 가정부를 둔다.

나와 친한 친구인 호세 루이 누에노José Luis Nueno는 바르셀로나에 있는 아파트에 혼자 산다. 호세 루이의 집에는 필리핀 가정부가 두 명 있다. 둘 중 한 명은 하루 24시간 상주하는 조건으로 그 집에 들어왔다. 그래도 보수는 많은 편이 아니다. 믿기지 않겠지만 사실이다.

나는 다른 지역, 그중에서도 신흥시장을 방문할 때마다 가사 노동자들이 떠오른다. 예를 들어 당신이 부유한 브라질 가정에 산다면, 아마도 집에 고용인이 넘쳐날 것이다. 이들은 짬이 나면 부엌에 앉아 디자인 잡지와 패션 잡지를 훑는다. 브라질의 주방은 가사 노동자들이 노닥거리는 곳인 반면, 미국의 주방은 식구들이 모여 하루 일과를 공유하는 곳이다. 그렇다면 미국에서는 상주하는 가사 노동자들이 어디에 있을까? 대부분은 우리 시야에서 사라졌다. 엄청난 갑부가 아닌 이상 미국인은 대개 집안일을 손수하게 되었다.

인바이로셀이 소비자와 진공청소기에 관한 업무를 처음 담당했을 때, 우리는 월마트에서 연구를 진행했다. 어느 날 우리는 청소기를 사러 온 부부를 관찰했다. 당시 발견한 사실 한 가지는 남자들의 경우 유독 청소기의 마력에 신경을 쓴다는 점이었다. 집착으로 보일 정도였다. 남성에게는 '흡입력'과 '속도'가 곧 힘으로 통했다. 이들은 청소를 위해 실로 허머 엔진을 장착한 진공청소기를 원했다. 우리는 청소기 제조업체에게 제품 특이사항으로 전류량을 전면에 명시하라고 일러주었다.

우리 아파트에는 진공청소기가 세 대 있다. 한 대는 아래층, 다른 한 대는 위층, 그리고 나머지 한 대는 남은 음식물을 재빨리 치우려고 주방에 둔 미니 청소기다. 미국 문화에서 여성의 지배력은 단지 힘의 증대만이 아니라 노동을 도와주는 장비의 부상도 뜻한다. 이 중에서 오늘날 가장 널리 알려진 것은 아마도 스위퍼^{Swiffer} 청소 헝겊일 것이다. 마른 걸레로 사업을 시작한 스위퍼 사는 물걸레로 제품을 확장했고, 지금은 분무기 세정제를 선보이고 있다. 속도와 효율성을 앞세우며 환경에 해가 되기도 하는 이들은 가정용 화학제품의 새 장을 연 업체 중 하나다. 그 결과 탄소발자국을 줄여야 한다고 장광설을 늘어놓는 이가 이웃에 살더라도, 막상 그 집 주방을 몰래 훔쳐보면 예외 없이 스위퍼 제품으로 도배되어 있을 것이다.

말레이에서 5학년과 6학년을 다녔을 때, 엄마가 일주일에 하루 가정부를 집에 보내면 우리는 진짜 미국인 가정의 본토박이 아이들처럼 행세했다. 누이와 나는 각자 침대를 손수 정리했고 엄마는 아침과 점심, 저녁을 미국식으로 요리했다. 꽤 넉넉한 집안에서 자란 엄마는 최소한의 요리 솜씨만 갖춘 분이었다. 그래서 식사는 대부분 구운 치즈 샌드위치였다. 아마 미국인 가정의 날이 끝나갈 때쯤 엄마는 안도의 한숨을 내쉬었을 것이다.

메릴랜드 주 체비 체이스로 다시 돌아온 우리 가족은 일주일에 한 번 가정부를 들였다. 엄마는 식구들 세탁물 중 일부만 맡았다. 나는 뉴잉글랜드에 있는 학교로 가게 되었는데, 기숙사에 들어가 다른 아이들과 함께 방청소를 하고 침대를 정리해야 했다. 당시 집과 떨어져 살면서 난생처음 세탁기와 건조기 작동법을 익혔다. 재미있는 경험이었다.

집에서 나는 위생용품의 변천사를 매우 유심히 살핀다. 일생 동안 남자로 살면서 독특하고 혁신적인 제품들을 눈여겨봤고 때로 써보기도 했다. 블루 블레이드^{blue blade}라는 교체 면도날부터 스테인리스 면도날, 교체용 면도날을 장착한 인젝터 면도기^{injector razor}, 이중날 센서 면도기, 사중날 콰트로^{Quattro} 면도기가 그런 제품들이다. 혹시 연필 모양의 지혈제를 기억하는가? 근 25년 동안 나는 지혈제를 집에 둔 적도 구경한 적도 없다. 적어도 남성들이 예전처럼 면도를 하다 베어서 턱과 목에 휴지뭉치를 대는 일이 없기 때문이다.

청소용품도 마찬가지다. 스위퍼 사가 선보인 상당히 진보된 제품들은 대걸레를 효율적으로 대체하고 또 개선해왔다. 마치 '클리너^{cleaner}'라는 용어가 처음부터 있었던 것 같다. 스위퍼 청소기의 헤드는 이리저리 움직여서 기존의 대걸레가 청소하지 못하는 구석까지 닦아낸다. 이제는 걸레를 짜거나 구정물을 갖다 버릴 필요가 없다. 회색으로 변한 스위퍼 헤드를 다른 것으로 갈아 끼우면 그만이다. 인바이로셀이 즐겨하는 말이지만, 여성들은 장비가 끝이 아니다. 여성들이 기술을 받아들인 이유는 우선 어떤 제품인지가 아니라 어떤 원리의 제품인지 궁금하기 때문이며, 이 장비가 자신의 삶을 어떻게 향상시키고 풍요롭게 하는지에 관심 있기 때문이다. 여성들의 이런 관심 덕분에 집안 관리가 더욱 기계화되었고 또 여성적인 분위기를 풍기게 되었다.

눈삽을 들고 나타나던 이웃집 꼬마를 기억하는가?

그 꼬마를 '바비Bobby'라고 부르겠다. 미국에서 바비는 겨우살이와 더불어 전형적인 겨울철 풍경이었다. 눈보라가 올 조짐이 있고 학교도 쉬는 날, 현관의 벨이 울려 나가보면 그곳에 바비가 서 있었다. 지퍼를 끝까지 채우고 젖은 벙어리장갑을 낀 바비는 차고 앞을 청소하고 삐죽 튀어나온 고드름을 없애며 자동차에 쌓인 눈을 털어주겠다고 제안했다. 물론 5달러에서 10달러를 받고 해주는 서비스다. 대부분은(아직도 집에서 자고 있는 게으른 십대 아들을 둔 사람을 제외하고) 이 기특한 일에 선뜻 지갑을 열었다.

다른 곳은 어떤지 모르겠지만 근 10년 동안 우리 집 근처에는 바비가 나타나지 않았다. 더이상 눈보라가 몰아치지 않아서 혹은 내가 사는 뉴욕시티에 눈이 금세 녹아서가 아니다. 교외와 준교외에 사는 친구들도 다들 바비가 사라졌다고 말했다.

요즘 당신 집 입구 계단에서 눈을 치우고 모래를 터는 사람은 아마도 손놀림이 능숙한 여성일 것이며, 그 여성은 아마도 당신과 같이 동거하는 사람일 가능성이 높다.

여기서 잠깐, 그 이유는 뭘까? 여성이 평소보다 집안일을 더 하게 된 것이 격세유전은 아닐 것이다. 바비가 우리 곁을 떠난 것은 더 큰 문화적 현상을 낳은 배경과 관련이 있다.

우선 차고 앞 눈 치우기 같은 단순노동은 지난 몇 년 사이 많은 미국 아이들이 거들떠도 보지 않는 일이 되어버렸다. 무수한 여름 휴양지에 가보면 업체들이 실어온 수백 명의 이주 아동들이 아이스크림 장사, 객실 청소, 시중들기 등 대다수 본토박이 십대들은 거들떠보지 않는 일을 하고 있다. 어느 해 여름에는 브라질 아이들이, 그 이듬해에는 우크라이나 아이들이, 또 다음 해에는 생글거리는 주근깨투성이 아일랜드 아이들이 대거 몰려오는데, 이들은 낸터킷 섬Nantucket, 마서즈 빈야드Martha's Vineyard, 코드 곶Cape Cod, 햄프턴Hamptons 같은 피서지 등을 돌아다닌다. 이 선량한 아이들은 싸구려 민박에서 남들과 동숙하는 것도 마다하지 않고 돈을 벌어 저축한다. 어린 시절 고국에서 햇빛을 거의 보지 못하고 자란 아이들은 노동절이 끝날 때쯤이면 한껏 그을려서 집에 돌아간다.

그렇다면 누가 바비 역할을 할 것인가? 만약 한 명을 꼽으라면 집안의 남성일 것이다. 그렇지만 그가 유일한 부양자라면, 그래서 아침 7시까지 차를 몰고 직장에 가야 하는 처지라면? 그렇다면 우리 곁에는 여성이 있다. 여성은 가족의 일과를 챙기는 데 만족하지 못하고, 때로 집 안팎 모두를 돌보면서 가정주부(이자 관리자)의 역할을 재정의한다.

여성은 연장도구 벨트를 허리에 두른다. 이들은 이음새를 막고 봉합을 하며 욕조 타일을 새로 붙이고 욕실 환기구를 교체하고 조명을 갈아 끼운다. 또 차고 문 개폐기를 손보고 트랙 조명track lighting(조명기구를 이동할 수 있도록 트랙에 설치한 조명-옮긴이)을 설치하며, 접이문과 맞춤식 선반, 채광창을 만든다. 게다가 페인트 붓도 집어든다.

현재 사십대인 여성이라면 그 세대의 절박한 필요 때문에 솜씨를 연마했을 것이다. 이 여성들은 이혼한 가정이나 미혼모 밑에서 자랐을지도 모른다. 아니면 늘 물건을 분해해보며 작동원리 파악에 관심이 많았던 사람일지도 모른다.

1970년대와 1980년대 상당수의 십대 여학생들은 고등학교 연극반 무대 뒤에서 적극적으로 활약하다가 자신이 이런 종류의 일에 소질이 있음을 깨달았다. 이를 통해 여성들은 성취감과 자부심을 느꼈고, 이어 페인팅과 조명, 디자인 단기강좌로 달려갔다. 게다가 당시 엄마들은 딸들에게 사내아이들이 할 수 있는 일이면 여자인 너도 할 수 있다고 계속 일깨워주었다. 어찌 보면 당시 시대가 젊은 여성들이 기계를 손수 다루도록 허용했거나 아니면 그렇게 하도록 내몰았는지도 모르겠다.

당장은 이런 기술이 쓸모가 없어 보여도 대학을 졸업하고 나면 다르다. 구직시장에 발을 들여놓은 젊은 여성들은 상당수가 혼자 살거나 다른 여성과 같이 한 아파트에 살았다. 심지어 인생을 함께할 남자가 생기더라도 여성들은 남에게 기대어 살 생각이 없었다. 이들은 보통 주어진 예산에 맞게 살았으므로 선택은 하나였다. 바로 손수 해결하는 것이었다. 천장에 불이 안 들어오는가? 이리저리 살펴보고 조명 튜브를 교체하면 된다. 페인트가 벗겨졌는가? 벽에 애벌칠을 하고 다시 칠하면 된다. 주방 수도꼭지에 문제가 있는가? 워셔washer를 교체하면 된다. 이렇게 하지 않으면 최소

75달러를 주고 뭐든 수리해주는 낯선 남자에게 일을 맡겨야 했는데, 이는 곧 수리 능력이 '있으면서' 동시에 여자들만 사는 집에 들여도 안심인 남자를 찾아야 한다는 뜻이었다.

내가 아는 사람 중에 집수리의 달인인 마흔여덟 살 여성이 있다. 이 여성은 십대 시절 엄마와 언니랑 같이 살 때 "유레카!"를 외친 순간이 있었다고 한다. 어느 날 보니 금방 세탁한 옷들이 갈수록 건조시간이 길어지고, 지하실에서 매캐한 냄새가 나는 것 같았다. 물건을 분해하고 작동원리를 알아내기 좋아했던 이 여성은 건조기를 샅샅이 살펴보다가 어떤 장치를 발견했다. 훗날 안 사실이지만 사람들은 이를 '보풀거름장치'라고 불렀다. 어쨌든 이 장치가 과열되면서 보풀과 먼지, 진득진득한 것이 뒤덮였고, 플라스틱도 타들어간 상태였다.

"당시 기억이 생생한데, 내가 한번 손을 보니까 그 요상하고 덩치 큰 기계가 고쳐졌어. 그래서 집안 화재도 피하고 수리공을 부를 필요도 없어졌지. 아, 그리고 말도 마. 한번은 언니가 내가 텔레비전을 지나치게 본다고 플러그를 자른 적이 있는데, 엄마가 그 소형 흑백 텔레비전을 전파사에 맡기는 바람에 텔레비전 없이 지낸 적이 있었어. 그때 나 일주일간 펑펑 울었잖아. 알겠지만 플러그 교체는 진짜 '식은 죽 먹기'거든."

오늘날 인터넷에는 집 수리 방법을 알려주는 웹페이지가 수백만 개에 달한다. 옥외 조명기구 교체부터 욕실 환기구 손보기, 욕조에 샤워기 달기, 다락방에 단열 처리하기, 주방 수납장 새로 손보기 등 모든 것을 다룬다. 집 수리가 모든 여성의 적성에 맞는 것은 아니다. 흥미를 느끼고 또 도전정신이 생겨야 할 수 있다. 소질도 있어야 한다. 그리고 내 친구의 경우처럼 좀 '꼼꼼'해야 한다. 많은 여성에게 집 단장은 아이의 건강을 챙기고 옷을 입히고 일요일에 근사한 식탁을 차리고 다양한 일정을 조율하는 일보다 훨씬 변수가 많은 일이다. 게다가 집 안을 효율적인 공간으로 가꾸는 일이기도 하다. 많은 가정주부에게 연장을 다루는 일은 여러 가지 직무 중 하나일 뿐이다. 집 단장은 단순히 집 안을 깔끔하고 아름답게 유지하는 일에서 끝나지 않는다. 이는 금이 가고 칠이 벗겨져서 지저분해 보이고 미관을 해치는 공간을 예산을 짜서 손보는 일이다.

요리 연구가 줄리아 차일드[Julia Child]부터 살림의 여왕 마사 스튜어트[Martha Stewart]까지, 지난 몇십 년 동안 미국 여성들은 "내 힘으로 할 수 있는데, 왜 안 해요?" 식의 슈퍼우먼이 되라고 부담을 팍팍 주는 장면에 계속 노출되었다. 케이블 텔레비전에 나오는 무수한 집 수리 방송은 말할 것도 없다(한 예로 인테리어 정보 채널인 HGTV의 경우 매주 혹은 매달 약 77개의 서로 다른 집 수리 프로그램을 방송한다). 1860년대에 백화점이 탄생하면서 전형적인 중산층 여성들이 소유욕을 자극하는 엄선된 상품 및 서비스에 노출되었듯이, 중독성이 강한 데다 풍부한 서사로 무장한 이들 방송들도 소질만 있으면 집에서 할 수 있는 작업들을 특정 세대의 여성에게 보여주었다. 그렇지만 백화점에서 파는 물건과 달리 집 수리는 프로젝트다.

게다가 이들 방송을 보며 시간을 보내는 것에 만족하지 못한 여성들이라면 DIY^{Do-It-Yourself}족 여성을 겨냥한 비제인닷컴^{www.bejane.com}(여성 전용 공구 사이트-옮긴이) 같은 사이트에 접속할 수 있다. 아무튼 여성들은 매해 집 수리 산업에 약 500억 달러를 지출한다. 비제인의 목표는 전통적으로 남성이 주도하던 집 수리 시장에서 여성이 그 주도권을 획득하는 것이다. 그래서 머리가 희끗희끗하고 줄담배를 피우며 때로 신경 쓰이게 하는 목수나 수리업자를 부르지 않고도 여성이 직접 그 변화를 체험하도록 하는 것이다. 이러한 DIY 추세는 비누 만들기, 뜨개질하기, 퀼트 짜기 등 공예의 부활과도 딱 들어맞는다. 사진첩과 스크랩북 제작 등 여성들이 전통적으로 가족의 삶과 추억을 관리해온 방식이 다시 크게 유행하고 있다.

한동안 대형 잡화점은 손재주 있는 여성 고객을 잡으려고 애썼지만, 금세 기반을 잃어버렸다. 기존에 전문 건축업자를 고객으로 삼던 이들 매장은 고객층을 넓히려고 시도했지만 절반의 성공에 그쳤다. 매장의 문을 비건축업자에게도 개방하면서 일부 매장의 경우 기존 고객층을 적잖이 잃었기 때문이다.

한번은 주택 개선 전문업체 로우스^{Lowe's}에서 관리자 열 명의 안내를 받으며 전형적인 스타일의 매장을 구경했는데, 그때 흥미로운 일이 있었다. 안내를 한 관리자 중 여성이 한 명 있기에 "여자 화장실을 둘러보고 싶은데요."라고 했다. 들킬 위험이 없는지 확인한 후 안으로 들어갔다. 흰색 타일을 붙인 깨끗한 화장실은 그저 평범했다. 나는 한쪽 벽으로 다가가 노크를 했다.

"벽 너머엔 뭐가 있나요?"

관리자 중 한 사람에게 물었다.

"화장실 설비가 보관되어 있습니다."

"흠, 왜 이쪽에 설치하지 않은 겁니까?"

이는 번뜩이는 아이디어였다. 왜 콜러Kohler(욕실용품 전문업체-옮긴이)나 여타 다른 욕실 및 설비 디자이너들이 자사의 변기와 세면대를 여자 화장실에 설치하지 않는 걸까? 만약 상당수의 여성들이 이 공간을 쓴다면 어느 정도 입소문도 나고, 판매 중인 상품이 실제 어떻게 활용되는지 그 모습을 확인할 수 있으니 굉장한 기회가 아니겠는가? 더 큰 지역에 새로 들어선 각종 주요 호텔이나 식당의 경우, 여자 화장실을 환상적으로 꾸민 덕분에 그 디자인 소품이 입소문을 탔다. 혹여 의심이 가면 마이애미 사우스 비치Miami's South Beach에 있는 델라노 호텔Delano Hotel의 여자 화장실을 확인해보라. 정말 입이 딱 벌어질 정도다.

다시 우리의 맥가이버 친구에게 돌아가보자. 이 친구가 한발 물러나 전문가의 손을 빌리는 경우는 사다리처럼 근육의 힘이 많이 요구되거나 필요한 연장 구입비가 실제 계획을 넘어설 때뿐이다(남자도 마찬가지겠지만 어떤 여성이 30분짜리 작업을 하려고 10인치 양날 슬라이딩 각도 톱을 사겠는가).

예전과 달라진 인식도 많은 여성 맥가이버들의 의욕을 부채질하고 있다. 즉, 집을 예술 프로젝트로 보는 시각이다. 남자는 필요하면 페인트칠을 한다. 반면 여자는 집의 색상이 질리면 페인트칠을 한다. 여성에게 공구를 휘두르는 일은 심심풀이라기보다 공예에 가깝다. 남성들에게는 어린 시절 가지고 놀던 시끄럽게 달그락거리는 링컨 로그Lincoln Logs(통나무 집짓기 세트-옮긴이)를 비롯해 공구 만지기가 온통 뭔가 쌓아올리는 일인 반면, 여성에게는 보통 노력 끝에 얻는 예술적인 만족감과 관련 깊다.

내게 매우 흥미로운 깨달음 중 하나는 여성들이 전동공구에 손을 대도록 남성들이 용인한다는 사실이었다. 우리 아버지는 가구, 소파, 심지어 내가 누워 자는 침대까지 늘 뭔가를 만드셨다. 하지만 내가 아버지의 작업장에 들어가는 일은 허락하지 않았다. 수년 동안 나는 아버지가 먼지구름을 일으키면서 이런저런 가구들과 씨름하는 소리를 들었다. 우리 가족에게 목공은 끊임없는 즐거움의 원천이었고, 사실 아버지는 목공에 능했다기보다 목공일 자체를 즐기는 쪽이었다.

아버지가 은퇴를 선언하면서 우리 가족에게 큰 변화가 찾아왔다. 얼마 뒤 어머니가 목공수업을 듣기 시작하더니, 몇 달이 지나지 않아 현재 우리 집 아래층 손님방에 있는 셰이커Shaker 양식의 드라이 싱크대(19세기 부엌에서 사용하던 개수대가 달린 찬장-옮긴이)를 만드셨다. 이런 어머니의 모습이 아버지에겐 유감이었을지도 모르겠다. 아버지가 한가할 때 만든 물건이 다소 완성도가 떨어지는 수납장이었던 반면, 어머니가 작업실에서 노닐며 만든 물건은 아름다운 작품이었기 때문이다. 아버지의 작업장이 예술 공방이라는 별칭을 얻게 된 것도 어찌 보면 당연했다.

아버지 이야기와 관련해, 여자 맥가이버가 등장한 현실을 남자들이 어떻게 받아들일지 궁금하지 않은가? 많은 경우 남성들은 이런 상황을 억울해하기보다 고맙고 다행스럽게 여긴다. 무슨 이유에서인지 남성들은 수리하는 일을 더이상 배우지 않는다. 아마도 아버지에게서 배운 적이 전혀 없어서일지도 모른다. 집에서 아이에게 타일 바르는 법을 가르쳤다 해도 글쎄, 지금과 같은 모바일 사회에서 가족 모두가 멀리 떨어져 산다면 당장 자기 집안의 재주꾼을 부르기는 힘들 듯하다.

그건 그렇고, 내 맥가이버 친구는 집 수리에 영 소질이 없는 국제적인 사업가와 결혼했다. 친구 남편은 이런 점을 부끄러워하지 않는다. 단지 자기 취향이 아니라고 할 뿐이다. 석고 보드를 어떻게 다루는지 모른다고 해서 또 막힌 변기를 어떻게 고치는지 모른다고 해서 그는 절대로 자신의 남성성이 모욕당했다고 느끼지 않는다. 그는 아내의 재주에 매우 감탄하며, 시급으로 돈을 벌고 여행을 자주 다니는 컨설턴트로서 아내의 노고 덕분에 돈이 굳었다는 사실을 고맙게 여긴다. 꽤 높은 시급을 받는 그가 그 시간을 일반 드라이버와 필립스 십자드라이버의 차이점을 고민하며 보낸다는 것은 경제적으로도 이치에 맞지 않는다. 그래서 그는 가장의 역할 중 수리 부분을 손재주가 그보다 훨씬 뛰어난 아내에게 기꺼이 넘겼다.

내 친구에게는 매우 영특한 열 살짜리 딸이 있다. 요즘 친구는 딸에게 몇 가지 요령을 가르치고 있다. 딸은 흥미를 보일 때도 있고 아닐 때도 있다. 하지만 친구에게는 이런 바람이 있다.

"이건 나에게만 중요한 문제일지 모르겠지만, 내 딸이 절대로 무기력한 여자로 자라진 않았으면 해."

7장

그 호텔에서
계속 머물러야 할까?

어서 오십시오, 언더힐 씨! 저희 호텔을 이용하시려고요? 잘 생각하셨습니다. 결제는 어떻게 해드릴까요? 아, 네 좋습니다. 아, 그런데 언더힐 씨, 우리 호텔 식당에 한번 가보세요. 폴리네시아 퓨전 요리가 제공되는데, 이 중 우리 호텔이 자신 있게 선보이는 메뉴는 캐러멜을 입힌 링곤베리Lingonberry(월귤), 머쉬Mâché샐러드에 주로 쓰는 유럽산 담록색 채소-옮긴이)에 열두 가지 향신료를 뿌린 오리고기를 얹고…….

네, 알겠습니다.

나야 사람들이 북적거리는 호텔 로비에 내 이름이 울려 퍼져도 상관없지만, 시차적응으로 힘들어하는 여자 여행객은 다를 것이다. 피곤하고 갈증이 난 여성은 일단 비행기가 도착하기만 하면 하얇고 뽀송뽀송한 침대 시트가 기다리고 있다고 상상하며 장시간 비행을 버텼을 것이다. 이 순간 여성이 바라는 건 단 하나, 번거롭지 않게 호텔 방에 들어가는 것이지, 정중하고 효율적인 안내를 받는 일은 아닐 것이다.

생각해보라. 이 여성을 비롯해 세상에 그 어떤 여성이 나쁜 의도는 없다 해도 무신경한 호텔 직원 입에서 자기 이름이 두세 번씩 불리는 상황을 '진심으로' 달가워할까? 과연 이 여성이, 구석에서 『엑스 맨X-Men』 만화책을 읽고 있는 약골 같은 녀석을 비롯해 로비에 있는 모든 이들에게 자신이 혼자 여행 중이라는 사실을 '진심으로' 드러내고 싶을까?

호텔에서 남성이 원하는 것 그리고 여성이 바라는 것은 이들이 일상에서 신경 쓰는 대상이 무엇인지를 고스란히 보여준다. 남자는 대개 자신이 생활하고 먹고 자던 집과 멀리 떨어진 곳이 다소 누추하고 어수선해도 크게 상관없지만 여성은 다르다. 남자들은 욕실 조명이나 거울에 신경 쓰지 않고, 변기 위에 놓인 작은 황갈색 나무 바구니에 어떤 소품들이 채워졌든 상관하지 않으며, 옆방과 내 방 사이에 가로놓인 양문의 자물쇠가 하나이든 두 개이든 개의치 않지만 여자들은 아니다. 호텔 욕실에 놓인 헤어드라이어에서 남자들이 주목하는 것은 단 하나, 드라이어가 벽에 잘 밀착되도록 항공학적으로 설계되었는지 여부라면, 여자들은 기기의 형태와 전압, 코드 길이에 주목한다. 동시에 여자는 방의 청결상태와 조명, 온도, 색상(혹은 색감의 부족), 바닥, 크기, 형태, 침대에 놓인 베개의 탄력성 그리고 정서적 신체적 심리적 편안함 등을 확인한다. 물론 여성은 이를 무의식적으로 점검한다. 만약 리모컨에 엄지손가락 지문이 남아 있고 욕조 세면대에 머리카락이 들러붙어 있다면, 그 호텔 프런트는 여성 고객에게 한마디 듣게 될 것이다.

여성은 이런 점이 눈에 들어온다. 그리고 많은 호텔들, 적어도 현명한 호텔들은 이러한 여성들의 영향력을 눈치 채고 이에 대비하고 있다.

내 할아버지는 뉴욕시티 외곽에서 유제품 도매업을 하셨다. 할아버지는 멀게는 몬타나 주까지 돌아다니며 버터와 달걀, 우유를 사가지고 오셨다. 할아버지는 상냥하고 점잖은 분이셨지만 네덜란드 남자에 대한 유머를 즐기셨는데, 장담하건대 가장 안전하고 논란이 적은 나라가 네덜란드라고 생각해서 그들을 유머의 대상으로 삼은 듯했다. 호텔로 들어간 네덜란드 사내 이야기는 대개 이런 식이었다. "그래서 그 네덜란드 사내가 캔자스시티에 있는 호텔로 들어갔는데 말이지……" 나머지는 글로 옮기기에 부적절하므로 생략한다.

요점은 사업차 돌아다니는 여행이 역사적으로 남자들의 고독한 직업이었다는 점이다. 적어도 1960년대까지 남편이나 남자를 동행하지 않고 도시를 오가며 일하는 여성은 보통 뭔가 탐탁지 않거나 수상쩍은 일에 몸담은 사람으로 여겼다.

태고부터 인간은 방랑하는 존재였기에 자기 집 침대 말고도 드러누워 잘 곳이 필요했다. 고대 그리스에는 휴양지와 미네랄 온천이 있었고, 잉글랜드에는 여인숙이 있었으며, 중동에는 카라반사리caravansaries(상인들이 숙소로 쓰던 중앙에 넓은 뜰이 있는 건물-옮긴이)나 칸khan(도시나 마을에 지은 여인숙-옮긴이)이 있었다. 중세 시대에는 구호기사단求護騎士團이 말을 몰거나 터벅터벅 걸어서 성지를 향해가는 십자군과 순례자에게 구호소로 기능했고, 수도원도 여행자들에게 쉼터가 되었다.

그렇지만 유동성이 높고 분주한 나라인 미국에서 세계 최초로 호텔이 탄생한 점은 결코 우연이 아닐 것이다. 18세기부터 20세기에 걸쳐 이루어진 급속한 도시화는 어디든 마음대로 돌아다닐 수 있고, 밤이면 어디든 머리를 누일 곳이 있는 덕분이었다. 초기 미국의 호텔은 선술집 형태였다. 이 싸구려 숙박업소는 독한 술을 팔았고, 머무는 여행객에게 술에 취한 낯선 이나 빈대 한두 마리와 같이 잠자리를 하도록 했다. 이들 선술집은 1800년대 초, 원양 무역과 대서양을 오가는 해운업이 발달하면서 상인과 선원 들이 지친 몸을 쉴 장소가 필요해지자 곱절로 불어났다.

최초의 호텔은 가정집을 일반인에게 개방하는 형태였는데, 보통은 여윳돈을 벌어보려는 과부들이 이런 일을 했다. 형편이 어려운 가정집은 식구가 쓰던 다락방이나 지하실에 세를 놓았다. 중산층은 하숙을 하거나 다른 이의 집에 들어갔다. 호텔은 한 가정의 거주지에서 하숙집으로 다시 아파트로 진화하더니, 19세기 중반 무렵에는 상당수의 미국인을 수용하게 되었다. 한 통계에 따르면

19세기 중반 중상류 뉴욕 시민 중 4분의 3이 호텔이나 하숙집에서 살았다고 한다.

미국 철도가 급속도로 발전한 시기는 바로 이 최초의 호텔이 지어진 시기와 일치했고, 호텔의 인기는 미국 여성이 처음 해방된 순간과 흐름을 같이 했다. 당시 경제적 노동분업은 단순했다. 남자들은 보통 집에서 멀리 떨어진 공장이나 농장에서 일했다. 여성들은 집에 머물면서 요리와 청소, 바느질, 세탁, 건조를 하고 아이를 돌보았으며, 시계를 계속 주시하면서 남편이 귀가하길 기다렸다. 그러다가 보수가 높은 공장일이 생기면서 하인 계층이 사실상 사라졌고, 또 최초의 호텔이 등장하면서 여성들은 혹사당하던 집에서 풀려났다. 이들이 느낀 해방감은 실로 엄청났을 것이다. 전속 주방보조와 요리사, 객실 청소부, 세탁부 등을 둔 호텔은 성별로 위계화된 전통적인 노동을 해체했다. 많은 '진보적' 가정들이 혁명적으로 새로운 환경에서 자녀를 기르기로 결심했고, 덕분에 집 안의 여성들은 하루하루 고역인 삶에서 벗어났고 자녀를 기르고 교육할 시간적 여유를 얻을 수 있었다.

당시 비평가들은 이러한 사회 변화가 여성 나아가 사회 전체에 계속해서 해를 끼칠 것이라고 비판했다. 호텔이 전통적인 가정생활을 파괴할 것이고, 전통적인 아내의 임무에서 해방된 여성들이 나태해질 것이라며 비난한 이들도 있었다. 초기 여성주의 작가들은 여성들이 수세기 동안 남성에게 종속되었으며 성불평등의 뿌리가 가사에 있다고 주장하며 이에 맞섰다. 육아와 더러운 빨랫감에 손발이 묶인 상태에서 여성들이 나름의 지성을 키우기란 불가능했을 것이다.

호텔에 대한 내 관심은 단지 역사적 맥락이나 일화적인 이야기에 머무는 것이 아니다. 1년에 절반 정도를 여행하는 사람으로서 호텔은 내 인생에서 무척 중요하다. 지난 20년간 나는 크고 작은 호텔과 고급 호텔, 그다지 고급은 아닌 호텔, 최소한의 보안시설만 갖춘 교도소 같은 길가 숙박업소 등에 묵었다. 신생회사이던 인바이로셀이 당시 진행하던 사업에서 성공을 장담할 수 없던 시절에는 자동차 핸들과 와이퍼, 자동변속기, 소음기, 촉매 컨버터를 갖춘 모텔, 그리고 밤이면 운전석을 뒤로 비스듬히 눕히는 모텔에서 잤다(그렇다, 그곳은 바로 내 자동차였다. 게다가 난 필요하면 가까운 주유소의 남자 화장실에 들어가 면도하고 양치질하고 몸단장을 했다).

나는 호텔을 매우 진지하게 관찰하기 시작했는데, 내 뉴욕 직원들 중 상당수가 여성이고, 또 위험하기로 소문난 도시나 나라에서 일할 때 직원들이 느끼는 안정과 평화가 내 관심사이기 때문이다. 우리 회사는 사내지침에 따라 호텔 방이 로비가 아니라 입구와 바로 연결되는 곳에는 남녀를 불문하고 직원을 보내지 않는다. 이런 호텔의 외부를 한번 돌아보면 내 의중을 알아챌 것이다. 이런 곳은 방문 하나를 사이에 두고 오싹하게 윙윙거리는 제빙기가 근처에 있거나 희미한 불빛이 새어나오는 주차장과 방이 연결된 구조다. 우리는 이런 호텔을 사양한다.

특정 호텔의 뒷문과 관련해서 씁쓸한 일화가 하나 있다(사실 여러 건 되지만 이 호텔은 특히 못마땅했다). 내가 노스캐롤라이나 주 핸더슨빌Hendersonville에 있는 컴포트 인Comfort Inn에 묵었을 때 일이다. 이 호텔 체인은 분명 다음과 같이 맹세했다.

"100퍼센트 만족을 보장합니다. 만약 마음에 안 드시면 숙박은 무료입니다."

이 호텔에 묵은 첫날 밤, 나는 주차장 쪽으로 뚫린 바깥문이 고장 난 사실을 알았는데, 아무리 용을 써봐도 문이 잠기지 않았다. 부랑자나 뜨내기 혹은 더 질 나쁜 인간이 주차장으로 몰래 기어들어와 2층으로 올라온 뒤, 무고한 여행객에게 총부리를 겨눈 채 물건을 강탈하거나 폭행을 행사할지도 모를 일이었다.

나는 그곳에서 사흘 밤을 보냈다. 퇴실하기 전날 총지배인에게 망가진 뒷문 이야기를 꺼냈다.

"문이 잠기지 않던데요. 안전은 비즈니스 여행객에게 중요한 문제입니다. 그러니 당신들은 내건 약속을 지키지 못한 셈입니다."

이는 숙박비를 내지 않으려고 꺼낸 말이 아니었다. 컴포트 인이 내세운 100퍼센트 고객만족 서약은 어찌된 것인지 물어보려고 꺼낸 말이었다. 그런데 호텔 지배인은 직설적으로 내게 나가라고 하더니, 그렇게 못마땅하면 첫날 밤을 묵고 바로 숙소를 바꿨어야 하는 것 아니냐고 대꾸했다. 컴포트 인은 내게 보상이라도 하듯 마지막 날 아침식사를 무료로 제공했다. 메뉴는 스티로폼 컵에 담긴 뜨거운 커피색 물과 네스 호Loch Ness(영국 최대의 담수호-옮긴이)에서 물수제비를 떠도 될 만큼 딱딱한 베이글이었다. 그 이후 다시는 컴포트 인에서 숙박하지 않았다.

오늘날 호텔 분야에는 명확한 피라미드식 서열이 있다. 모텔 식스Motel 6 같은 버짓 모텔budget motel(소규모 저가 호텔-옮긴이)이 있는가 하면, 컴포트 인 호텔 체인에 해당하는 이코노미economy 호텔이 있다. 그 위로 힐튼스 가든 인Hilton's Garden Inn과 메리어트 코트야드 Marriott Courtyard 같은 호화 호텔luxury hotel이 있다. 호화 호텔의 한 단계 위에는 메리어츠 앤 하얏트 호텔 체인Marriotts and Hyatts 같은 스탠더드 비즈니스호텔이 있고, 또 그 위에 세인트 레지스St. Regis와 크라운 플라자Crowne Plaza 같은 소위 대표적인 비즈니스호텔이 있다. 피라미드 맨 꼭대기에는 초호화급 호텔, 그리고 라스베이거스에서 있었던 일은 라스베이거스에 묻어야 한다고 믿는 씀씀이가 큰 이들을 위한 현란한 카지노 호텔이 있다. 디즈니 크루즈 라인Disney Cruise Lines 같은 가족호텔도 빠뜨릴 수 없다. 이 시끌벅적하고 명랑한 분위기의 호텔은 어린이 고객을 끌어들이기 위해 온갖 노력을 하고 있다.

각 나라마다 다양한 호텔이 있다. 인구밀도가 미국보다 열 배정도 높은 일본에는 캡슐호텔이 있다. 나는 그곳에 가본 적이 없다. 다른 이유는 없다. 내 키가 너무 크기 때문이다. 하지만 외딴 지역에서 중심지 도쿄로 통근하면서 격무에 시달리는 회사원이라면 다르다. 오늘은 몹시 힘든 하루였다. 밤은 깊었고 집으로 가는 열차에 몸을 실을 마음이 도무지 들지 않는다. 이때 캡슐호텔이 구원의 손길을 뻗는다. 이곳은 하룻밤에 35달러면(한화 4만 원 정도) 좁은 침실에 몸을 밀어 넣을 수 있다. 일반 침대와 달리 캡슐은 옆이나 중앙에서 들어갈 수 없고, 캡슐에서 몸을 일으켜 세우거나 털썩 앉지도 못한다. 한쪽 끝에서 들어가되 엉덩이와 어깨를 흔들며 몸을 밀어 넣어야 한다. 캡슐호텔은 깨끗하고 사생활이 보장되며 딱 필요한 물품만 갖춘 곳으로, 폐쇄공포증이나 공황 발작 증세가 조금이라도 있는 사람이라면 상상조차 하기 힘든 곳이다. 그렇다 해도 이곳은 지친 이에게 필요한 온갖 물품을 갖추었다. 천장에 달린 텔레비전, 자명종, 작은 거울 그리고 비행기 좌석 윗부분에 달린 환기구처럼 환기 노즐도 있다. 어떤 캡슐은 2단 구조다. 한 건물에 한 층은 남자실 다른 층은 여자실로 캡슐 천 개가 들어가기도 한다.

아직 미국에서 그리 인기를 끌지 못했고 앞으로도 그럴 가망성이 없어 보이는 또 다른 호텔은 바로 러브호텔이다. 남아메리카에 가면 다 큰 자녀와 그 배우자가 부모와 함께 한 아파트에서 사는 모습을 흔히 볼 수 있다. 속칭 '텔로스^{telos}'라고 하는 러브호텔은 이 지역에서 단지 욕망을 채우기 위한 장소가 아니라 필수 공간이다. 당신이 성적 욕망으로 달아오른 라틴계 남성이나 여성이라고 생각해보라. 물론 내 옆에 있는 사랑하는 이에게 손을 뻗어 끌어안고 뒹굴 수도 있겠지만, 옆방에 찌개에 넣을 채소를 다지는 엄마와 축구 경기를 시청하는 아빠가 있다면 로맨틱한 분위기가 무르익기에 그리 적당하지 않을 것이다. 이런 맥락에서 러브호텔은 당신과 배우자가 몇 시간 자유롭게 즐길 수 있는 곳으로, 부모와 함께 사는 아파트에서 난감했던 성적 자유를 어느 정도 누릴 수 있도록 돕는다.

어쨌든 호텔은 어느 순간부터 가정에서 손님을 접대하는 방식도 바꾸어놓았다. 우리 집 지하실 손님용 방에는 퀸 사이즈 머피 침대Murphy bed(접어서 벽장에 넣는 침대-옮긴이)가 있다. 손님이 묵으면 나는 새로 빤 수건을 꺼내고, 목욕비누부터 엄지손가락만 한 용기에 든 컨디셔너, 꼬마 병에 든 면도크림까지 내가 여행길에 집어온 온갖 소품으로 손님 침실을 가득 채운다. 텔레비전과 자명종, 수면안대, 침대에서 읽을 만한 책을 꽂아놓은 3단 책장도 있다. 또 가져온 노트북으로 와이파이를 이용해 웹서핑을 하려는 손님에게는 내 비밀번호도 알려줄 생각이다. 말 그대로 지하이긴 하지만 우리 집 손님용 방은 고요하며 양탄자가 깔려 있고 안락하다. 많은 손님들이 이런 방을 원하는데 손님이 이 방에서 느끼는 행복감은 일반 호텔 방을 참고하여 꾸민 것과도 상당 부분 관련이 있을 것이다.

이제 우리는 호텔 프런트에 들어왔다. 입실 수속을 밟아보도록 하자.

2010년 무렵 전 세계 모든 대형 호텔 체인은 혼자 여행 다니는 여성을 염두에 두고 호텔과 호텔 서비스를 재편했다고 해도 과언이 아닐 것이다. 최근 호텔의 혁신은 샤워실을 빙 둘러싼 샤워커튼과 욕조 위에 걸린 빨랫줄, 조명이 켜지는 벽장, 바뀐 벽장 디자인 그리고 근래에는 베개에 집착하는 모습에서 찾아볼 수 있다. 벽장의 경우 셔츠부터 치마까지 모든 옷을 걸 수 있게 다양한 옷걸이를 갖추었고, 옷장 막대에서 옷걸이를 쉽게 분리할 수 있도록 신경을 썼다. 옷걸이를 떼어낼 수 있게 한 것은 고정이 안 된 물건을 훔쳐갈지 모른다는 손님을 불신하는 듯한 인상을 심어주지 않기 위해서였다.

그렇지만 호텔에 대한 인상은 회전문을 통과해 호텔 로비에 발을 들여놓는 순간부터 시작된다.

몇 년 전 우리 회사는 호텔 및 레저 기업인 스타우드 그룹^{Starwood} ^{Group}과 일했다. 우리는 당시 이들이 소유한 호텔 중 하나인 쉐라톤^{Sheraton} 호텔을 대상으로 대대적인 로비 개선 작업을 살폈다. 당연한 사실이지만 호텔 로비에서 시간을 보내는 사람 중 상당수가 남성이라는 점을 알게 되었다. 인바이로셀에서는 이러한 시간을 '체류시간'이라고 불렀다. 남성들은 짝지어 오기보다 혼자 등장하는 경향이 있었다. 이들은 주변 풍경을 바라보거나 사람을 관찰했고 아니면 그저 다리를 쭉 뻗고 건물 내부를 구석구석 훑는 듯했다. 로비에 혼자 온 남성들은 보통 와이파이를 무료로 이용할 수 있는 구역에 자리를 잡고 앉아 블랙베리와 아이폰, 노트북을 만지작거리거나 스프레드시트를 작성했다. 혹은 로비에 있다가 방문객을 맞이하는 사람도 있었다. 사실 대개는 이런 목적으로 대기하고 있었다. 예외가 있긴 하지만 여성들은 호텔 로비를 입실과 퇴실 절차를 밟는 기능적인 공간으로 인식했다.

우리의 여가시간이 알게 모르게 업무시간과 뒤섞이면서, 이제 로비는 대부분 비즈니스 센터로 자리매김했다. 로비는 남녀 모두를 끌어들이려고 한다. 로비에 팩스와 랜선, 레이저젯 프린터 등을 소소하게 갖추었고, 노트북에 전원 공급이 가능하도록 벽에 콘센트도 설치했다. 이때 남녀는 사적인 의사소통 방식에서 차이점을 보이기도 하고 공통점을 드러내기도 한다. 우리 손에 쥐어진 지 20년도 채 안 되었지만 도처에 널린 탓에 이런 사실조차 잊고 사는 휴대전화를 한번 살펴보자. 남자들은 보통 어디에서 통화를 할까? 남자들은 호텔 로비든 어디든 장소를 가리지 않고 통화를 하므로, 이들이 홈오피스에 있는 스코트나 제이와 통화하는 내용을 듣고 싶지 않다면 귀마개를 껴야 한다. 반면 남자들보다 통화 예절이 바른 여자들은 로비 구석으로 자리를 옮겨 통화하는 경향이 있다.

요즘은 손님이 도착하면 사실상 카운터보다 15센티미터에서 20센티미터 낮은 대리석 선반에서 입실 절차를 밟는데, 여성 여행객들은 이곳에 핸드백이나 서류가방을 올려놓을 수 있다. 앞서 말한 대로 요즘 호텔 직원들은 손님의 이름이나 호실을 드러내는 일이 없도록 훈련받는다. 대신 직원들은 카운터 뒤쪽으로 가서 버튼을 누르거나 익명 처리된 디지털 카드를 입실하는 손님에게 건넨다. 호실은 열쇠나 카드를 감싼 냅킨 안쪽에 적어놓은 경우도 있다. 이러한 지각 있는 행동이 개인적으로는 의무라고 생각한다. 그리고 이 모든 변화는 여성들 덕분이라고 하겠다.

그렇지만 나는 전 세계 호텔이 입실 절차를 좀더 인간미 있게 처리하면 어떨까 하는 생각이 든다. 조금만 더 신경 써주면 모든 이들이 무척 반길 듯하다. 여행을 자주 다니는 사람 입장에서 선납까지 치른 방에 들어가려고 줄서서 기다리는 것만큼 짜증나는 일도 드물다. 그렇다면 직원들이 카운터에서 나와 유럽의 식당과 커피숍처럼 손님들의 신용카드를 건네받은 뒤 소형 이동장비를 이용해 입실수속을 밟는 편이 합당하지 않을까? 이는 안전하고 신중하며 신속한 행동이다. 그러면 고객도 식당에서와 마찬가지로 어느 몰지각한 직원이 비자카드나 아메리칸 익스프레스 카드를 도용하지는 않는지 그리고 신용카드 전표를 여러 장 작성하느라 부산떨진 않을지 걱정할 필요가 사라진다.

자, 이제 위층으로 올라가보자.

내 친구 팸 딜런은 사업 때문에도 취미생활로도 여행을 참 많이 다닌다. 골드만삭스와 제이피모건에서 요직에 있다가 개인사업을 시작한 팸은 어마어마하게 성공한 여성 간부로, 수년간 전 세계 고급 호텔을 두루 체험하고 다녔다. 어떤 때는 매달 2주일을 여행하며 보내기도 했다. 팸은 특정 호텔을 고집하지 않고 가급적 다양한 호텔을 체험하는 쪽을 선호한다. 요즘 팸은 1년에 한두 달 정도 여행하며 다닌다. 남성들이 골프 코스를 두루 섭렵하듯 호텔을 섭렵하는 팸의 이야기를 여기에 실어본다.

"그러면 팸, 벨보이—대개 남자다—가 네 짐가방을 맡으면 어떤 기분이야? 여기서 말하는 짐은 가장 개인적인 소지품과 필수품을 말해." 내가 물었다.

대다수 남성에게 벨보이는 문제가 되지 않는다. 선택은 단순하다. 안내원에게 짐을 맡기거나 직접 다루거나. 하지만 여성에게는 좀더 복잡한 문제다.

"내키지 않지."

팸은 기다렸다는 듯이 답했다.

"내 짐이 안전하다는 보장이 없다면 말이야."

그러더니 활짝 웃으며 덧붙였다.

"어느 정도 내가 만족할 만큼 안전해야겠지."

그렇지만 팸은 벨보이가 여자라면 마음이 놓일 것 같다고 말했다. 팸은 생판 모르는 사내가 자기가 머물 방에 같이 들어와 텔레비전 작동법을 설명하는 상황이 불편하다고 했다. 방문을 활짝 열어놓더라도 마찬가지다. 마치 여자 탈의실에 낯선 사내가 침범한 기분이란다.

"이는 성적인 이야기가 아니라 더욱 근본적인 문제, 그러니까 '안전'에 대한 이야기야. 룸서비스도 마찬가지라고 봐."

팸은 이렇게 덧붙였다.

나도 여기에 동의한다. 여성 벨보이와 여자 룸서비스 직원은 조만간 구체화될 것으로 보인다. 이는 획기적이고 성 고정관념을 깨는 발상일 뿐 아니라 호텔을 찾는 무수히 많은 여성들이 안심할 수 있는 방법이다. 미국 문화 전반에 걸쳐 여성들이 영향력을 행사한 덕분인지 나도 갈수록 청결을 의식하게 되었는데, 특히 여행 다닐 때 청결에 신경을 쓴다. 잘은 모르겠지만 벨보이의 손은 호텔에서 가장 불결한 곳 중 하나일 것이다. "틈날 때마다 손에 세정제를 뿌리시나요?"라고 묻거나 의료용 장갑을 불쑥 꺼내들기는 힘들 것이다. 그렇지만 신종플루나 사스가 유행한다면 나도 낯선 사내에게 내 짐가방을 맡기지 않을 것이다.

게다가 팁과 관련해 남자 벨보이들은 손님의 가방을 넘겨받을 때 저돌적이고 때로는 지나치게 티를 낸다는 인상을 준다. 권총으로 위협받는 기분이랄까. 여성 여행객들은 지극히 개인적인 소지품을 넘겨주면서 이처럼 불쾌해지기도 한다. 이 장에서 살펴보겠지만 여성은 다른 여성에게 더 신뢰를 느낀다. 따라서 여성들이 자신의 짐가방과 옷가방을 넘기면서 느낄지 모를 불안감은 여자 안내원이 더 효과적으로 없앨 수 있다.

짐 문제와 관련해 덧붙이자면, 바퀴 달린 여행용 가방을 발명하게 된 것은 여자들 덕분이다. 바퀴 달린 가방에 20킬로그램 가득 짐을 챙겨 여행을 다니는 여성들이 늘고 있다. 여성뿐 아니라 나이가 지긋한 이들도 바퀴 덕분에 인생이 바뀌었고 묵직한 짐을 움직일 수 있게 되었다. 또 많은 경우 여성들은 아무리 말쑥하게 제복을 차려입은 벨보이라도 생판 만난 적 없는 이 젊은 남성에게 자신의 짐가방을 넘겨줄 필요가 없어졌다.

문구멍에 플라스틱 디지털 열쇠를 밀어 넣자 갑자기 녹색 조명이 깜박인다. 우리는 안으로 들어갔다. 아무래도 가장 중요한 곳에 눈길이 제일 먼저 간다. 내 눈길은 화려한 침대에 꽂혔다. 쫓겨난 공주 아니면 적어도 그런 신세마냥 발이 부르트도록 돌아다닌 여자에게 딱 맞는 침대다. 1999년 웨스틴 호텔Westin Hotel은 트레이드 마크가 된 헤븐리 베드Heavenly Bed를 선보였다. 천사의 날개처럼 하얗고 푹신푹신한 이불로 덮인 이 침대는 독보적으로 높은 시트 번수를 자랑한다(번수가 높을수록 실이 가늘어 소재가 부드럽다-옮긴이). 베개 또한 일류 제품이고, 혼자 다니는 여행객이나 빈둥거리는 가족에게 필요한 것보다 더 여유 있게 갖추어놓았다.

마침내 베개의 중요성을 인식한 호텔들이 많아진 것 같다. 그리고 여성 여행객에게 필요한 베개를 제공하면 그 고객이 평생 고객이 될 가능성이 높다는 점도 알아차린 것 같다. 정기적으로 여행하는 사람들의 경우, 좋은 베개 하나로 숙면을 유도하는 잠자리와 그저 그런 잠자리가 갈린다. 다른 조건이 모두 같다면, 고객 충성도라는 지렛대를 추구하는 업체는 손님이 늘 알맞은 베개(푹신한 베개, 딱딱한 베개, 중간 정도 베개 등)를 사용할 수 있도록 조치해야 다시 그 여성 고객을 맞이할 확률이 높아진다.

영화배우 엘리자베스 테일러는 여행을 다닐 때 중동의 지체 높은 석유 갑부들처럼 호텔 객실을 통째로 빌렸다. 물론 대여비가 어마어마하지만 파파라치를 쫓는 방법으로 이만한 게 없다. 뿐만 아니라 늘 따라다니는 위생 문제도 있다. 중국 국민당 지도자였던 장제스蔣介石의 부인 쑹메이링宋美齡은 남편과 함께 루스벨트 대통령을 만난 후 블레어 하우스Blair House(미국의 국빈 영빈관-옮긴이)에 머물 때 위생을 고려해 자신들이 쓸 리넨을 가져갔다. 영부인 엘리너 루스벨트는 분명 자존심이 상했을 것이다.

방 주변을 한번 둘러보자. 팸은 제일 먼저 호텔 방에 있는 FF&E^furniture, fixtures, and equipment (가구, 고정설비, 장비를 뜻하는 업계용어)가 2년이 넘었는지 확인한다. 좋은 호텔은 형편없는 호텔보다 침대 시트와 베갯잇 같은 패브릭 소품을 훨씬 자주 교체한다. FF&E 교체만큼 중요하지는 않다 해도 이에 버금가는 일에는 뭐가 있을까?

바로 청결이다.

팸은 말했다.

"방이 화려할 필요는 없어. 그렇지만 '깨끗하다'는 인상은 줘야지. 향긋한 냄새가 나고 청결해야 해. 물론 머리로는 내가 이 방에 오기 전 누군가 사용했다는 걸 익히 알고 있지만, 그래도 그런 느낌을 받고 싶지는 않지. 그런 냄새가 나는 것도 싫어. 누군가 남긴 '흔적'도 달갑지 않고."

충분히 공감이 가는 이야기다.

청결을 제외할 때 여성에게 또 하나 중요한 문제는 앞서 지적한 것처럼 공기정화와 방 안의 온도조절 권한이다. 생리적 문제에서 오는 것이든(여성은 남성보다 온도차에 더 민감하다), 방 안 온도 조절 문제로 남자임이 분명할 호텔 총지배인에게 무의식적으로 불쾌감을 표하는 상황이든, 여자들은 여기에 신경을 쓴다. 조절 권한이 없으면 여자들은 화를 내거나 답답해하고 억눌린 기분을 느낀다. 관리자들이 온도설정을 제대로 해놓았어도, 그리고 여성이 그 온도를 바꿀 생각이 없다 해도, 여성들은 온도를 하나하나 올리거나 내릴 수 있는 권한을 원한다. 아니 그렇게 해달라고 아주 강력히 요구한다.

팸은 말했다.

"게다가 호텔 방에서 뭐든 조정하려 할 때 그게 좀 수월했으면 좋겠어. 나는 기술강좌를 들을 생각이 없거든. 그냥 작동만 할 수 있으면 그만이라고. 나한테 기계장비가 아니라 통제권을 달라는 말이지, 통제권을! 게다가 난 폐쇄공포증을 조성하는 분위기가 싫어. 미래 호텔은 실내에 바깥세상을 들여와야 해. 그래서 자연과 실내가 하나로 조화를 이루게 하는 거야. 물론 그 전제는 내게 안전하다는 인상을 줘야 한다는 것이지."

방 안에 들어가면 조작이 간단한 최첨단 평면 텔레비전이 있다. VCR-DVD 플레이어가 달린 29인치 구형 제니스^{Neniths} 컬러텔레비전이 있던 시절보다 여백이 느껴지고 방 안이 더 널찍해 보인다. 침대 맞은편에는 갈색 바카라운저^{BarcaLounger}(소파베드의 일종-옮긴이) 대신 페인팅 카운치$^{fainting\ counch}$(편하게 드러눕거나 기댈 수 있는 소파의 종류-옮긴이)를 들여놓았다. 벽에는 한때 대다수 호텔에서 볼 수 있었던 풍차, 사일로^{silos}(곡물 보관창고-옮긴이), 메인 주의 해안 풍경 대신 화려하고 장식효과가 있는 예술작품이 걸려 있다. 요즘에는 화가 마티스, 미로, 마그리트의 작품으로 벽을 장식한 것을 쉽게 볼 수 있는데, 이는 호텔이 모시고자 하는 손님들의 교양과 교육 수준을 반영한 것이다. 객실 냉장고마저도 스카치와 소다를 찾는 남성보다는 현명한 여성에게 오해할까봐 설명을 덧붙이자면 초콜릿을 비롯해 인생의 소소한 즐거움을 만끽하되 가볍고 건강하게 음미할 줄 아는 여성에게 맞춘 듯하다.

팸은 한동안 본사가 업스테이트 뉴욕에 있어서 맨해튼에서 많은 시간을 보냈다. 당시 그는 첨단 호텔은 피했다. 남자들이 설계한 현란한 이 호텔들은 여성 여행객의 요구를 때로는 모든 인간의 요구를 외면한 곳이었다. 팸이 이런 체험을 한 곳 중 하나가 유니온 스퀘어 근처에 있는 더블유 호텔이었다.

"그 호텔은 사람보다 스타일을 고려했어."

팸이 말했다.

"그게 무슨 뜻이야?"

내가 물었다.

"음, 물론 더블유 호텔에서 마음에 드는 부분도 상당히 많았지만 방이 온통 딱딱한 직선이라 유감이었어. 색상도 온통 차가워. 지구톤earth tone(모래, 흙, 벽돌 등 자연 재료에서 느껴지는 저채도 색상-옮긴이)이 전혀 없었거든. 호텔 사람들은 지구톤으로 꾸몄다고 생각했겠지만, 회색을 그렇게 지나치게 섞으면 더이상 지구톤이 아니지. 방 안 어느 곳에서도 인간미가 전혀 느껴지지 않아. 그런 호텔에 들어가면 '와, 편하네'라는 말이 안 나와. 대신 멋지다는 말을 하겠지. 이런 방에서는 냉장고를 열어젖히고 보드카를 벌컥벌컥 마셔줘야만 할 것 같다니까."

팸은 새로 단장한 그래머시 파크 호텔Gramercy Park Hotel은 유감스럽게도 아주 조금 나아졌을 뿐이라고 했다.

"첫날 밤에는 뭔가 근사해 보였어. 그런데 다음 날 회의 준비를 하면서 보니까 그런 느낌이 확 사라지는 거야. 욕실 조명이 형편없어서 준비하느라 애먹었거든. 게다가 가구는 몽땅 나보다 30센티미터는 큰 사람에 맞춰 설계했더라고. 뭔가 호텔 주인이 추구한 게 있었겠지. 그렇지만 그곳에 들어간 여성의 정서는 크게 고려하지 않은 것 같아."

팸도 그렇고 내가 접한 대다수 여성들이 호텔에 투숙할 때 바라는 것은 첨단 디자인과 격자무늬 바닥, 브란젤리나 부부를 호텔 로비에서 엿볼 가능성이 아니었다. 이들이 바라는 것은 안전과 청결, 평온함, 안락함이었다. 사실 이 여성들은 자기 집 같은 분위기를 원하지만 보통은 그렇지 않다.

"'안락함'이 정확히 무슨 뜻이지, 팸?"

"지구톤."

팸은 힘주어 답했다.

"안락함은 모양새와도 관련이 있어."

팸은 자기가 묵는 호텔 침실에서 직선이 아니라 둥근 모양을 보고 싶어 했다. 곡선과 부드러움을 원했다.

이제 욕실로 건너가보자.

많은 여성에게 호텔 욕실은 그곳에 머물지 말지를 결정하는 곳이기도 하다. 호텔 욕실은 최소한 내 집 화장실만큼 좋거나 더 낫길 바라는 공간이다. 팸이 손꼽는 탁월한 호텔 욕실은 어떤 곳일까? 만족감과 효율성, 온화한 조명이 있는 곳이다.

"나는 왜 일류 호텔들이 실내조명과 실외조명 스위치를 둘 다

갖춰놓지 않는지 이유를 모르겠어. 이건 여자들에게 정말 절실하거든."

팸이 말했다.

"왜 그런데?"

내가 물었다.

"왜냐면 여성들은 대개 시행착오를 거치며 밖이 환하든 어둡든 상관없이 자기 집 화장실에서 화장하는 요령을 알아내거든. 이는 여자들이 말 그대로 매일같이 치러야 하는 문제야. 남자들은 잘 모르겠지만 여자들은 화장과 머리 모양에 신경을 써야 하고 또 제대로 되었는지, 밖에 나가면 어떻게 보일지를 고민해. 내 화장이 집 밖 자연광에서 어색하지 않을 거라 판단해도 디머^{dimmer}(전압으로 조명의 세기를 조절하는 기구-옮긴이)가 있으면 한결 편할 거야."

우리 회사가 호텔과 일하면서 조사한 온갖 통계 중에 내게 매우 인상 깊은 대목이 있었다. 바로 여성 여행객에게 가장 중요한 것은 호텔이 제공하는 비품이라는 점이었다. 공짜 샤워캡과 최고급 컨디셔너가 든 미니 병을 나나 내가 아는 대다수 남성이 중요하게 생각할까? 나는 이런 물건이 눈에 들어오지도 않는다. 그렇지만 여성에게는 이런 비품이 중요하므로 호텔들은 여기에 확실히 신경을 쓴다. 팸은 심지어 호텔 비누의 '품질'에도 신경을 쓴다. 비누 잔여물이 피부에 남으면 짜증이 나는데, 그 지역 물이 경수이든 연수이든 녹지 않기 때문이다. 그리고 팸은 집에 비품을 들고 오는 경우도 더러 있다고 고백했다. 예를 들면 자기 머릿결과 잘 맞는 샴푸 같은 것들이라고 한다.

헤어드라이어를 제외하고, 어느 모로 보나 여성친화적인 새로운 환경을 잠깐 짚고 넘어가자. 바로 곡선형 샤워커튼이다. 욕조 주변에 일자형 커튼 대신 바깥쪽을 향한 곡선형 커튼을 설치하면, 목욕할 때 20센티미터 정도 공기가 드나드는 여유 공간이 생긴다. 그래서 목욕할 때 습기가 덜 차고 답답함도 덜하며, 절대로 몸에 커튼이 닿지 않는다. 종전의 일자형 샤워커튼은 늘 몸에 닿는 기분이거나 무수한 사람이 사용한 탓에 어느 정도 때가 낀 것 같았다. 몸에 닿지 않게 설치한 곡선형 커튼은 물때도 요리조리 피해갔다. 별것 아닌 것 같은가? 여성에게는 별것이다. 내가 아는 그 어떤 여성도 커튼이 자기 몸 '가까이'에 닿는 것을 달가워하지 않았다.

나는 팸에게 물었다.

"호텔에서 환경을 고려하는 게 중요하다고 봐? 그러니까 두루두루 유익한 LCD 백열전구를 사용하는 호텔을 높이 평가하는지 묻는 거야."

"에너지 문제에 신경 쓰는 호텔이면 좋지. 누군가 환경을 고민한다는 게 기특하잖아."

"그러면 침대 시트와 베갯잇을 환경을 이유로 세탁하지 않는 쪽과 매일 밤 세탁하는 것 둘 중 하나를 고르라고 머리맡에 메모가 적혀 있다면 어떻게 하겠어?"

"오, 보통은 말도 안 되는 소리에 불과해. 그런 메모를 남기는 호텔 중 상당수가 갖가지 방식으로 에너지를 낭비하는 업체거든."

"그러면 미래의 여성친화적인 호텔은 어떠해야 하고, 어떤 모습이고, 어떻게 행동해야 할까? 이를테면 2050년 팸 딜런 DNA 플라자 파빌리온 호텔 같은 곳이 있다고 가정하면 말이야."

팸은 잠시 생각에 잠겼다.

"호텔 방을 내게 맞춰 꾸미게 할 거야. 나에 대한 정보를 어떻게 얻든 간에 내가 쓸 방에 무수히 많은 사람들이 묵고 갔다는 인상을 덜어낼 수 있게 하겠어. 지금 그 방법은 모르겠지만, 어떻게 해서든 내가 호텔에 도착할 때면 그곳에 나를 위한 물건들이 놓여 있어야 해. 내게 맞는 베개, 부드러운 리넨, 보드라운 수건 등이 있어야지. 나는 호텔 경영자가 내 취향을 알았으면 좋겠어. 그렇지만 동시에 사생활을 침해받는 느낌은 싫어. 그러니 내 이상적 호텔은 그 해결방법을 고심해야겠지."

나는 내게 맞춘 물건들이 무엇일지 떠올려보았다. 덮개를 안쪽에 쑤셔 넣지 않은 스칸디나비아 스타일 침대가 있어야 한다. 침대 아래쪽에 발이 나오는 것을 싫어하는 키 큰 사내를 고려한 넉넉한 크기의 침대면 더욱 좋겠다. 범죄 스릴러와 전기 위주로 책이 몇 권 있어야겠지. 내가 좋아하는 싱글 몰트 스카치single-malt scotch(단일한 곡물을 이용해 하나의 주조장에서 만든 위스키-옮긴이)도 한 병 있어야겠고. 아, 내 드림보트도 있어야 한다.

나는 최근 뉴욕 올버니Albany에 있는 햄턴 인Hampton Inn 호텔이 '여성 고객을 위한 객실A Floor of Her Own'을 마련했다는 기사를 읽었다. 이 여성 전용 객실에 남성은 주말에만 입장이 허락된다(학교 기숙사가 떠오른다). 이는 여성 여행자들에게 사생활을 보장해주고 안전한 곳이라는 인상을 심어주며, 신경 쓰이는 일 없이 편하게 다른 이들과 교류할 장을 열어주고자 나온 아이디어다. 여기서 제공하는 소품으로는 피부보습제, 핸드크림, 수면양말이 있다. 또 쿠키와 이색적인 커피, 고급차, 잡지가 가득한 접대실도 제공하는데, 특수 전자키가 있어야 이곳 출입이 가능하다. 이는 보기 드문 발상이다. 테리클로스terrycloth(보통 타월이라고 부르는 면직물-옮긴이) 목욕가운을 흔들며 차별 철폐 조치에 투항한 모습 같다. 많은 여성들이 이곳에 몰려가는 모습을 상상할 수 있다.

샌프란시스코에 있는 부티크 호텔boutique hotel(세련된 시설을 갖춘 소규모 호텔-옮긴이)인 노브 힐 램본Nob Hill Lambourne은 여성 여행객을 끌어들이기 위해 각종 동종요법 제품을 판매할 뿐 아니라, '리밸런싱 바스킷rebalancing basket'(역기, 생수병, 운동 매트, 요가 비디오 등이 있다)을 무료로 제공한다. 아이들을 그리워하는 단골고객을 위해 램본은 하루 15분 국내 무료통화 서비스를 하고, 호텔에 투숙하는 엄마들에게 매번 아이 사진을 담은 액자를 만들어줄 뿐 아니라, 퇴실하기 전 짐 가방에 샌프란시스코산 장난감을 무료로 챙겨가게 한다. 모성 비즈니스가 낯설고 불확실해 보이는가? 뉴저지 주 채텀Chatham의 패럿 밀 인Parrot Mill Inn 호텔에 있는 '마미 네스트Mommy Nest' 객실은 숙박료에 소규모의 모유 수유 전문가 상담비가 포함된다. 게다가 출산이 일주일 앞으로 다가온 부부를 위해 '베이비문babymoons'뿐 아니라(예비아빠에게는 샴페인을 예비엄마에게는 사이다를 제공한다), 휴가가 필요한 부부를 위해 '출산휴가' 여행상품도 마련해놓았다.

그렇지만 팸 딜런처럼 남자들에게 둘러싸여 일하면서 전문직 경력을 쌓은 여성은 여성 전용 호텔을 어떻게 받아들일까? "당연히 열린 마음으로 받아들여야지. 서비스만 제대로라면 매우 평온한 호텔이 될 거야. 내 짐작으로는 일종의 열린 공간이 생길 것 같아. 자연광이 내리쬐겠지. 바람직한 조명이야. 아주 느긋한 기분이 들겠지. 게다가 남성적인 딱딱한 직선도 없겠고. 여성은 다만 긴장을 풀고 싶을 뿐이야. 나 역시 첨단기술을 맛보고 싶은 게 아니거든. 이 말을 오해하지는 마. 나도 현대적인 모습을 무척 좋아하고 머리로는 첨단에 다가서는 걸 즐겨. 그렇지만 내가 묵는 '호텔' 방에서만큼은 아니지."

"마지막으로 팸, 보통 지도층 남성 여행객에게 맞춘 메뉴, 그러니까 코끼리와 그 새끼까지 먹어도 될 만큼 어마어마한 양의 내장육을 내놓는 호텔 식당에 대해 한마디 해주겠어?"

"나는 여행할 때 메뉴를 선별 주문해서 해결했어. 감자튀김 대신 스테이크와 함께 나오는 인도쌀 바스마티basmati를, 포터하우스porterhouse(등심과 안심을 동시에 맛볼 수 있는 초대형 스테이크-옮긴이)에 딸려 나오는 아스파라거스를, 그리고 브로콜리가 곁들여 나오는 고베Kobe 비프 햄버거를 고르는 식이었지. 이는 식당에게도 그렇게 곤란한 주문이 아니야. 식당도 사실 거절할 이유가 없어. 왜냐면 요리는 이미 해놨고 손님에게 내놓기만 하면 되거든."

팸은 이러한 딜레마를 푸는 나름의 해법도 있었다.

"난 애피타이저를 2인분 주문해."

내가 여행길에 만난 많은 여성들도 이렇게 행동했다. 심장발작을 겪을 만큼 겪은 뒤에 스카치 앤 소다를 찾는 남성 중심 시대, 그리고 해쉬 브라운^{hash browns}(채 썬 감자튀김-옮긴이)과 함께 특대 달걀 네 개가 나오는 특별 아침 메뉴는 사라졌다. 그러니 많은 호텔이 남녀 모두가 바라는 영양가 높고 건강을 고려한 메뉴에 응하지 않을 이유가 없다. 호텔에 있는 모든 메뉴를 치즈와 버터, 옥수수 시럽에 흠뻑 적실 필요는 없다. 그런 수요는 이미 패스트푸드점이 충분히 잘 해내고 있으니까. 적당한 양일 뿐 아니라 채소, 과일 그리고 오렌지 주스가 아닌 다른 과일 주스가 나오는 메뉴, 어디 드실 분 없나요?

이런 곳에서 당신이 편히 머물다 가길 바란다.

2부 여자들이 지갑을 여는 순간

8장

여성을 사로잡는
쇼핑몰의 조건

나는 지금 한 쇼핑몰에 들어와 있다. 세상의 그 어떤 쇼핑몰이든 상관없다.

200미터 바깥에서도 이곳에 있는 베스트 바이 매장은 눈에 잘 띈다. 한쪽에는 대형 할인매장인 타겟이, 다른 쪽에는 야외 좌석을 갖춘 파니니panini(이탈리아식 샌드위치—옮긴이) 체인점이 있다. 하지만 외벽을 두른 벽돌, 판유리, 짙은 청색의 커다란 사각 광고판, 특유의 노란 가격표를 갖춘 이 매장은 대학 아이스하키 경기장처럼 유독 도드라져 보인다. 디자인 면에서 이는 남성적인 건축물이다. 온통 평평하고 단단하며 전혀 멋을 부리지 않았다. 바깥에는 처음 찾는 방문객에게 어떤 물건이 진열된 곳인지 일러줄 만한 안내판도 전혀 없다. 이불을 파나? 고속 모터보트인가? 아니면 중고차? 혹은 회원제 '남성 클럽'일지도 모르겠다.

이곳에서 남녀가 헤매는 모습을 비교할 수 있는, 사소하지만 아주 적절한 사례가 바로 눈앞에서 펼쳐졌다. 한 남자와 한 여자가 정확히 동시에 베스트 바이 쪽으로 향했다. 일단 출입구 혹은 여유 공간decompression zone(매장 두 번째 입구로 통하는 다소 어둑한 공간)에 들어서자, 남자는 주저 없이 오른쪽으로 몸을 튼다. 그는 전에 이곳에 와본 사람이 분명하며 어디로 들어가야 할지 알고 있다. 반면 여자는 왼쪽 길로 빠졌다. 그곳으로 가면 '출구'라고 표시된 유리문과 정면으로 맞닥뜨린다는 사실도 모른 채.

윽, 이런! 잘못 들어왔군. 이제 여자는 남자가 간 방향으로 쫓아가 오른쪽 문을 통과한 다음 매장에 들어선다.

내가 찾은 매장뿐 아니라 전국 모든 베스트 바이 매장의 우스꽝스러운 남성적 외관에 사람들은 종종 속는다. 다른 대형 유통체인처럼 베스트 바이도 일단 매장에 들어온 여성에게 더욱 편안한 분위기를 심어주려고 과감한 노력을 하고 있다. 사실 베스트 바이의 홈오피스 부서에는 매장 '여성화 팀Feminization Team'을 이끄는 책임자도 있다.

이제 안으로 들어가보자.

"베스트 바이에 오신 것을 환영합니다."

출입문 옆 안내소에서 수염을 기른 청년이 인사를 건넨다. 그는 '쉬링크shrink'라고 부르는 절도행위를 단속하는 책임자다. 그가 맡은 역할은 당신이 매장을 나설 때, 계산대에서 받은 영수증과 쇼핑카트에 실은 큼직한 물건이 서로 맞는지 확인하는 일이다.

"감사합니다."

나는 인사를 건넸다.

자, 이제부터 여성의 영향력이 시작된다.

얼마 전 미국 가전협회가 발간한 조사보고서에 따르면 미국인이 구입하는 가전제품 중 절반 정도를 여성이 만든다고 한다. 비율이 더 높지 않을까 싶기도 하지만 충분히 수긍이 가는 자료다. 동시에 많은 소매업체들은 여성 소비자들이 대형 가전매장 방문을 꺼리는 두 가지 이유를 잘 알고 있었다. 하나는 선택의 폭이 너무 넓기 때문이고, 다른 하나는 풍부한 전문지식으로 쇼핑을 도와줄 직원을 겨우 찾아내도 각 개인에게 적절한 맞춤 서비스가 부족하기 때문이다. 그래서 웬만한 여성은 베스트 바이에 직접 쇼핑하러 오는 대신 관심 있는 텔레비전이나 노트북을 온라인에서 검색하고, 여기저기를 돌며 비교한 다음, 온라인에서 물건을 주문하거나, 어느 정도 확실한 정보로 무장한 후 매장에 당당히 들어선다.

오랫동안 침대 시트와 의류 같은 소프트 상품soft goods은 여성을 겨냥한 반면 텔레비전과 컴퓨터, 자동차, 심지어 분쇄기 같은 하드 상품hard goods은 남성을 대상으로 했다. 삼성과 일하든 노키아와 일하든 인바이로셀이 끊임없이 마주친 문제는 여성들이 '멋진cool' 요소에 크게 반응하지 않는 상황에서 어떻게 하면 이 하드 상품을 여성과 관련 있는 제품으로 포장할 수 있을까 하는 문제였다.

가전제품 산업을 다루면서 우리는 매장의 성공과 매장 내 여직원수 사이에 직접적인 상관관계가 있음을 거듭 확인했다. 이러한 교훈에 주목하게 된 것은 1990년대 전자장비 판매업체인 라디오 색Radio Shack과 일하면서부터다. 이 문제는 특히 쇼핑몰 구성과 관련해 두드러진다. 쇼핑몰은 대개 중앙 홀이 여성들로 북적대므로, 이곳에 여직원을 대폭 늘리면 좋겠다고 라디오 색에 건의했다. 라디오 색은 우리의 조언을 따랐고 상당한 효과를 거두었다. 게다가 남성 고객도 끌어들였다. 여성이 남자 기술직원에게 기죽는 경우보다 남성이 여자 기술직원에게 위축되는 경우가 훨씬 적기 때문이다.

그런데 정말 단순한 질문인데, 여성들은 왜 자기와 같은 성별과 소통하는 쪽을 더 선호하는 걸까?

간단히 답한다면 여성은 여성을 더 신뢰하기 때문이다. 여성은 여자 직원의 경우 단지 판매수수료를 더 챙기려고 물건을 판매할 가능성이 낮다고 느낀다. 게다가 여성은 어떤 행동이든 남자 직원이 자신을 무시하는 낌새가 조금이라도 보이면 이를 달가워하지 않는다. 도움이나 조언을 구할 때 여성 소비자에게 결정적인 역할을 하는 것은 신뢰도와 지식 수준이다. 가전제품을 구입하려는 여성은 자신을 퉁명스럽게 대할지도 모를 젊은 남자 직원보다는 자신의 난처함을 알아채고 이해할 수 있는 여자 직원과 대화하는 쪽을 선호한다(남자 소비자들은 여자 소비자만큼 기술적으로 부족한 경우가 많지 않다).

몇 년 전 베스트 바이는 시카고 교외에 여성을 직접 겨냥한 시범매장을 선보인 적이 있다. 이 매장은 무엇보다도 자체 강좌에 주력했다. 그래서 교육장소도 마련하고 책상과 의자도 들여놓았다. 이 발상의 배경은 단순하고 전략적이다. 기술에 익숙한 여성이 늘어날수록 기술에 관심을 보이고 기술제품 소비도 늘어난다는 생각에서였다. 만약 베스트 바이가 여성에게 디지털 카메라 사용법 그리고 이를 전용 프린터와 연결하는 방법을 가르칠 수 있다면, 여성은 나만의 사진을 만들어 보관하거나 용도에 맞게 안부 카드를 꾸미는 일이 얼마나 손쉬운지 알게 된다. 장기적으로는 더 성능 좋은 제품으로 바꿀 수도 있다. 애플 매장도 이러한 목적으로 아이라이프iLife와 아이웹iWeb 강좌를 연다. 심지어 자체적으로 요가 강좌를 여는 홀푸드Whole Foods(유기농식품 전문 판매업체-옮긴이) 매장도 있다. 전반적으로 8.0 메가픽셀 CCDCharge-Coupled Device, 이미지 안정화 4배줌 등 디지털 카메라의 기술사양을 넘보는 여성 고객이 늘어날수록 더욱 환상적인 체험 더 나아가 그러한 일상을 꿈꾸는 여성도 늘어난다.

게다가 포장에 적어놓는 실제 정보는 가격을 정당화하거나 주의를 가격에서 딴 곳으로 돌리는 아주 훌륭한 방법이라는 점도 명심하자.

베스트 바이 경영진은 여성을 겨냥한 시범매장이 크게 성공했다고 답한다. 그런데도 이 매장이 문을 닫은 이유를 잘 모르겠다. 그렇지만 베스트 바이의 추진력은 예나 지금이나 적절하고 현명했다.

안전 문제에 신경 쓴 탓인지 매장 곳곳에서 알게 모르게 여성의 존재가 느껴진다. 우선 고객에게 긱 스쿼드^{Geek Squad}(컴퓨터 수리와 전자제품 설치 등을 돕는 기술지원팀-옮긴이)를 안내하는 방송 스피커에서 여자 목소리가 흘러나온다.

생글생글 웃으며 나를 맞이한 매장 관리자도 젊은 여성이다. 그 여직원은 우리를 어디든 안내하겠다고 말했다. 아니요, 됐습니다. 우리는 그냥 둘러보기만 할 겁니다.

고개를 들어 사방을 훑어보자. 훑는 김에 매장을 구석구석 살펴보자. 저 멀리 보이는 6미터 길이의 벽에 건 사진에는 잡음 제거 헤드폰을 끼고 침대에 드러누운 젊은 여자, 그리고 서로 끌어안은 채 소파에서 대형 텔레비전 화면으로 영화를 감상 중인 대학생 또래 커플이 있다. 심지어 벽 스피커 진열대를 장식한 사진에도 야구팀을 응원하는 젊은 남자 옆에 여자가 앉아 있다. 이 매장에서 볼 수 있는 모든 시각적 요소는 하드웨어 장비를 남성 중심 기술에서 여성친화적인(혹은 적어도 성 중립적인) 소비상품으로 사람들의 인식을 바꾸려는 베스트 바이의 시도와 맞닿아 있다. 또한 여성 매장 관리자부터 벽에서 환히 웃는 여성들의 이미지까지 이 모든 변화 역시 제품설명과 죽 늘어선 텔레비전 일색인 매장에 시끄러운 록밴드를 재현이라도 하듯 왁자지껄한 십대들이 어슬렁거리는 어수선한 매장에 관능적이고 친근한 분위기를 심기 위한 시도에서 나왔다.

매장 안으로 5미터쯤 들어가면 제일 먼저 마주치는 제품이 탁자 한가득 진열된 디지털 카메라다. 각종 형태와 색상, 크기 그리고 가격대별로 40~50종은 되는 것 같다. 이 디지털 카메라를 진열한 탁자가 직사각형이 아니라는 점에 주목하자. 딱딱한 모서리가 없고 완만한 물결 모양 탁자다. 이를 단순하게 요약하면 남성적 디자인은 전적으로 날카로운 모서리와 딱딱한 표면인 반면, 여성을 끄는 디자인은 부드러운 모서리와 곡선 아니면 적어도 모호하지만 호감 가는 디자인이라고 볼 수 있다. 이 단순한 명제에 앞으로 소매업 디자인이 계속 발전시켜나갈 진실의 씨앗 내지 아주 작은 실마리가 담겨 있다.

인바이로셀에는 화두에 가까운 명제가 있다. 기술과 가전제품을 〈007〉 영화 속 초음파 비밀장비로 보고 구입하는 남성들과 달리, 여성은 관계를 다지고 삶의 질을 높이는 수단으로 사들인다는 점이다. 나는 기술 분야 클라이언트에게 남성은 기술을 위한 수단을 사는 반면, 여성은 관계를 위한 수단을 산다고 누누이 강조한다. 여성은 컴퓨터를 상호 교류나 협력과 연관 짓는다. 또 이들 장비를 활용해 웹사이트를 검색하고 친목을 다진다. 반면 남성은 온갖 부가기능에 열광하는 경향이 있다. 즉 3메가바이트 공유 L2 캐시를 장착한 2.4GHz 인텔 코어 듀오 프로세서, 눈부심 방지 와이드 스크린 TFT-LED 백라이트 디스플레이, 250기가바이트 5400-rpm 시리얼 ATA 하드 드라이브 등에 남자들은 매료된다(이런 장비들이 뭘 뜻하는지 잘 모르겠지만 작업속도를 높여준다는 말 같다).

미국 전자제품 유통업체인 서킷 시티Circuit City와 콤프 유에스에이Comp USA가 침체에 빠진 이유 중 하나도 바로 가전제품이 아닌 기술을 팔았기 때문이다. 1990년대에는 서킷 시티가 폭발적으로 성장했다. 직원들은 판매수수료로 보상을 받았다. 각 팀은 매장의 특정 코너를 맡았다. 사실상 모든 직원이 함께 일하는 모든 동료들과 경쟁하는 구도였다. 그렇기에 서킷 시티 직원들은 고가 텔레비전을 구입한 여성 고객에게 몇 코너 떨어진 곳에 있는 그 제품과 어울리는 텔레비전 수납장을 한번 둘러보라고 권할 이유가 없었다.

내 생각에 서킷 시티와 콤프 유에스에이가 무너진 이유는 달라진 소비자의 정서를 파악하지 못했기 때문인 것 같다. 두 업체 모두 지나치게 남성 중심적이고 기술에만 몰두했다. 이들은 가전제품 매장을 자동차 부품 매장처럼 운영했다. 미 중서부 지역을 기반으로 한 베스트 바이는 새로운 소비자 즉, 여성과 이들이 원하는 바를 훨씬 재빨리 알아챘다. 그것은 바로 교육과 상호교감 덕분이었고, 매장 어디에서도 강매하는 듯한 분위기가 없어야 한다.

베스트 바이 직원이 소비자에게, 우리는 판매수수료 때문에 일하지 않으며 어디서든 요청하시면 자신을 비롯해 매장 직원 모두가 손님을 도와드리겠다고 하는 것은 결코 무심코 한 말이 아니다. 이런 말을 들으면 여성 고객은 어떤 부담감이나 사기당하는 듯한 기분이 사라진다. 이런 겸손한 판매전략 역시 서킷 시티와 차별성을 띠려는 베스트 바이의 시도에서 나왔다. 경영진은 직원들이 판매수수료를 목표로 일하지 않도록 했고, 표준지침을 마련하거나 매장 내 다양한 코너를 벤치마킹하도록 했다. 요즘도 직원들은 개인이 아닌 팀별 실적에 따라 보너스를 받는다.

그렇지만 여성 소비자의 눈으로 볼 때, 베스트 바이 매장에 집처럼 꾸며놓은 전시장이 거의 없다는 점은 다소 의아스럽다. 거듭 말하지만, 우리가 알아낸 바에 따르면 여성에게 물건을 파는 효과적인 방법 중 하나는 여성의 상상력을 사로잡는 것이다. 디지털 카메라처럼 여성은 특정 제품이 자기 삶에 어떻게 파고드는지, 이 제품으로 나와 내 가족이 어떤 삶을 누릴지 떠올리는 일을 즐긴다. 어떤 여성 소비자는 온 가족이 모여 좋은 영화 한 편을 감상할 수 있도록 편한 좌석을 갖춘 오락 공간을 상상하며 흐뭇해한다. 남성은 자신을 위해 돈을 쓰지만 여성은 가족을 위해 돈을 쓴다는 사실을 기억하자.

이 매장에는 진열대 양끝까지 링크시스Linksys(무선 랜 및 홈네트워크 장비업체-옮긴이)의 무선 라우터를 줄줄이 전시해놓은 곳이 있다. 제품 크기도 정말 크다. 모뎀에 근육이라도 달린 것 같다! 그렇지만 매장 측은 여성 소비자에게 이 링크시스 모뎀이 그들의 삶과 어떤 관련이 있는지 보여주려는 노력을 전혀 하지 않았다. 이 제품이 어떻게 삶을 개선하고 삶의 질을 높이며 삶을 풍요롭게 할까? 단지 멀리 떨어진 사랑하는 가족과 이메일을 더 빨리 주고받을 수 있게 할 뿐인가?

대체로 남성이 알고자 하는 내용은 이렇다. 이것은 어떤 기술인가? 멋진 기술인가? 강력한 기술인가?

대체로 여성이 알고자 하는 사실은 이렇다. 이 제품으로 나 또는 우리가 어떻게 달라지는가?

이는 텔레비전 코너에서도 똑같이 적용되는 문제다. 많은 베스트 바이 매장에는 매그놀리아Magnolia 홈시어터 장비가 있다. 제품을 마치 집에다 옮겨놓은 듯이, 거실과 지하실, 아늑한 위층 방에 이미 설치해놓은 듯 전시해놓았다. 스크린은 벽에 밀착해 걸려 있다. 그 맞은편에는 안락한 팔걸이의자 두 개가 놓여 있다. 커피 탁자도 있고, 탁자 위에는 리모컨이 놓여 있다. 텔레비전 매장을 바꾸려는 산뜻한 시도다. 보통 소니, 파나소닉, 데논, 삼성 제품을 전선 위에 반짝거리며 앉은 네모난 까마귀처럼 줄줄이 진열해놓는다. 이런 환경에서는 제품끼리 크게 구분이 되지도 않는다.

이제 컴퓨터 매장으로 가보자.

여성은 노트북을 살 때 무게를 보고 모델을 고르는 경우가 많다. 그렇지만 안타깝게도 노트북은 크기와 무게가 거의 관련이 없다. 나는 노트북 코너를 돌다가 '눈에 안 보이는 그 무엇'이 있음을 눈치 챘다. 예를 들면 그 어디에도 '우리 매장에서 가장 가벼운 모델'이라고 크게 적어놓은 것이 보이지 않았다. 이런 표시가 있으면 여성 고객에게 후한 점수를 얻을 텐데 말이다.

한 통로를 건너가면 기본적인 검정색 노트북 가방을 대신할 세련된 제품들이 진열대 가득 전시되어 있다. 알록달록한 색상에 줄

무늬가 있고 개성 강한 가방들이다. 그렇지만 근처에 놓인 거울이 너무 작고 너비가 좁아 여성 고객이 새 가방을 어깨에 늘어뜨린 모습을 살피기엔 역부족이었다. 안타깝게도 기회는 또 날아갔다.

앞서 나는 매장 내 교육이 얼마나 좋은 아이디어인지 말했다. 매장 밖 교육도 기발한 매출 전략으로 순익에 도움을 준다. 지난 2003년 베스트 바이는 미 중서부의 작은 회사인 긱 스쿼드를 사들였다. 파란 셔츠를 입은 남녀 직원은 거금을 들여 제품을 장만한 고객에게서 근심을 덜어주는 역할을 한다. 이들이 제공하는 서비스를 신청하면(저렴하진 않다) 긱 스쿼드 직원들이 달려와서 지붕공사만 빼고 뭐든 다 처리해준다. 컴퓨터 라우터를 설치하고 전선을 감싸서 보이지 않게 해준다. 홈시어터도 설치해주고 우퍼 woofer(저음 재생 스피커-옮긴이)와 트위터tweeter(고음 재생 스피커-옮긴이)가 제대로 작동하도록 해주며, 끝이 주황색인 DVD 코드를 제 위치에 놓아준다. 침대 맞은편 벽에 새로 산 텔레비전을 달고 싶은가? 문제없다. 이들은 GPS 위치추적 장비와 위성 라디오도 서비스한다.

긱 스쿼드의 또 다른 임무는 거금을 들여 홈시어터를 장만한 소비자에게 그와 어울리는 고급 스피커나 첨단 케이블, 코드를 겸비할 생각은 없는지 설득하는 일이다. 온갖 부대장비들이 홈시어터 체험을 만끽하게 해주면서 베스트 바이의 서비스 업무는 급성장하는 분야가 되었다.

여성 고객을 끌어들이기 위한 조심스러운 시도가 또 하나 있다.

한 젊은 부부가 물건 값을 치르고 있다. 아마도 첫 주택이나 첫 아파트에 들여놓을 고급 플라즈마 텔레비전 세트로 보인다. 이들 부부는 의자에 붙어 앉아 있고 그 대각선 방향에 베스트 바이 직원이 있다. 세 명 모두 컴퓨터 화면을 보면서 구입 물품과 온갖 부대장비, 부가가치세 등을 확인한다. 그야말로 투명한 거래다. 화장품 및 피부 관리용품 체인점 세포라Sephora가 선보인 모델이 문득 떠오른다. 세포라는 직원과 고객이 계산대 같은 쪽에 위치하도록 해서 고객에게 색다른 경험을 심어주었다. 사실 마지막 절차는 기존처럼 계산대에서 끝날지라도 손님과 세포라 직원은 매장에서 교감을 나눈다. 이는 친밀감과 협력을 끌어내는 모델이다. 여기에는 나와 그들이라는 구도가 없다. 따라서 이 경험은 유대감을 키우면서 상품거래를 가능하게 하고, 또 여성 고객에게 호감도 얻을 수 있다.

베스트 바이는 계산과정을 제대로 관리해왔다. 사실 계산대는 매장에서 가장 수익성이 있는 곳이다. 그 비결은 뭘까? 베스트 바이는 고객들을 서너 줄이 아닌 한 줄로 세운 다음, 남녀 모두를 사로잡는 충동구매품이 좌우로 비치된 매장을 따라 손님들을 안내한다. 여기에는 워크래프트 카드부터 건전지, 과자, 시원한 음료, 립글로스 같은 미용용품, 버튼을 누르면 반딧불이 무리처럼 불이 켜지는 화려한 선물가방까지 없는 게 없다.

더욱 바람직한 점은 건장한 베스트 바이 직원들이 수레를 이용해 여성 고객들(남성 고객들도 마찬가지다)의 무거운 짐을 차량까지 옮겨준다는 공지를 매장에 크게 써놓았다는 점이다. 나는 여성들이 베스트 바이 매장 통로에서 무거운 물건 때문에 끙끙거리는 모습을 본 적이 있다. 남성들은 여성들이 물건 운반 때문에, 집까지 실어오는 것은 고사하고 차 뒷좌석에 싣는 일조차 버거워 사려던 물건도 구입하지 못하는 경우가 더러 있다는 사실을 잘 모른다. 무료 운반을 공지한 커다란 표지판은 실제로도 그렇고 상징적으로도 남녀 고객 모두에게 부담을 크게 덜어준다.

매장을 떠나기 전에 마지막으로 한 곳 더 돌아보자. 바로 여자화장실이다. 나는 아까 웃음 짓던 여자 매장 관리자를 붙잡고 들킬 염려는 없는지 단단히 다짐을 받은 뒤 들어갔다.

이곳 베스트 바이 매장의 여자 화장실은 그 어떤 화장실보다 좋았다. 깨끗하고 통풍이 잘 되며 대리석이 깔려 있다. 세면대 두 곳 사이에는 크고 잎이 무성한 화분을 배치해 차가운 대리석 공간에 생기와 개성을 불어넣었고, 딱딱한 모서리 일색인 화장실 디자인을 완화하고자 했다. 매장 관리자 말에 따르면, 다른 베스트 바이 화장실은 더 뛰어나며 아직 이곳에 설치하지 못한 장식용 조명까지 달려 있다고 했다.

이곳에도 곧 조명이 달릴 것 같다.

이때 떠오르는 질문 하나, 대다수 남성들은 베스트 바이처럼 남성적인 공간에 여성의 영향력이 커진 현실을 어떻게 바라볼까? 아마 남성들은 이러한 상황을 눈치 채지도 못 했을 것이다. 어떻게 보면 이는 무의미한 질문인데, 베스트 바이는 이미 남성들의 마음을 사로잡았기 때문이다. 긱 스쿼드는 기술이 부족한 남성에게 아주 반가운 존재다. 덕분에 손재주가 없어도, 이것은 긱 스커드 직원만이 할 수 있는 일이라며 다소나마 자기위안을 할 수 있기 때문이다. 긱 스쿼드가 기술이 부족한 여성까지 사로잡을 것인지는 또 다른 문제다. 그 해법 중 하나는 여자 기술직원을 더 많이 배치하는 것이다. 여성 디지털 지식인을(혹은 남녀 지식인 모두를) 활용하는 전략은 참으로 발 빠른 아이디어가 될 것이다.

베스트 바이 매장에 들어섰을 때 나를 맞이한 둥그런 디지털 카메라 탁자가 머릿속에서 떠나질 않는다. 나는 수년간 디자인 전문가와 교류해오면서 성 융합이 가장 뒤늦게 이뤄진 분야가 디자인과 건축이라는 사실을 알았다. 1970년 이전 시기에 활약한 여성 건축가 이름은 잘 떠오르지 않는다. 그런 건축가를 찾아냈다 해도 그것은 다른 누군가와 결혼했기 때문일 것이다. 오하이오 주 콜럼버스에서 디자인 및 브랜딩 전략회사를 운영하는 내 친구 엘르 슈트는, 소매점 디자인 분야의 혁신을 주도하면서 물리적 환경이 정신과 육체 양방향으로 사람들에게 영향을 미친다는 오랜 신념을 보여주는 인물이다.

엘르는 내게 공항에 길게 늘어선 줄에 한 사람을 세우면 이 사람은 관리 데스크 너머에 있는 직원을 목 조르고 싶은 충동을 느끼지만, 같은 사람을 대성당 안에 데려다 놓으면 그런 생각을 전혀 하지 않는다고 말했다.

엘르와 그녀의 회사는 쉬츠^{Sheetz}라는 미국 편의점과 함께 일한 적이 있다. 쉬츠는 주문을 받는 즉시 훌륭한 음식과 커피를 만들어주는 편의점이다. 엘르의 목표는 남성 고객을 유지하면서도 여성들이 편의점에서 더욱 편안함을 느낄 수 있도록 만드는 것이다.

"우리는 남성들을 겨냥해 원자재와 아연 도금 금속을 써서 편의점을 개조한 공장처럼 보이게 했어. 동시에 여성들을 위해 조악한 의자를 없애고 대신 원형과 곡선 형태로 앉을 수 있는 공간을 마련했지. 둥근 칸막이도 만들었어. 가게 색상과 천장 조명도 부드럽게 바꾸었고. 그런 다음 뾰족하고 가공도가 낮은 소재로 마감처리를 해서 전체적인 균형을 맞추었어. 이렇게 한 다음 여성들과 인터뷰를 해보니 바뀐 공간에 정말 만족하더라고."

하지만 엘르는 남자는 딱딱한 모서리, 여자는 곡선이라는 식의 지나친 단순화를 경계했다. 엘르의 말에 따르면 많은 여성들은 단지 덜 단조롭고 다양하며 무늬가 많은 매장 디자인을 선호한다고 한다. 엘르는 이어 말했다.

"최근 아르헨티나에 갔었는데 노점 시장을 걷다가 남녀가 쇼핑하는 방식이 무척 다르다는 인상을 받았어. 매장에서도 마찬가지라고 느꼈지. 남녀 모두 목적을 가지고 매장에 오지만 남자는 보통 목적한 대로만 쇼핑을 해. 반면 여성은 어떤 목적이 있었을지라도 주변 환경으로부터 다방면으로 자극을 받아. 시각, 소리, 색상이 여성의 감각을 활성화하는 셈이야. 여성의 두뇌는 쇼핑하는 김에 동시에 처리 가능한 다른 일들도 떠올리라고 신호를 받지. 여성이 쇼핑에 시간을 더 많이 쏟고 더 여유를 부리는 것처럼 보여도,

사실 여성은 시간을 현명하게 보내는 셈이야. 나중에 하루를 돌이켜보면 '아, 내가 현명하고 생산적으로 하루를 보냈구나.' 하고 느끼게 돼. 이런 맥락에서 남성보다 여성이 쇼핑에서 여러 가지로 만족감과 안락감을 더 크게 느낀다고 봐."

엘르는 이어 말했다.

"여성 디자이너가 공간을 더욱 총체적으로 사고하는 경향을 보이는 것도 이런 이유 때문이겠지. 난 종종 남자 디자이너에게 이렇게 말했어. '그게 아닙니다. 매장은 모서리가 아니라 전반적인 어울림으로 사고해야 합니다.' 남자 디자이너들은 이렇게 생각하는 것 같았어. '이 매장을 크게 만들 수만 있다면 더욱 성공할 텐데.' 문제는 현실이 간혹 자신의 생각과 어긋난다는 점이야."

패션 부티크부터 잡화점의 의약품 코너에 이르기까지 요즘에는 어느 매장을 둘러봐도 일부러 여성친화적인 분위기의 디자인으로 꾸민다는 인상을 받는다. 디자인을 보면 대개 곡선이거나 원형이다. 게다가 환경을 고려한다. 스테인리스보다 목재를 부각시킨다. 매장 내 공간이나 전시실도 네모꼴에 집착하지 않는다. 외관을 돋보이게 하는 조명과 쾌적한 의자가 있다. 심지어 벽에 붙이는 설비도 둥근 모서리다. 어느 날 누군가 일어나 이렇게 외친 듯하다. "저기, 잠깐만요, 세상이 온통 직선과 날카로운 모서리일 필요는 없지 않나요?"라고. 나는 이 모든 부드러운 환경이 디자인의 여성화 덕분이라고 본다.

인바이로셀이 일하는 분야는 매장 디자인이 아니다. 물론 우리 회사가 엑슨 모빌(미국 석유화학기업-옮긴이)에 가서, 여성들이 주유 펌프기와 기계 작동 때문에 애를 먹더라고 귀띔하면 이들은 그 조언을 받아들일 것이다. 우리가 H&M에 가서 "저 음침한 탈의실은 누가 디자인한 겁니까? 당신 아내나 여자 친구, 혹은 딸내미가 저 곳에 들어가 옷을 입어보면 좋겠어요?"라고 하면 이들은 탈의실을 다시 살필 것이다. 와인과 주류업계가 여성들의 미각을 묘사할 때 쓰는 마케팅 용어인 '가볍다, 산뜻하다, 환하다' 등을 요즘은 편의점들도 사용한다. 엑슨 모빌과 BP(영국 석유화학 전문회사-옮긴이)의 주유소 편의점을 살펴봐도 청결을 강조한다. 여기서 나는 내 첫 번째 책인 『쇼핑의 과학Why We Buy』이 조금은 기여를 했다고 생각한다(편의점 업체들이 내 조언을 마음에 새겼다는 사실이 기쁘다). 엑슨 모빌과 BP 둘 다 새로운 주유소를 여성친화적으로 만들기 위해 부단히 노력했다. 주유소에 딸린 편의점과 더불어 주유기와 아일랜드islamd(고정식 주유기의 하단 부분-옮긴이)를 제대로 마감질했고, 조명을 밝게 했으며, 세차가 수월하도록 공간을 설계했다. 기업이 소유한 주유소의 경우 구내를 청결히 유지하는 것이 무엇보다 우선이다. 우리가 여성들과 인터뷰해본 결과 새로운 주유소는 미국과 독일, 영국, 아일랜드에서 크게 성공하였다(반면 여성이 주유기를 사용하고 나서 손에 묻은 기름 냄새를 없애거나 기름을 닦아내기 위해 주유기에 있는 종이수건을 쓰는 경우가 많다고 그 증거를 보여줬는데도, 미 석유회사 아르코Arco의 CEO는 비용절감 차원에서 이 수건을 없앴다고 한다).

보는 시각에 따라 또 하나의 보너스로 여기거나 아이러니로 볼 수도 있는 현상이 하나 있다. 일반 편의점들이 청결하고 산뜻하며 환해지면서 여성 고객들에게 후한 점수를 얻은 반면, 십대 청소년들이 이곳에 체류하는 시간은 확연히 줄어들었다. 십대들이 더이상 편의점을 놀기 좋은 장소로 보지 않는다.

그렇다면 대형 집 수리 및 홈오피스 체인, 3미터가 넘는 선반들로 가득한 매장 등 여성을 쉽게 긴장하게 만드는 이 모든 업체들에게는 어떤 대책이 필요할까? 여성은 혼자 동떨어졌다는 느낌을 받거나, 근처에 출입문이 없거나 다른 고객이 보이지 않을 만큼 규모가 큰 장소에 들어서면 확실히 불안해한다. 그렇다면 이런 곳들도 전문매장으로 거듭날 수 있을까? 충분히 가능하다. 난 지금도 상상을 한다. 둥글게 설계한 공간에 스쿼시 의자^{squishy chair}(앉았다 일어나면 형체가 복원되는 의자-옮긴이)가 놓여 있다. 휴대전화 거치대가 곡선 모양으로 전시되어 있다. 서른 대가 아니라 다섯 대 정도의 프린터가 진열되었다. 카메라도 스물다섯 대가 아니라 석 대 정도다. 게다가 엡손과 휴렛팩커드 제품을 디자인적으로 둥글게 리본 모양으로 전시했다.

한번 이렇게 해보라. 그러면 여성들은 두 번 생각할 것 없이 25달러를 주고 흑백 잉크젯 카트리지를 사갈 것이다.

9장

여성과
죄악

7대 죄악이 무엇인지 기억하는가? 재빨리 인터넷으로 검색해 보면 떠오를 것이다. 바로 색욕, 식탐, 탐욕, 나태, 분노, 질투, 오만 이다.

'여성과 죄악'이라는 표현은 위에 열거한 죄악 중 그 어떤 것과 도 관련이 없다(여기서 말하는 죄악은 제복을 입은 장교가 발목에 사슬 을 채워 여성을 질질 끌고 가는 장면을 뜻하지 않는다). 그보다는 우리 삶에 활력소로 작용하는 일상적 쾌락에 여성들이 어떤 영향을 주 었고 또 이를 어떻게 변화시켰는지 말하려는 것이다. 이번 장에서 는 현대 여성들이 다양한 일을 해내는 모습이 아니라 온갖 짐을 내려놓고 일탈에 빠지는 모습에 주목하고자 한다.

이 꼭지에서는 네 가지를 살필 것이다. 일단 카지노에 들르고,

여성과 음식의 관계를 고민할 것이다. 그런 다음 주류 판매점을 방문하고 마지막으로 계산대 너머 담배 진열장을 들여다보기 위해 잡화점에 들를 것이다.

자, 이제 떠나보자.

첫 번째 죄악 : 행운의 여신이여 내게로

라스베이거스에 오신 것을 환영합니다. 일탈 장소가 370개 정도인 네바다는 미국에서 카지노 영업소가 가장 많은 지역이며 미국은 50개 주 중 여덟 개 주만 제외하고 현재 해안과 내륙 모두에 카지노가 있다. 근엄한 매사추세츠 주마저도 카지노 도입안을 저울질해왔다. 카지노에는 도박장만 있는 게 아니다. 경마장과 개 경주장, 유람선도 있다.

인간을 유혹하는 도박은 역사가 길다. 고대 이집트 무덤에서도 주사위가 출토되었을 정도다. 일찍이 기원전 200~300년경에 중국부터 로마까지 모든 문명권은 정교한 손놀림과 확률 게임을 알고 있었다. 1700년대 초 영국이 미국을 식민지화하던 시절에 도박이 알려지면서 식민자금 중 일부는 '자발적 세금'인 복권으로 조달되었다.

미국의 카지노 산업은 본래 남성들이 만들고 소유하며 운영해왔다. 생각해보면 놀랄 일도 아니다. 그런데 오늘날 카지노 산업의 영역에 여성 고객들이 들어오고 있다. 카지노 업계가 테이블 게임이나 카드 게임보다 슬롯머신이 더 짭짤하다는 사실을 깨달으면서 도박산업에 마법 같은 시기가 찾아왔다. 이를 대충 옮기자면 남성 고객보다 여성 고객이 돈벌이에 더 유리하다는 뜻이다.

1980년대 후반까지 슬롯머신이란 백화점이나 전문 매장에서 남성들이 주로 앉는 벤치나 의자와 다를 바 없었다. 이 시기를 제외하고 슬롯머신은 여성 고객들이 차지한 공간인 반면, 테이블은 남성들이 블랙잭, 크랩(주사위 도박의 일종-옮긴이), 키노(복권과 유사한 게임-옮긴이), 바카라 등 온갖 도박을 하면서 돈을 잃는 곳이었다. 라이 위스키(호밀 51퍼센트 이상을 원료로 증류한 위스키-옮긴이)를 마시고 호기가 조금 발동하면 정도껏 돈을 걸었다. 그러다가 남성들은 가벼운 주머니로 집에 돌아가지만 그렇다고 어떤 교훈을 얻은 것도 아니었다.

다시 1980년대로 돌아가보면 당시 카지노 산업은 돈을 딴 남성 혹은 이보다 더 많은 돈을 잃은 남성들만을 고려해 소매점을 열었는데, 이곳에서 남자들은 부인에게 '용서를 빌' 선물을 살 수 있었다. 슬롯머신이 카지노를 장악하고 양질의 소매점이 중요해지면서 미국의 카지노 산업은 근본적으로 바뀌었다. 시저스Caesars 호텔에 있는 포럼 숍Forum Shops은 세계에서 가장 성공한 쇼핑몰이다. 베네치아Venetian 호텔 그리고 가장 최근 윈Wynn 호텔의 쇼핑 공간도 여성 관광객의 중요성을 보여주는 대단히 훌륭한 사례다. 놀랍게도 성역할이 바뀌면서, 현재 도박 테이블에는 남성이 상주하는 반면, 슬롯머신에는 여성이 자리를 차지하고 앉아 달러와 동전(요즘에는 선불 카드)을 투입한다.

물론 카지노 업계가, 판돈에서 지급액을 제한 세전금액이자 동시에 복권과 합법적인 경마, 빙고, 인디언 보호구역의 도박장, 카드게임 그리고 상업 카지노에서 벌어들인 수익을 뜻하는 미국 도박시장의 총매출이 1992년 582억 달러에 달했음을 모를 리 없었다. 2007년, 도박시장의 총매출을 마지막으로 측정했을 때 그 액수는 923억 달러에 달했다. 현재 미국의 5대 카지노 시장은 라스베이거스 스트립, 애틀랜틱시티, 시카고랜드(인디애나 주와 일리노이 주에 걸쳐 있다), 코네티컷 주, 디트로이트 순이다.

놀랄 만큼 성공적으로 진화한 카지노 산업은 여성들을 끌어들이기 위해, 이들이 어린 시절 보며 자란 아련한 텔레비전 방송을 추억할 수 있도록 슬롯머신을 고안했다. 즉 1960년대 텔레비전 오락물인 〈길리건의 섬Gilligan's Island〉(야생의 모험을 그린 시리즈물-옮긴이)〉 〈비버리 힐빌리즈The Beverly Hillbillies〉(유전 발견으로 졸부가 된 가족이 비버리 힐즈로 이사 오면서 겪는 이야기-옮긴이) 〈내 사랑 지니I Dream of Jennie〉(지니가 들어 있는 호리병을 주운 우주 비행사 이야기-옮긴이)〉 그리고 퀴즈쇼인 〈행운의 바퀴Wheel of Fortune〉 〈제퍼디Jeopardy〉 〈더 프라이스 이즈 라이트The Price Is Right〉 등 낮 시간에 인기리에 방영된 장수 프로그램들이 그런 추억의 대상이었다.

몇 년 전 나는 네바다 주 리노Reno에 있는 슬롯머신 장비업체인 IGT의 창의력팀과 함께 황홀한 주말휴가를 보낸 적이 있다. 우리는 도박기계의 미래를 놓고 아이디어를 짜느라 고심했다. 우리의 목표는 팀플레이를 유도하면서 동시에 개인플레이도 가능한 방법을 고안하는 것이었다.

여성이 카지노 산업에 큰돈을 안겨주면서 슬롯머신은 도박이라기보다 유흥거리가 되었다. 1950년대의 슬롯머신 기계가 21세기 들어 오락기가 된 셈이다. 그리고 이와 관련한 모든 것이 바뀌었다. 투입한 돈의 일정금액을 지급하도록 슬롯머신이 제작되었고, 카지노장이 화려해질수록 그 지급액은 낮아졌다. 그리고 고객이 잭팟에 접근하기 쉽도록 기계를 만들었다. 또 다른 혁신으로 한 번에 한 번 이상 배팅할 수 있도록 한 다중 플레이도 있었다. 카지노의 엄청난 돈벌이는 페니 머신penny machine이었다. 한 번 게임할 때 1페니를 거는 게 아니라, 1페니를 쪼개 여러 번 배팅하는 것이다. 이렇게 하면 멀티 빙고 게임처럼 그림을 맞춰야 하는 슬롯머신에 사람들이 더 쉽게 빠져든다. 페니 머신은 특히 여자들 사이에서 인기가 높다.

이런 진화 외에도 여성들이 상당한 돈을 안겨주는 고객이라는 점은 카지노 측이 여성을 위해 영업장을 더욱 안락하게 꾸밀 이유로 충분했다. 요즘 현대식 카지노에 가보면 부드러운 고급 천을 씌운 편안한 의자가 있다. 일자형 등받이 사무실 의자나 추레한 빨간색의 등 없는 의자는 사라졌다. 심지어 여성들이 지갑을 걸어놓는 장소도 있다. 인건비를 절감하고 위생 문제를 해결하기 위해 동전 대신 선불 카드도 도입했다(여기에도 '청결'이라는 말이 나온다).

이런 맥락에서 손님의 도박 기록이 담긴 고객 카드를 도입한 것은 지극히 당연했다. 생각해보면 현대식 카지노는 도박과 충성심의 불온한 조합이며, 고객 카드는 카지노가 개인의 도박기록을 남겨서 고객이 쏟아부은 돈에 따라 혜택을 주는 수단이다. 테이블에서 거액을 쓴 남성 고객이 전통적으로 공짜 스위트룸과 리무진 서비스, 기타 오직 신만이 아실 그 무엇을 제공받았다면, 도박에 100달러를 쓴 여성들은 그날 밤 뷔페에서 쓸 수 있는 5달러 할인 쿠폰을 지급받았다. 물론 여기서 공짜란 그 쿠폰을 받기까지 '실제' 지출한 돈은 생각하지 않았을 때 이야기다.

카지노 영업장의 위층인 호텔로 올라가보자. 연인과 함께 그날 밤을 보내기로 한 여성이 이곳에 들어와 텔레비전을 켜면 어떤 여성이 나와서 크랩부터 블랙잭까지 각 게임에 대한 규칙과 세부사항을 설명해준다. 그 의도는 우리의 예상과 다르다. 카지노는 여성을 슬롯머신에서 떼어놓으려는 게 아니다. 여성은 너무나도 바람직하고 꾸밈없으며 믿음직한 고객이다. 이 방송은 일반 여성이 온통 남성뿐인 도박 테이블에서 설령 여자 딜러가 있다 해도 다소 어색하거나 불편한 인상을 받을까봐 만든 것이다. 무엇보다도 호텔식 카지노는 여성들이 카지노 영업소에서 '두루두루' 편안함을 느끼도록 유도하는 데 관심이 높다. 좋든 싫든 도박장에서 전통적인 여성의 역할은 남자들이 옆에 대동하는 존재였다. 따라서 여성들은 호텔 방에 들어갔을 때 시가를 입에 물고 가수 루이스 프리마Louis Prima 같은 목소리를 내는 끄나풀 같은 남자보다는 여자 원격 강사가 나와 설명을 하면 더욱 편안함을 느낄 것이다.

다시 슬롯머신 앞에 앉은 이 여성은 만족해한다. 슬롯머신은

테이블에서 게임하는 것보다 사적이고 친밀하다. 상황이 꼬일 일도 없다. 게다가 슬롯머신 구역에는 여자 직원이 있고 이들이 환전업무도 해준다. 따라서 여성이 앉아 있기에 안전한 공간이다. 오락으로 위장한 도박은 화려한 빛깔의 달콤한 술을 홀짝이는 것과 같다. 그래서 우리는 몸을 비틀거리며 집에 돌아가기 전까지 그 안에 알코올 성분이 숨어 있다는 사실을 깨닫지 못한다.

두 번째 죄악 : 파멸을 향한 식욕

평소 알고 지내는 여성과 함께 점심을 먹으려고 사무실 바로 앞 모퉁이 가게의 식탁에 앉았다. 나는 치즈버거와 감자튀김을 먹었고, 여성은 오일에 식초를 섞은 드레싱으로 샐러드를 먹었다.

식욕은 두말할 나위 없이 인간의 기본욕구지만, 나를 비롯한 많은 이들은 여성이 음식 때문에 고민한다는 사실을 잘 안다. 내가 아는 대부분의 남성들은 먹는 행위를 전혀 죄스럽게 여기지 않는다. 이전 장에서 언급했듯이 나이 든 남자들은 늘씬한 몸이 아닌 배우자와 가족을 부양하는 능력에서 자부심을 느낀다(세속적인 판단도 그렇다). 하지만 여성들은 꼭 그렇지만은 않다.

여성들이 미용을 위해 한다는 온갖 자기학대 행위는 참 다양하다. 살 빼는 약, 변비약, 각성제, 심지어 흡연 욕구까지. 외모 관리는 여성들의 주요 관심사이자 주요 산업이다. 내 기억이 정확하지 않을 수도 있지만, 1960년대에 성년을 맞이한 나는 우리 서클에 주기적으로 마리화나를 피우던 여자가 몇 명 있던 것으로 기억한다. 짐작컨대 주전부리에 손을 대지 않으려고 그랬던 것 같다. 먹는 행위는 자기비하식의 죄책감뿐 아니라, 오늘날 베스트셀러 목록에 별도 항목이 생길 만큼 규모가 커진 자기계발서 시장과도 떼려야 뗄 수 없는 관계를 유지하고 있다. 나는 나와 동거를 하려고 이사 온 여성이 자신의 짐 중 책을 맨 먼저 풀던 일이 기억난다. 그중 스물다섯 권이 그런 책들이었다. 『악몽 같은 150일150 Dates from Hell』처럼 웃긴 책부터 『마흔 넘어 찾는 사랑Finding Love After Age 40』처럼 가슴에 사무치는 책까지 종류도 다양했다(내가 기억하는 것이라곤 그 여성이 결국 나와 헤어졌다는 것이다. 이런 책 때문에 그런 선택을 했던 걸까).

2004년에 나온 영화 〈퀸카로 살아남는 법Mean Girls〉을 보면 십대 여자아이들이 모여 자기 비하를 주고받는 장면이 나온다. 한 명이 말한다. "내 종아리는 밉상이야." 그러자 또 다른 소녀가 말한다. "어우, 내 엉덩이는 너무 커." 곧바로 이어지는 말들. "내 머리카락은 왜 이렇게 난 거니?" "내 모공 좀 어떻게 했으면 좋겠어." 그리고 날 웃긴 한 마디 "내 손톱 아래는 너무 흉해." 남자들도 다른 친구들과 방 안에 모여 이런 말을 내뱉을까? 혼자서 그런 생각을 할 수는 있겠지만, 다른 사람 앞에서 이런 점을 인정하려들까? 내 경험에 따르면 아니다. 그리고 나 같은 경우는 거울 앞에 버티고 서서 내 턱과 코, 손톱 밑에 대해 나지막이 저주를 퍼붓는 습관조차 없다.

여성이 자아 및 신체나 얼굴과 맺는 위태로운 관계를 이용해 비즈니스는 수십억 달러를 벌어들인다. 1997년 이후 미국에서 총 미용시술 건수가 162퍼센트 증가했다. 미국 미용성형협회에 따르면, 2008년 1,000만 건에 달하는 외과 및 비외과 성형시술에서 여성 환자가 92퍼센트를 차지했다고 한다. 수년간 여성이 가장 많이 받은 시술은 지방흡입술이었다. 그렇지만 2008년, 지방흡입술은 가슴확대술과 보톡스에게 1위 자리를 내주었다. 그해 미국인이 미용시술에 지출한 120억 달러 중 일부가 이런 시술에 쓰였다.

치아미백의 현황은 어떨까? 치과 내원 및 처방 외 치아미백제를 포함할 때 치아미백은 3억 달러에 달하는 산업이다. 미국 미용치의학회가 실시한 연구에 따르면, 지난 몇 년 사이 치아미백 시술은 300퍼센트 증가했다고 한다.

그동안 전반적인 다이어트 식음료산업이 그 직접적인 공략 대상인 여성에게 크게 영향받았음을 보여주는 설득력 있는 근거는 쉽게 찾을 수 있다. 지방 함량을 줄인 트리스킷^{Triscuit} 비스킷, 기름기 없는 쇠고기, 저지방 우유, 다이어트용 탄산음료, '구운'과자 등이 바로 그런 제품들이다. 심지어 사탕 제조업체들도 자기네가 만든 박하사탕은 지방이 없다고 강조한다. 미국인은 매일 평균 1억 900만 달러를 다이어트와 다이어트 관련 제품에 지출한다. 미네소타 대학이 실시한 연구에 따르면, 열아홉 무렵이면 전체 대학생 나이대의 여성 중 5분의 1이 살 빼는 약을 사용한 경험이 있고, 다이어트를 시작한 여성의 경우 장차 흡연을 할 확률이 두 배 높다고 한다. 이러한 두 가지 통계는 젊은 남성에게는 전혀 해당하지 않았다. 내가 온라인에서 읽은 어느 보고서는 미국 여성 중 80퍼센트가 자신의 몸매와 외모 때문에 불행하다고 느끼고, 어떤 시기든 미국 여성 둘 중 한 명은 체중감량 다이어트를 한다고 전했다. 게다가 이들 여성 중 5퍼센트와 남성 중 1퍼센트는 거식증과 폭식증으로 고통을 겪고 있다고 보고했다.

여성들이 처한 이 모든 자기불신과 자기학대는 어디에서 나온 걸까? 당연한 말이지만 매일 우리 눈앞에서 떠도는 문화적 이미지는 현대 여성에게 어느 정도 영향을 미쳤다. 패션 잡지든 영화 잡지든, 마른 몸매와 아름다운 외모, 화려한 모습을 찬양하는 온갖 매체가 여기에 일조했다. 이와 더불어 앞서 말했듯이 많은 여성들 그중에서도 특히 주부들이 평생을 죄의식과 싸우며 보낸다는 점도 기억해야 한다. 내가 아는 여성들 중에도 자신이 처한 현실 때문에 갈등하는 이들이 꽤 많았다. "나는 이 모든 걸 누릴 수 있어."라는 생각과 "이 모든 걸 누려서는 안 돼."라는 심리가 팽팽히 맞서다가 이내 "모든 걸 누려도 괜찮아. 그렇지만 대신 뭔가를 희생해야 해. 남편이든 일자리든 내 아이들이든 어느 하나를 포기해야 해."라고 되뇌고 만다. 마사 스튜어트 같은 살림 전문가들이 인기를 끌고 있지만, 한편으론 이들 때문에 뿌듯함보다는 자괴감을 느끼는 여성들이 많아졌다. 여성에게 성공한 삶이란 무엇인가? 배우자를 만나 자녀를 낳는 것인가? 직장에서 성과를 쌓는 것인가? 참으로 어려운 문제다.

「뉴스위크Newsweek」의 기사에 따르면, 연구 결과 많은 남성들은 건강상의 이유나 건강에 대한 위협 때문에 다이어트를 하는 경우가 많은 반면, 친구들과 몸매를 비교하는 경향이 짙은 여성들은 보통 사회적 압력 때문에 다이어트를 한다고 한다. 또 여성들은 다른 여성들에게도 관대하지 못하다고 한다. 이들은 서로에게 잔혹하게 굴며 어린 시절부터 이런 행동을 시작한다. 여성이 느끼는 자아존중감 또한 자신이 성취한 일보다는 자신의 외모나 가지고 다니는 물건과 관련 있다. 다행히도 광고업자 중에 여성들의 자존감을 높이고자 애쓴 이들이 있었다. 도브 비누는 '진짜 여자들real women(사회의 미적 기준과 달리 가슴이 빈약하거나 뚱뚱한 여성, 주근깨투성이 또는 백발에 나이 든 여성들을 모델로 세운 광고-옮긴이)'이라는 유명한 캠페인을 벌였다. 하지만 이 역시 패션 산업이 말하는 바람직한 여성의 외모와 그들이 실제 하는 행동이라는 풀리지 않는 간극을 다시 한 번 확인시킨 것에 불과할지도 모른다.

다음에 나오는 두 가지 죄악 역시 가끔씩 울적해지는 자아의 모습과 맞닿아 있다.

세 번째 죄악 : 그녀 눈에 들어간 연기

앞서 말했듯이 담배와 여성이라는 주제는 체중감량과 어느 정도 관련이 있다. 광고업자들도 이런 사실에 주목했다. 여성을 공략한 담배는 길고 가늘며 빨대 같은 모양이다. 또 식욕을 잡고 지방 분자를 없애주는 눈부시게 하얀 마술봉으로 묘사된다. 따라서 여성들이 보통 100밀리미터짜리 긴 담배를 피우는 것도 아이러니는 아니다. 나와 친한 이성 친구는 담배를 자주 피우는 편은 아니지만, 피우게 되면 늘 '냇 셔먼 판타지아Nat Sherman Fantasia'를 산다. 이 101밀리미터 길이 담배는 길고 얇으며 파스텔 색상이다. 담배 산업이 시도한 혁신 중 중요하면서도 가장 사악한 일은 바로 몸매 때문에 우왕좌왕하는 여성 흡연자를 공략한 것이다. 내가 아는 여성 중에는 카멜 와이드Camel Wide(길이가 짧고 몸통이 굵은 담배 브랜드-옮긴이)를, 그리고 마찬가지 이유로 두툼하고 짤막한 담배를 피우는 사람이 없다. 담배 브랜드인 버지니아 슬림Virginia Slim은 토머스 제퍼슨Thomas Jefferson이나 몬티첼로Monticello와는 아무 관련이 없다. 이들의 목적은 여성들이 여러 가지 건강 문제에 눈감고 마른 몸과 같은 이상적인 이미지만 얻고자 할 뿐이다(토머스 제퍼슨은 버지니아 주 몬티첼로에서 태어났다-옮긴이).

그래서인지 여성들은 '가벼운' 담배를 피우면 공중부양을 할 수 있을 만큼 공기처럼 가볍고 날씬한 요정이 될 수 있다고 믿는 듯 보인다.

담배산업이 겪은 온갖 시련 중 하나는 담배세가 오르면서 예전보다 매출이 떨어진 현실이다. 담배를 살 만한 장소가 줄면서 편의점은 돈 주고 제 명을 단축하려는 사람들이 몰리는 대표적인 곳이 되었다. 두 번째로 인기 좋은 담배 구입처는 약국잡화점이었다. 이곳은 담배산업 내부에 많은 논란을 불렀다. 공공연하게 고객의 건강을 내세우는 장소에서 담배까지 취급하는 게 옳은 걸까? 만약 옳지 않다면, 담배를 대체하면서 수익에도 손해를 주지 않는 제품은 무엇일까? 이에 대한 부분적 해법으로 월그린 같은 대형 잡화점은 담배를 팔면서 그 바로 옆에 니코레트Nicorette 같은 금연보조제와 금연패치도 함께 판매한다.

잡화점과 편의점에 주목할 점이 또 하나 있다. 담배 판매가 이 매장들이 들어선 동네의 특성을 여실히 보여준다는 점이다. 부자 동네의 경우 담배 매출은 적은 편이다. 사실상 이곳에 사는 사람들은 담배를 끊었기 때문이다. 생산직 노동자가 많은 동네에는 흡연인구가 훨씬 많다. 그렇다, 이쯤이면 담배의 기능을 다들 눈치 챘을 것이다. 담배는 주머니가 가벼운 사람들에게 비교적 저렴한 탐닉물로, 점점 값이 오르더라도 잠시나마 긴장을 풀어주는 역할에는 변함이 없다. 부자 동네에 산다면 아마도 이러한 흡연충동을 블라우스를 새로 장만하거나 BMW 오픈카를 타고 질주하며 해소할 것이다. 흡연은 시간을 잠시 멈추는 행동이다. 즉 바쁜 하루를 보내며 잠시 쉼표와 마침표를 찍는 행위인 것이다. 게다가 많은 이들에게 마땅히 누릴 만한 휴식시간이기도 하다.

네 번째 죄악 : 와인, 여성 그리고 노래
이제 우리는 술집에 들어왔다. 옛날 헛간처럼 지은 이곳에 들어오니 옛날 맥주의 거품 냄새가 나는 듯한 착각마저 든다.

인바이로셀은 리큐어 매장과 함께 일하면서 테리어 종처럼 고집 세고 외골수 기질이 있는 구매자들은 대개 위스키 브랜드인 잭 다니엘스Jack Daniel's를 꾸준히 찾으며, 이들이 남성이라는 사실을 알왔다. 일단 이 고객들은 매장에 들어오면 선반으로 직행해 짙은 색상의 먹이를 낚아챈 다음 돈을 지불하고 바로 자리를 뜬다. 남녀를 불문하고 매장을 찾는 모든 고객 중 이 집단이 매장에서 머무는 시간이 가장 짧다. 이들은 다른 물건은 살 생각도 없거니와 고려조차 하지 않는 듯하다. 이들은 자기에게 필요한 물건만 손에 넣으면 그만이다. 주류 소매 전문점이든 슈퍼마켓이든 이들의 행동에는 변함이 없다.

반면 여성 소비자들은 다르다.

인바이로셀은 맥주와 알코올 산업에 종사하는 다수의 대기업과 일해왔다. 이들과 일하면서 우리는 술집부터 레스토랑 심지어 포도농장에 있는 시음실까지, 알코올을 파는 각종 소매점을 둘러보았다. 리큐어와 여타 모든 산업의 마케터들은 여성 소비자를 끌어들이기 위해 세 가지 영향력 있는 단어를 쓴다. 바로 가볍고 산뜻하며 환하다는 형용사다. 주류에서 이 표현은 화이트 와인, 가벼운 맥주, 여타 화려하고 활기차며 다채로운 모든 제품을 뜻한다. 이러한 온갖 제품 중에서도 특히 화이트 와인은 지난 몇 년간 매출이 치솟았다.

그렇지만 생각해보면 이 모든 단어들은 청결과 체중조절을 비롯해 여성들의 고전적인 고민이나 관심사와 맞닿아 있지 않은가? 화이트 와인을 마시는 것이 진이나 보드카 같은 맑은 액체를 마시는 것이 선반 위에 놓인 갈색의 술을 마시는 것보다 늘씬한 몸매에 도움이 된다는, 합리적이지 못한 믿음이 깔려 있지는 않은가?

화이트 와인은 더 깨끗해 보일 뿐 아니라 덜 혼탁해 보이는 술로, 여성의 머릿속에 낮은 칼로리로 환산되는 가벼움을 내세우는 제품이다. 보통 '풍부한 맛'으로 묘사되는 레드 와인은 이런 이유 때문인지 여성들에게 외면받는다. 짙고 걸쭉한 진흙빛 음료들이 전통적으로 남성을 사로잡은 것도 이와 같은 맥락으로, 이 음료들은 아버지 분위기 그리고 지난 세월 쌓아온 이미지를 없애느라 애를 먹고 있다. 이제 보니 스카치와 위스키는 색깔마저 고풍스럽다.

내 이성 친구 중 하나는 밤에 만나 놀기로 한 다른 여자 친구들과 외출 전에 다음과 같이 서로 합의한 이야기를 전해주었다. "와인은 몇 잔까지 마실까? 외출 전에 얼마만큼 먹어둘까?" 참으로 서글픈 사실이다.

아무튼 대다수 여성에게 오랜 세월 즐거움을 안겨준 럼과 '콜라'가 이제는 럼과 '다이어트 콜라'로 대체되는 분위기다.

이 문제를 좀더 살펴보면, 식이장애로 고통받는 여성의 경우(때로는 남성도 해당한다) 알코올 남용과 폭식 사이에 상관관계가 있음이 입증되었다. 그 이유는 능히 짐작 가능하다. 여성은 뭐든 먹고 마신 다음 알코올을 흡입해 먹은 음식물을 모두 게워내고, 최악의 경우 이 과정을 처음부터 반복하기 때문이다.

여성 소비자들이 찾는 것은 화이트 와인만이 아니다. 여성들은 혼합주 코너에서도 서성거리다가 눈에 띄는 제품 하나와 인연을 맺는다. 바나나 혼합주 신제품이거나 새로 나온 커피 리큐어, 아니면 딸기나 기타 다른 것을 섞은 제품일 수도 있다. 리큐어 제조사들은 신제품 시음회에서 여성 소비자들의 반응을 살필 수 있는 유용한 방법을 찾아냈다. 바로 선보이려는 리큐어를 작은 유리잔에 담아 쟁반 가득 올린 뒤, 젊은 사람이 생글생글 웃으며 시음을 권하는 방법이다. 두 번째 접근 방법은 여성들이 보통 다른 여성들을 위해 리큐어를 산다는 사실에 그 실마리가 있다. 상황이 이렇다면 매장들은 리큐어를 비치한 장소를 더 세심하게 살펴야 하지 않을까?

인바이로셀은 세계적인 음료회사 디아지오Diageo와 일하면서 소비자들이 새로운 음료를 시음하는 또 다른 통로가 바로 친구의 유리잔이라는 사실을 알았다. 내 짐작으로 여자들은 남자들보다 한 모금씩 나눠 마시는 경우가 더 많다. 전에 이 회사가 마티니 헤네시Hennessy를 세상에 선보였을 때, 경영진은 젊은 여성을 고용하여 사람들이 많이 오가는 다양한 장소에 헤네시를 가득 채운 쟁반을 들고 가 시음을 권하게 했다. 요즘에는 이것이 일종의 경향으로 자리 잡았다. 그래서 술집들은 홍보용으로 리큐어 브랜드를 들여놓는다. 어느 날 밤에 가보면 벡스 맥주Beck's beer를, 다음 날 가보면 수박 리큐어를, 또 그다음 날 밤에는 압생트가 놓여 있다. 뉴욕시티의 온갖 하위문화가 퍼져 있는 온라인에 들어가보면, 술에 굶주린 젊은이들이 오늘 밤은 어딜 가면 공짜 술을 퍼마실 수 있는지 정보를 올려놓았다. 그래서 소득이 변변치 못한 맨해튼의 많은 술고래들은 공짜로 주는 최신 리큐어를 찾아 여기저기 장소를 어슬렁거린다.

그렇다면 여성은 맥주를 어떤 식으로 접할까? 지난 몇 년 동안 연구한 결과 우리는 다음과 같은 사실을 발견했다. 편의점에 들어온 남성들은(편의점 고객의 60퍼센트는 독신 남성이다) 구입한 여섯 개들이 맥주를 갈색 종이봉투에 담아 바로 나가버리는데, 이는 자기가 마시려고 사는 경우다. 반면 여자들은 편의점에서 열두 개들이 맥주를 구입하는데, 슈퍼마켓에서 가족을 위해 장을 보듯 친목 모임에서 마시려고 사가는 것이다. 하지만 맥주업체는 여성 고객들뿐 아니라 회식이 주를 이루는 각종 사교모임에서 맥주를 마실 수 있도록 맥주에 대한 인식을 바꾸기 위해 적극적으로 노력한 적이 없다. 맥주업계는 라임을 곁들여 마시는 코로나 맥주를 정열적인 멕시코 요리를 먹는 장면보다는 바자 해변에 누워 태양 아래 오일을 바르고 일광욕을 즐기는 풍경을 떠올리도록 홍보했는데, 이는 마치 업계의 기본방침처럼 보였다. 역사상 양조업계는 계속해서 맥주를 남자들의 음료로 포장하는 데 초점을 맞추었다. 반면 와인 산업에는 이러한 문제가 없다. 하지만 내 경우 맥주 없이는 먹을 엄두가 안 나는 요리가 있다. 바로 중국 요리와 태국 요리, 그리고 같은 맥락에서 온갖 매운 요리 종류들이 그렇다.

인바이로셀이 브라질에 있는 브라흐마Brahma 사와 처음 일했을 때, 우리는 맥주 진열대에 여성이 선뜻 다가가게 하려고 애썼다. 또한 요염하고 풍만한 우유 아가씨가 연상되는 제품 이미지 대신 기념일에 모인 가족들의 이미지를 심으려고 부단히 노력했다. 그러자 브라흐마의 매출액이 급등했다. 미국의 맥주업체들은 주저 않고 이 콘셉트를 십분 활용했다.

밀러 라이트Miller Lite(여기에도 라이트란 말이 들어간다)는 본래 칼로리 함량을 낮춰 여성들을 겨냥한 제품이었다. 이 회사 역시 여성 소비자들이 자사 브랜드를 선택하리라 장담했다. 하지만 여성들이 이 제품을 사서 집에 갖다놓아도, 남자들은 여기에 손도 대지 않았다. 결국 밀러는 '맛은 최고, 포만감은 적게Tastes great, less filling'라는 식으로 광고 문구를 조금 수정했다. 이는 맛이 좋을 뿐 아니라 남자들이 트림도 덜 한다는 뜻이다. 이것이 제대로 효과를 볼지는 잘 모르겠다.

여자 고객을 끌어들이고 싶은 욕심에 제조업체들은 와인 병에 붙이는 라벨도 조금 바꾸었다. 하지만 나는 바로 이 부분이 초점에서 벗어났다고 본다. 내 경험에 따르면 제조업자가 라벨에 메리케이Mary Kay 핑크색을 입힌다고 해서 여성친화적이 되진 않는다. 정작 필요한 것은 다음과 같은 질문이다. "여성들이 와인을 고르는 기준은 무엇인가?" 이는 포도 및 그 원산지와 관련이 있을지 모른다. 와인을 곁들일 때 최고의 맛을 내는 음식과 관련이 있을 수도 있다. 이러한 핵심 질문을 놓친 채 와인 제조업체들은 온갖 깜찍한 이미지로 여성에게 다가서려고 했다. 내 생각에 와인 라벨이 예술작품을 흉내 낼 필요는 없다. 이와 관련해 조언하자면 우선 와인은 맛이 훌륭해야 하고 관심을 보이는 소비자에게 이를 홍보해야 하며 '그다음에' 포장을 예쁘게 해야 한다.

2부 여자들이 지갑을 여는 순간

10장

왜 그 의류매장에는
사람이 늘 북적일까?

나는 지금 교외에 있는 메이시 백화점Macy's department store 2층을 거닐고 있다. 주방용품과 침구를 지나 남성의류(목욕가운, 정장, 낙타털 외투, 겨울 파카)를 둘러보고, 십대들이 입는 그래피티 스케이트보드복을 구경한 다음, 그 옆에 진열된 신학기 도시락통과 학생가방을 구경했다. 이곳은 침실과 욕실 코너로 이어지고, 바로 근처에 있는 램프와 조명 매장, 그리고 다시 가전제품 코너로 자연스럽게 연결된다. 그러다보니 이런, 여행가방 매장까지 와버렸다.

내가 사려는 물건은 단순한 브이 형 스웨터 하나였는데 이것이 왜 이리도 어려운 걸까?

현재 백화점들은 쇼핑몰과 연결되어 있거나 주요 주차장이 만원일 때 들어오고 나가는 출입구로 기능하며 여전히 우리 주변에 머물러 있다. 백화점은 변함없이 다목적 쇼핑 공간이고 중앙무대이자 아고라다. 여성들은 벨트부터 아동복, 지갑과 핸드백, 의자와 안락의자, 야외정원용 가구, 독서등, 헨켈 주방용 칼, 퀸 사이즈 매트리스까지 온갖 제품을 둘러보며 몇 시간이고 백화점에서 보낼 수 있다.

1860년대에 백화점이 처음 등장하자 소비자들은 직접 보지도 못한 채 동경만 했던 온갖 화려한 제품과 서비스를 접할 수 있게 되었다. 또 백화점은 옷, 가구, 침구, 장난감, 게다가 화장품과 향수에 이르기까지 풍요로운 삶의 표본을 보여주며 사람들을 감질나게 했다. 19세기 백화점은 꿈과 야망을 실현하고, 고된 노동을 견디며 신분상승을 이루도록 이끄는 유일한 발판으로 기능하며 사람들에게 환상을 부추겼다.

이 과정에서 사람들이 의식을 잃을 경우를 대비해 에스컬레이터 제일 위에는 스멜링 솔트smelling salt(피로가 극에 달한 권투선수에게 냄새를 맡게 하는 일종의 피로회복제-옮긴이)를 쥔 간호사가 사람들을 맞이했다.

하지만 150년이 흐른 뒤 대다수 백화점의 유동인구는 급격히 줄어들었다. 백화점은 어쩌다가 이렇게 휑한 공간이 되어버렸을까? 이 질문에 또 다른 질문을 던지며 답을 찾고자 한다. 당신이 아는 현대 여성 중 서너 시간 이상을 쇼핑에 바칠 수 있는 사람은 얼마나 되는가?

메이시 백화점의 의류 코너에 들어서자 매장 바닥이 각각 나뉜 모습이 눈에 들어왔다. 이를 '영지' 정도로 칭하자. 작은 브랜드 왕국이라는 뜻이다. 각 구역은 저마다 유명 디자이너의 이름을 달고 있다. 랄프 로렌Ralph Lauren, 타미 힐피거Tommy Hilfiger, 캘빈 클라인Calvin Klein, 리즈 클레이본Liz Claiborne, 마이클 코어스Michael Kors 이런 식이다. 미국의 현대식 백화점들은 소매점을 유명 패셔니스타에게 임대하는 전통적인 일본식 모델로 넘어갔다. 대문자로 크게 쓴 디자이너 라벨을 '작은 검은색 드레스가 있는 곳' 혹은 '당신이 찾는 지갑이 있는 곳'이라고 적어놓은 표지판과 비교해보라. 후자가 단연 돋보인다. 간단하고 명쾌하기 때문이다. 캘빈 클라인 브랜드 추종자라고 서슴없이 말하거나, 타미 힐피거 제품이면 뭐든 상관없다는 여성 소비자는 정말 드물다. 전형적인 여성 소비자들은 디자이너 이름만으로는 어떤 공감대를 느끼지 못한다. 여성은 단지 자신에게 맞는 드레스를, 꼭 맞는 지갑을 찾을 뿐이다.

한번 생각해보라. 머리 위 광고 게시판에 '실테스트Sealtest' '프록터 앤 갬블Procter&Gamble' '페퍼리지 팜Pepperidge Farm'처럼 업체 이름을 써놓고 그 앞에 슈퍼마켓처럼 유제품, 비누, 과자를 죽 진열해놓은 풍경을. 쇼핑객들은 아마 머리를 쥐어뜯을 것이다.

문제는 이것이다. 3~4층짜리 백화점을 돌아다니며 물건을 고를 시간과 에너지가 여성에게 남아 있을까? 더군다나 언제 깰지 모를 아기를 투박한 유모차에 눕히고 이를 끌고 다녀야 하는 주부라면?

패션 전문점인 노드스트롬Nordstrom은 여성 의류 코너의 사이니지^{signage}(상품 광고와 브랜드 이미지를 보여주는 시각매체-옮긴이)를 재구성해 남들보다 앞서나갔다. 머리말 표지에는 소비자들이 궁금해하는 스타일이나 분위기, 감성 등을 명시했다. 그래서 소비자들은 '마이클 코어스'나 '이세이 미야케'라는 이름 대신 '클래식 의상' '고풍스런 의류' '도회적인 옷'이라는 표지물과 마주하게 되었다. 그렇지만 솔직히 말해서 아직도 난 여성들이 이런 표지물에 크게 눈길을 줄 것 같지는 않다.

명심할 것은 1860년대 백화점들은 시장지분을 탐내기도 했지만, 한나절 이상 외출할 여유가 있는 중산층 여성들을 겨냥했다는 점이다. 그 시절을 돌이켜보면 이런 규모의 매장을 쇼핑한다는 것은 만만치 않은 일이었다. 아주 특별한 외출이었다. 아마도 쇼핑을 계획한 여성은 교외에서 열차를 타고 왔을 것이다. 또 친구와 점심을 먹거나 차를 마시자고 약속을 잡았을 것이다. 일단 백화점에 오면 여성은 먹고 머리손질을 하고는 남는 오후 시간을 쇼핑하거나 그냥 둘러보며 시간을 보냈다. 당시는 그런 분위기였다.

완벽하게 대체하지는 않았지만 오늘날 케이블 텔레비전과 영화, 잡지, 인터넷이 백화점 대신 최신 스타일과 패션을 보여주는 또 다른 매개물로 기능하고 있다.

'아베크롬비 앤 피치^{Abercrombie&Fitch}'나 '어반 아웃피터스^{Urban Outfitters}' '바나나 리퍼블릭^{Banana Republic}' 같은 전문매장들이 백화점을 제친 것은 전혀 이상하지 않았다. 이유는 단 하나, 시간에 쫓기는 현대 여성들이 백화점에서 쇼핑을 하거나 정신없이 돌아다닐 시간적 여유가 없기 때문이었다. 이런 이유로 백화점은 텅 비어버렸다.

　당연한 추세겠지만, 전문매장들은 갈수록 규모가 작아지고 특화되고 있다. 들어갔다가 바로 나올 수 있고 탈의실도 한결 낫다. 또 서비스가 백화점보다 반드시 뛰어나다고는 할 수 없지만, 직원교육이 잘 되어 있고 이들이 보여주는 전문지식도 더 일관성이 있다. 반면 백화점 직원들은 필요에 따라 각 매장에 배치된다. 월요일에는 침구, 화요일에는 청바지, 수요일에는 분쇄기와 토스터기 이런 식이다. 무엇보다 전문매장이 더욱 마음에 드는 이유는 자신의 정체성을 바로 드러낸다는 점 때문이다. 전문매장은 손님들에게 매장과 어울리는 고객인지 아닌지 무뚝뚝하게 때로는 매정하리만치 바로 인지시킨다. 반면 백화점은 온갖 물건을 온갖 소비자와 연령대에 맞추려다보니 그 어떤 이들도 만족시키지 못하는 경향이 있다.

　요즘 백화점들을 내리막길을 치달으며 합병을 꾀하고 있다. 대형 유통업체인 J.C. 페니^{J.C. Penny}와 콜스^{Kohl's} 모두 영업 확장계획을 축소하고 있다. 뉴욕의 백화점인 블루밍데일스^{Bloomingdale's}까지 소유하고 있는 메이시 백화점은 운영비용을 줄이고 수익을 높이기 위해 대대적인 경영 재편을 했다. 백화점 삭스^{Saks}, 노드스트롬^{Nordstrom}, 니만 마커스^{Neiman Marcus} 모두 불경기 때 고전을 면치 못했다. 백화점은 지난 몇 년 동안 체인점들을 하나씩 정리해야 했다. 필렌스^{Filene's}에 가서 괜찮은 침실 깔개를 발견하고, 메이시에서 오래된 모노폴리(보드게임의 일종-옮긴이) 세트를 바꾸고, 시어스에서 세탁기와 드라이기를 새로 장만하던 시절이 기억나는가? 베드 배스 앤 비욘드Bed, Bath&Beyond, 토이저러스Toys 'R' Us 같은 이른바 카테고리 킬러category killer(백화점과 달리 상품별로 전문매장을 특화해 파는 소매점-옮긴이)들이 이런 시장을 집어삼켰다. 이어 월마트가 이 모든 제품을 접수하고 나아가 가격까지 낮추면서 꾸준히 물건을 팔고 있다.

그렇다면 21세기 백화점의 미래는 어떤 모습일까? 미국 시장의 속성상 백화점이 사라지진 않고 단지 작아질 것이다. 꼭 규모가 아니더라도 매장 수가 줄어들 것이다. 한 가지 해결책이나 개선책이 있다면 뉴욕시티 소호 거리에 있는 블루밍데일스에서 찾을 수 있다. 나는 이곳을 헬스장에 가서 군살을 뺀 백화점이라고 표현한 말을 들은 적이 있다. 덩치를 줄이고 좀더 산뜻하게 특화했다는 뜻이다. 4층 건물에 들어와 오르락내리락하다가 한 시간 정도면 나갈 수 있도록 설계했다. 매장의 카테고리도 알뜰하고 전략적으로 단장했다. 블루밍데일스 소호 지점은 마흔 대의 LCD 텔레비전이나, 열 대의 MP3를 들이지 않고 대신 각각 두세 개의 모델만 들여놓았다. 이는 판매담당자가 소비자를 대신해 사전에 엄선한 제품으로 재고만 있다면 이렇게 선별한 제품들을 이곳 매장에서 만날 수 있다. 블루밍데일스 소호 지점처럼 전문매장들은 쇼핑객의 손에 있던 선택권과 의사결정권을 어느 정도 넘겨받았다. 많은 여성이(그리고 남성이) 이를 다행스럽게 보기도 한다. 적을수록 얻는 게 많은 법이다. 게다가 전문매장은 특정 소비층에 맞춰 특화할 수 있다. 이를 테면 특대 사이즈 여성을 공략할 수 있는데, 이 여성들은 이곳이 아니면 자기 몸에 맞는 옷을 찾느라 고생을 하고 모욕을 당하기도 한다. 이들 매장은 예비엄마에게 맞는 옷도 판다. 또 십대 초반 아동이나 십대 청소년, 대학생, 프레피룩(미국 명문 사립고 학생들의 교복을 본뜬 캐주얼한 옷차림-옮긴이)을 선망하는 젊은층, 사회에 첫발을 디딘 전문직 여성에게 맞는 옷도 제공한다. 특히 부티크 매장에 가보면 혼과 열정 심지어 사명감까지 느껴진 다. 무엇보다 좋은 점은 바나나 리퍼블릭과 리미티드the Limited, 어반 아웃피터즈 등 어떤 매장에 들어가더라도 30분 내로 나올 수 있 다는 점이다.

그렇지만 성공가도를 달리다가 추락한 부티크 매장 또한 흥미 롭다. 여성 의류와 액세서리를 파는 치코스Chico's가 그 대표적 예 다. 치코스는 동일 점포 매출액에서 오랫동안 좋은 성적을 거두었 다. 치코스가 선전한 이유 중 하나는 1, 2, 3식으로 자체 사이즈를 마련했기 때문이다. 치코스는 중년 여성에게 주목해 이들의 취향 에 맞는 맵시 있는 옷들을 만들었지만 일부러 품을 헐렁하게 제 작했다. 한동안 치코스는 엄청난 거물업체였다. 그러던 중 경영진 이 새로운 디자인팀을 영입해 좀더 몸에 꼭 붙는 옷을 찾는 여성 에게 맞춘 제품을 디자인하기 시작했다. 오랫동안 치코스를 찾던 고객들은 매장에 들어와 새 디자인이 더는 자신의 체형과 맞지 않 는다는 사실을 깨닫고 고개를 갸웃거린 뒤 다시는 매장을 찾지 않았다. 헌신적인 여성 고객을 애써 확보했어도 매장 옷이 갑자기 자기 몸과 맞지 않거나 뭔가 문제가 있다고 느끼게 되면 고객들은 바로 떠나버린다.

갭Gap도 같은 문제를 겪었다. 오랫동안 갭 매장의 효자 상품은 데님 청바지였다. 이 제품은 미국 중산층에서 폭발적인 인기를 누렸다. 그러다가 1990년대 후반 들어 갭은 젊은층을 끌어안기 위해 아메리칸 이글American Eagle과 경쟁하기 시작했다. 앙증맞은 가죽 조끼와 깜찍한 의상이 갭 매장에 등장했다. 문제는 나와 같은 중년 남성이 이곳에 들어가 머뭇거리다가 "내가 찾던 그 매장이 아니네." 하고는 다시는 발걸음을 하지 않았다는 점이다.

갭은 지금은 다소 뒤쳐진다고 여겨지는 트렌드를 주도했었다. 바로 유니섹스 패션이다. 유니섹스의 기원은 미장원에 있다. 미장원은 남녀가 대개 나란히 앉아 남녀 이발사 혹은 미용사에게 머리 손질을 받는 공간이다. 이런 유니섹스의 흐름은 소매점에도 전파되었고, 그 선두주자는 갭이었다. 남자든 여자든, 십대나 삼십대, 사십대, 혹은 그 이상의 연배든 상관없이 갭 매장으로 들어가 각종 사이즈의 청바지와 부츠컷 바지boot cuts(무릎 아래부터 통이 약간 넓어지는 바지-옮긴이)가 쌓인 매장 안쪽으로 직행한 후 유니섹스 탈의실, 즉 '남성'이나 '여성'이라는 표시도, 바지나 치마 같은 그림도 걸려 있지 않은 곳에 들어가 옷을 입어보았다. 내가 가진 청바지는 나뿐만 아니라 내 형제자매도 입을 수 있는 옷이었다. 게다가 나를 매장으로 끌어들인 진열대의 화려한 스웨터가 남자 옷인지 여자 옷인지 구별이 없었다. 적녹색 줄무늬 옷이 내게 아주 잘 어울린다는 사실만이 중요했다. 한때 갭 매장이 붐빈 이유 중 하나는 내가 고른 스웨터가 내게 어울리듯이 내 소중한 연인에게도 어울린다는 성 구분을 뒤흔드는 발상 때문이었다.

그렇다면 왜 유니섹스가 사라졌을까? 우선 그 매력 자체에 문제가 있었다. 남자들은 자신이 사려던 스웨터가 여자 옷이라는 사실에 당황했다. 그렇지만 나는 실패 요인이 상당 부분 여성에게 있다고 본다. 여자들은 대·중·소 사이즈를 남자와 같이 입고, 탈의실을 남자와 같이 쓴다는 사실을 선뜻 받아들이지 못했다.

바나나 리퍼블릭은 성별을 구분해 매장을 열면서 소매점 역사에 새 장을 열었다. 최근 몇 년 사이 바나나 리퍼블릭 매장이 갭을 크게 앞지른 이유 중에는 바로 이런 요인이 있었다. 바나나 리퍼블릭은 성별 구분이라는 노선을 고집할 뿐 모든 계층과 연령대에게 제품을 선보이려 하지 않는다. 반면 갭은 그동안 재고 관리는 잘했을지 모르지만, 지난 3년 사이 동일 점포 매출액이 20퍼센트 가까이 하락했다.

물론 유니섹스 풍조는 사라지지 않을 것이다. 매장이나 쇼핑몰에서가 아니라 어린 여자아이들이나 여성의 삶에서 사라지지 않는다는 뜻이다. 사춘기 여자아이에게 사각 팬츠와 면파자마 바지는 잠자리나 집에서 편히 입을 수 있어 꾸준히 사랑받는 제품들이다. 하지만 이는 그저 잠깐 남성성을 흉내 내는 누구나 한번쯤 거치는 과정일지 모른다. 대다수 어린 여자아이들에게 첫사랑은 잘생기기보다 예쁘장한 미소년이듯 말이다. 내 연인의 옷장에는 흰색 버튼다운식[button-down](목부터 복부까지 전체가 단추로 된 셔츠-옮긴이) 면 티셔츠, 짙은 감색 정장 상의 등 '남자' 옷이라고 해도 무방한 옷가지가 최소 몇 벌은 있다. 반면 내 옷장에는 여자 옷으로 착각할 만한 의류가 전혀 없다. 매주 쉐릴은 내 내복 서랍을 불시에 열어보지만 나는 그렇게 하지 않는다. 여자는 언제나 성의 경계를 허무는 일에 남자보다 훨씬 자유롭다. 이런 점에서 여자는 축복받은 존재다.

이와 관련해 한 가지 떠오르는 질문이 있다(이는 나를 분노하게 하는 문제다). 쉰이 넘은 여성들은 돈을 벌고 동시에 그 소득을 마음대로 좌우하는 거대한 연령층이다. 이 여성들은 현재 수동적 소득의 상당 부분을 통제한다. 또 자신의 처지에 만족하고 자기 취향을 알며 가슴에 붙이는 로고로 제2의 정체성을 드러낼 필요가 없는 부류다. 하지만 소매점과 관련해 쉰이 넘은 여성들은(솔직히 말해 '보이지 않는 여성'이라고 칭해도 될 것 같다) 현대식 소매점에서 무시받고 냉대당하며 투명인간 취급을 받는다. 지금 패션계를 지배하는 것은 44사이즈이지 88사이즈가 아니다. 왜 소매업체들은 이런 현실을 깨닫지 못하는 걸까? 왜 업체들은 이런 돈의 흐름을 좇지 않는 걸까?

중장년층 시장의 중요성을 인식한 브랜드들이 소수 있기는 하다. 그중 하나가 운동화와 러닝화, 워킹화를 만드는 뉴 발란스[New Balance]다. 여성은 나이가 들면 발 모양이 변한다. 신발 제조업체인 리카[Ryka]는 뒤꿈치가 좁아지고 앞볼은 넓어진 여성을 위해 피트니스 신발을 만들고, 화장품업체 에이본Avon과 손잡고 유방암 환자를 위한 걷기 대회 등 여성을 위한 프로그램도 기획한다(리카는 또 여성 전용 헬스장인 커브스와 스포츠 브랜드 레이디 풋 록커Lady Foot-locker와 함께 여성들의 신체 단련을 권하는 할인행사도 연다). 뉴욕시티의 미트 패킹 디스트릭트Meatpacking District에 있는 고급 패션 및 신발 매장 제프리Jeffrey는 특대 사이즈의 신발도 구비하고 있는 몇 안 되는 소매점 중 하나다. 신발 브랜드 나인 웨스트Nine West에 여성들이 열광하는 구두가 있다 해도 사이즈가 280까지밖에 나오지 않는다. 그러므로 이보다 발이 크거나 넓은 여성이면 선택에 제약이 있다. 이런 이유로 발이 큰 여성들과 이성의 복장을 즐겨 입는 사람들은 제프리 매장으로 몰린다. 소매업의 진화사에는 한때 키와 체격이 큰 여성을 위한 의류 매장도 있었다. 이 매장들은 인기였다. 그렇지만 지금은 없다. 그럼에도 나는 소매업체 특히 란제리 업체에게, 마흔이 넘은 여성들이 젊은 여성들보다 매장에 쏟는 돈과 시간, 관심이 훨씬 많을 것이라고 누차 조언한다. 왜 그럴까? 이들은 한껏 꾸미기 위해 혹은 파트너를 유혹하기 위해서가 아니라 자신의 안락함을 위해 속옷을 구입하기 때문이다.

그렇다면 쉰이 넘은 매력적인 여성들은 뭘 입어야 하나? 이들을 위해 신축성 있는 청바지와 시즌별로 나오는 헐렁한 티셔츠가 있다. 한때 나와 교제한 여성도 이런 티셔츠를 마흔 벌 정도 갖고 있었다.

이와 관련해 중년 여성들이 누구를 위해 또 어떤 자리를 위해 옷을 차려입는지 혹은 캐주얼하게 입는지 고려해야 한다. 사는 지역에 따라 다르겠지만, 쉰 살이 되면 여성들은 다양한 복장이 필요하다. 대다수 여성은 사무실에서 일할 때 세로 줄무늬 파워 수트power suit(각진 어깨를 강조하고 허리를 잘록하게 만든 80년대식 정장-옮긴이)를 입지 않는다. 대신 몸에 잘 맞는 바지, 몸매를 돋보이게 하는 하이넥 블라우스high-neck blouse(옷깃이 목까지 올라오는 블라우스-옮긴이) 그리고 입고 벗기 편한 블라우스 등을 입는다. 이 나이의 여성은 드레스를 입고 일하러 가는 경우가 드물고, 스타킹과 긴 양말을 사 입는 일도 옛날 일이 되었다. 소매점은 이렇게 달라진 현실을 고려해야 한다.

그렇다면 여성과 관련해 다른 매장은 모르고 자라Zara만 아는 사실은 무엇일까? 자라는 지난 15년간 가장 크게 성공한 여성 패션 프랜차이즈일 것이다. 스페인에 본사를 둔 자라는 전 세계 46개국에 600개가 넘는 체인점이 있다. 지난 10년 동안, 이 개인 기업은 지구상에서 가장 성공한, 전 지구적인 상업조직으로 거듭났다. 자라의 소유주는 언론과 소통하는 일에 전혀 관심이 없고, 금융 전문가와 의사소통할 필요도 느끼지 않는다.

자라는 여러 가지 면에서 성공을 거두었다. 우선 일처리 속도, 업계용어로 '시장출시속도speed-to-market'가 놀랄 만큼 빠르다. 월요일 파리 패션쇼 무대에 나온 옷이 2주 뒤면 자라 매장에 걸렸다. 자라는 눈으로 보고 모방해 만든 제품을 유통시킨다. 게다가 쇼핑객이 자기네가 부르는 가격을 수용하도록 길들였다. 만약 마음에 들고 내게 어울리는 옷이 있다면 지금 당장 사지 않으면 안 된다. 이 물건은 절대 할인해 팔지 않으며, 아마도 다음 주면 매장에서 자취를 감출 것이기 때문이다. 자라 공장은 중국이나 인도가 아니라 대개 스페인 북부 본사에서 수킬로미터 반경 안에 있다. 공장과 매장이 긴밀한 회로로 연결되어 있기 때문에 의사소통에 문제가 없고 바이어가 개입해 시간을 지체하는 일도 없다. 재고 보충은 보통 주나 달 단위가 아니라 일 단위로 이뤄진다. 즉 녹색 특대 사이즈 블라우스가 매진되면 이를 재빨리 파악해 채워놓는다. 본사는 뉴욕에 있고 실제 옷을 제작하는 하청은 중국이나 베트남에서 이뤄지는 타미 힐피거나 캘빈 클라인을 떠올려보면, 자라의 시스템은 분명 우위를 점하고 있다. 유행에 민감하며 세련된 모습을 원하지만 백화점은 부담스러운 여성에게 자라는 망고Mango나 H&M과 함께 다가왔다. 잡화점과 식료품점이 주도한 자체 브랜드 혁명을 의류 분야에서 일으킨 것이다.

자체 브랜드는 상품가격이 제품의 가치와 비례한다고 믿는 고객들의 인식에 도전하고 있다. 이젠 주머니 사정 때문에 자체 브랜드 상품을 구매하는 게 아니다. 소비자와 여성 잡지들은 이들 제품이 보통 품질이나 맛에서 일반 제품과 거의 차이가 없다고 평가했다. 유기농업체 트레이더 조스Trader Joe's와 그 모회사인 알디Aldi는 어마어마한 고객충성도를 낳은 자체 브랜드 상품을 중심으로 매장 문을 열었다. 자체 브랜드 상품 구입은 점차 책임 있는 소비자라는 인상을 심어준다. 마치 더 작고 더 빠르며 더 비싼 차를 구입할 수 있어도 프리우스Prius(도요타의 하이브리드 자동차-옮긴이)를 고집하는 사람들처럼 말이다.

영국 친구들에게 자라 이야기를 꺼내자 친구들은 코웃음을 쳤다. 얘기를 들어보니 자라의 성공은 빌바오Bilbao와 갈리시아Galicia에서 가난한 스페인 노동력을 착취했기 때문에 가능하다는 지적이었다. 자라는 모든 체인점의 여성들을 하나부터 열까지 어떻게든 착취하는 프랜차이즈라고도 했다. 결국 자라에 반대하는 주장이 이어졌는데 그들은 자라가 훔친 디자인으로 형편없는 옷을 만들어 터무니없는 이윤을 챙긴다고 비판했다. 언젠가는 이런 업보가 자라의 발목을 잡지 않을까 싶다.

물론 크게 박수를 쳐줄 만한 사실도 있다. 바로 자라 직원 중 90퍼센트가 여성이라는 점이다. 이는 적어도 다른 패션업체들과는 다른 면모다. 뉴욕 패션업계는 여전히 남자 재단사를 중심으로 생산공정이 돌아간다. 전통적인 방식은 이렇다. 당신이 의류 딜러라고 해보자. 삭스 백화점에서 주문이 들어오면 당신은 이를 다시 공장에 주문한다. 그러면 공장은 일정 퍼센트를 수수료로 바로 지급한다. 석 달을 기다릴 필요 없이 바로 돈을 받는 셈이다. 미국의 패션 산업은 이런 위탁판매에 전적으로 의존하는 구조다. 그렇지만 자라는 회사에 있는 상당수의 여성인력 덕분에 이러한 업계 패러다임을 송두리째 바꿔버렸다.

이는 물론 효과적이다. 월마트와 타겟의 의류 매출이 꾸준히 줄자, 자라가 이 틈을 비집고 들어와 패션쇼 무대에서 본 것을 저렴한 제품으로 만들어 판매했다. 자라는 모방품을 합리적인 가격에 팔았다. 자라는 합작 브랜드도 만들었다. 즉, 자라가 만들었다고 해도 어쨌거나 이는 라거펠트Lagerfeld를 비롯한 유명 브랜드 제품인 것이다. 게다가 공급 또한 계속해서 이뤄지는 제품이다.

유럽과 브라질의 몇몇 경우, 스물일곱이나 스물여덟 살이 되어도 부모와 한집에서 같이 사는 젊은 여성들이 많다. 이들은 자유로이 쓸 수 있는 소득을 집세와 공과금이 아닌 소비재에 지출한다. 내 맨해튼 사무실에는 사무직 직원이 서른 명 정도인데 이 중 부모와 함께 사는 사람은 거의 없다. 인바이로셀이 이탈리아 밀라노에서 처음 사무실을 열었을 때, 마흔 살인데도 부모와 함께 사는 접수직원을 본 적이 있다. 그 직원은 집세도 내지 않았고 식비를 지출할 필요도 없었다. 대신 우리 회사에서 받은 돈을 전부 외출비나 의류, 자동차에 썼다. 심지어 일본에는 부모와 함께 사는 다 큰 자녀를 지칭하는 말이 있다. 바로 '패러시틱 싱글parasitic single'이라는 용어다. 전형적인 미국 도시의 경우, 대학을 갓 졸업한 남녀가 수입의 50퍼센트 이상을 살 집에 쓰기도 하는데, 때문에 이들은 고급 패션은 고사하고 취미생활을 할 여유도 거의 없다. 미국은 다른 나라에 비해 자녀가 빨리 철들도록 내모는 경향이 있는 것 같다.

내 친구 웬디 리브만Wendy Liebmann은 WSL 스트레티직 리테일WSL Strategic Retail의 CEO다. 웬디는 세계적인 트렌드를 물색하면서 매장에 소비자를, 브랜드에 바이어를 끌어들이도록 컨설팅해주는 소매업 전략가다. 웬디의 회사는 한 달에 한 번 소식지 「트렌드 프럼 디 에지^{Trends form the Edge}」와 최신 쇼핑 동향 및 쇼핑 이론과 논평을 담은 쇼핑 보고서 「하우 아메리카 숍^{How America Shops}」을 발간한다.

"그래, 요즘 미국 여성들은 쇼핑을 어떻게 바라봐?"

웬디에게 물었다.

"남자도 그렇겠지만 요즘 여자들은 소매점에 바라는 요구사항이 전보다 훨씬 분명해졌어."

웬디가 말했다.

"그런데도 소매점들은 아직 이를 제대로 파악하지 못했지. 소비자들이 가치와 가격과 편리함을 원하는 점에는 변함이 없어. 하지만 요즘에는 가격보다 가치가 우선이야. 즉 바람직한 시민이나 공동체의 구성원이 되어달라는 건데, 거시적으로는 힘들겠지만 미시적인 변화를 유도하도록 업체들이 동참해달라는 거지."

"내가 늘 말했듯이 소매업은 사회의 변화를 가리키는 시험막대야. 녹색운동도 정치적인 무대에서 도덕적 영역으로 넘어갔잖아."

"소매업이 시험막대의 역할을 한다는 점에 전적으로 동감해. 우리에게 쇼핑은 무엇을 하고, 무엇을 즐기고, 어디서 친구를 만나고, 어떤 사회공동체를 만드는가와 관련해 핵심이지."

여성들이 작은 일에 몰두한다는 점과 관련해, 최근 깊은 인상을 받은 네일숍에 대해 말하고 싶다. 전형적인 네일숍은 북적대고 어둑하며 공장 같은 분위기를 풍긴다. 보통 마스크를 쓴 이주여성이 여성 고객 맞은편에 앉아 미용가위와 핀셋으로 고객의 손톱을 다듬는다. 고객 입장에서 보자면 이런 곳에서는 긴장을 풀기 어렵다. 도구의 위생 상태를 확신할 수 없기 때문이다. 그래서 나온 대안이 데이 스파다. 미리 예약을 해야 하고 비용이 보통 두 배 정도 비싼 곳이기는 하지만.

나는 일생을 통틀어 딱 한 번 손톱 관리를 받아봤다. 당시 가게 여주인이 내 손톱을 너무 짧게 깎는 바람에 아팠던 기억이 난다. 나는 업계 전반을 살펴보기 전에는 세균 문제가 그렇게 만연한다는 점도, 손톱 감염이 그렇게 흔하다는 사실도 미처 몰랐다. 장비를 병원처럼 살균한다 해도 박테리아와 효모균, 심지어 C형 간염 바이러스를 모조리 없앨 순 없겠지만 매장에서 미용장비를 제대로 소독하지 않으면 고객은 무좀에 걸리고 사마귀가 생기거나 효모균에 감염이라도 될까봐 불안에 떨게 된다. 많은 네일숍들이 정부의 안전지침, 이를 테면 손톱줄이나 비누를 한 번만 사용하라는 사항 등을 무시한다. 비용 때문이기도 하고 교육이 부족한 탓도 있다. 섬뜩하지 않은가. 어떤 피부과 전문의는 여성들에게 개인이 쓰는 미용도구를 챙겨들고 매장에 가라고 조언한다. 그렇지만 누가 그렇게 하겠는가?

그런데 나는 보스턴에 매장 두 곳을 연 네일숍 미니룩스MiniLuxe에 반하고 말았다. 이런 업체가 언젠가 전국적으로 퍼지길 기대한다. 미니룩스 매장에 들어서면 아늑한 분위기는 말할 것도 없고 결벽증으로 보일 만큼 청결한 모습이 제일 먼저 눈에 들어온다. 미니룩스는 '청결'이 곧 살균소독은 아니라고 해도 일단 그리 해야 한다고 믿는 업체다. 그래서 손톱 관리가 끝날 때마다 모든 도구를 고온과 증기가 나오는 고압멸균기에 넣어 소독한다. 치과 의사와 외과 의사들이 수술 장비를 소독하는 방식 그대로다. 그런 다음 도구들을 멸균팩에 넣어 봉한다. 미니룩스는 심지어 임신부를 위해 특별 광택제를 사용한다. 이 광택제에는 조직 형성과 신진대사에 영향을 미칠 수 있는 포름알데히드, 톨루엔, DBP가 없다. 따라서 미니룩스에서 여성들은 청결함이 묻어나는 작은 방에 느긋하게 앉아 서비스를 즐길 수 있다.

11장

만능해결사
쇼핑몰

나는 지금 로스앤젤레스에 있는 쇼핑몰 그로브Grove에 서 있다. 이곳에 들어오면 주로 여성 소비자가 주도하는 쇼핑몰의 미래를 엿볼 수 있다. 그 미래란 현대 여성에게 완전한 해결책을 제시하는 것이다.

그렇다면 이 쇼핑몰이 남다른 점을 무엇일까? 내 앞에 펼쳐진 매장들은 다른 곳에 있는 매장들과 별반 다르지 않다. 갭 키즈Gap Kids는 요모조모 살펴봐도 갭 키즈일 뿐이다. 물론 명품 매장들이 일부 있기는 하다. 제이크루, 노드스트롬, 마이클 코어스, 심지어 노드스트롬 백화점에 있는 스텔라 매카트니Stella McCartney 부티크도 보인다. 그렇지만 이곳은 전반적으로 볼 때 그저 '쇼핑몰'일 뿐이다.

중요한 점은 불경기에도 이곳은 사람들로 붐볐다는 점이다. 이유가 뭘까? 그로브가 다른 곳과 달리 차별화된 매력이 있고, 활기가 넘치며 혁신적인 곳으로까지 보이는 이유는 바로 이곳에 도시적인 체험을 복제했기 때문이다. 즉, 매우 안전한 공간에 다양한 민족이 어우러진 이상적인 도시의 모습을 재현했다. 기억할 점은 로스앤젤레스에서는 사람들이 타인과 마주칠 일이 전혀 없다는 점이다. 자동차라는 개인 공간에서 다른 이에게 경적을 울리는 것은 가능하다. 하지만 그게 전부다. 반면 이곳에 오면 서로가 뒤섞인다. 세련돼 보이는 이란 가족도 보이고 저쪽에는 힙합족도 몇 명 있으며,교외에서 온 듯한 명문 상류층 부부와 두 아이들도 보인다. 이 쇼핑몰은 안전하고 안심할 수 있는 곳이다.

그로브가 선사하는 차별화된 매력 중 하나는 잔디다. 뒹굴거나 앉을 수 있는 진짜 풀을 심어 잔디밭을 만들었다. 쇼핑몰 한쪽에는 농산물매장이 있어서, 저녁 요리에 쓸 지역산 과일과 야채, 치즈, 고기를 고를 수 있다. 심지어 대중교통도 있다. 바로 시내 전차다! 일곱 살짜리 꼬마에게 이는 그야말로 신나는 체험이다. 차량으로 꽉 막힌 로스앤젤레스에서 그 어떤 아이가 전차를 타볼 수나 있었겠는가?

이제 자연스럽게 떠오르는 물음이 있다. 현대 여성이 쇼핑몰에서 진정으로 찾고 싶은 것은 무엇일까? 그 답은 안전한 탈출구다. 가정이 있는 21세기 여성은 안전한 탈출구를 원한다. 여성이 찾는 기쁨 중 하나는 다른 사람들을 관망하는 일이다. 쇼핑몰은 하늘과 맞닿아 있고 밖이나 위를 둘러볼 수 있는 곳이 좋다. 그래서 쇼핑하고 돌아다니는 일이 실내에만 국한되지 않는 그런 곳을 원한다. 보통 맞벌이를 하는 중산층 가정의 경우, 가족들이 모이는 시간이 그 어느 때보다 소중해졌다. 쇼핑몰에 오면 우리는 좀 더 가족모임다운 시간을 보낼 수 있고, 다른 가족에게 우리 가족의 모습을 비춰보기도 한다. 심지어 자아정체성을 다진다고 표현하는 사람도 있다. 또 쇼핑몰은 아이들에게 유익한 학습의 장이다. "'고맙습니다.'라고 인사해야지" "낯선 사람에게 말하는 거 아니야." "길 함부로 건너지마." "매장에 전시된 물건에 손대면 안 돼. 깨지기라도 하면 돈 주고 사야 해." 이런 식으로 아이들을 교육한다. 아주 어린 자녀를 둔 엄마에게는 다른 엄마와 만나 정보를 교환하는 장소도 된다. 첫 아이를 기르다보면 고립감을 느낄 때가 있기 때문이다.

그로브가 마음에 드는 또 다른 이유는 이곳에서는 반드시 돈을 써야 하는 것은 아니라는 점이다. 나는 그로브를 누비며 전차를 타고 딕시랜드 밴드Dixieland band(19세기 말에서 20세기 초에 뉴올리언스에서 생겨난 초기 재즈 형태, 행진곡풍 리듬을 즉흥적으로 연주한다-옮긴이)의 노래를 듣고 핫도그도 사먹는다. 하지만 이곳에서 시간을 보내는 동안 지갑은 거의 열지 않아도 된다. 사람들은 내게 종종 이런 질문을 한다.

"쇼핑몰이 망하지는 않을까요?"

내 대답은 언제나 분명하다.

"아니요."

그렇지만 이는 이 세상에 망하지 않는 쇼핑몰이 있다는 뜻이 아니다. 이 말은 미래에는 쇼핑몰의 성공을, 유동인구를 얼마나 유지하는지 그리고 그곳까지 오느라 수고를 아끼지 않은 여성에게 쇼핑몰이 그만한 보답을 안겨주는지를 놓고 판단한다는 뜻이다. 혹시 모르는 독자를 위해 덧붙이자면 미국의 경우 쇼핑몰에 가는 인구 중 60퍼센트가 여성이다.

오늘날 여러 가지 일을 동시에 처리해야 하는 여성에게 쇼핑'몰mall'은 그 자체로 '모든 것all'이 되어야 한다. 그로브는 이를 깨달았다. 언제쯤이면 다른 쇼핑몰 운영자들도 이 사실을 알게 될까?

지난 2년 사이 미국에 새로 지은 실내 쇼핑몰은 열 곳 미만인 반면, 기존 쇼핑몰을 확장하거나 다른 곳으로 이전하려는 개발업자들 간에 경쟁이 치열하다. 잊지 말아야 할 점은 미국의 두 세대가 쇼핑몰에서 성년을 맞이했다는 사실이다. 텔레비전으로만 접하던 세상을 처음 접한 곳, 자기가 번 돈을 처음으로 써본 곳, 동창이나 이웃, 같은 교회에 다니는 사람 외에 다른 사람들과 마주칠 기회를 열어준 곳은 다름 아닌 쇼핑몰이었다. 쇼핑몰은 이들에게 문화 DNA였다.

이전과 달라진 게 있다면 쇼핑몰을 찾는 우리의 행동이다. 국제 쇼핑센터협의회는 사람들이 과거만큼 쇼핑몰을 찾지 않으며, 쇼핑몰에서 보내는 시간과 방문하는 매장수도 줄었다고 솔직하게 전했다. 경제 침체에 빠지기 전에도 상황은 마찬가지였다. 따라서 이는 우리가 쇼핑몰에 가지 않아서가 아니라 단지 예전보다 선별해서 가기 때문이다. 다양한 업무에 지친 사람들이 시간과 비용을 줄이기 위해 쇼핑몰을 찾으면서 쇼핑 횟수가 줄어든 것이다. 이때 한 가지 문제가 있다면 많은 품목의 매장들이 쇼핑몰을 단념했다는 점이다. 가전제품, 스포츠용품, 장난감, 문구류, 서적 등 모두들 더 싸고 독자적 입지를 갖춘 곳을 찾아 떠났다. 대다수 미국의 쇼핑몰에는 꼭 갖추지 않아도 되는 옷, 선물용품, 카드 같은 부수용품, 티베트 석상이나 화가 토머스 킨케이드Thomas Kinkade의 작품이 전시된 수집용품 매장들이 차고 넘친다. 우리는 이런 쇼핑몰에 가길 원하지만 그렇다고 반드시 쇼핑을 해야 하는 것은 아니다. 우리에게 쇼핑몰은 외출장소이자 사람 구경 하는 곳, 친구와 만나 노는 곳, 놀고먹고 즐기며 가끔 쇼핑도 하는 그런 곳이다.

오늘날 개발업체들은 오래된 부지를 바꾸려고 애를 쓰고 있다. 북아메리카에 있는 대다수 쇼핑몰은 생긴 지 20년이 넘었다. 이들은 급히 지은 건물들이라 매장이 문을 열었을 때 대개 눈살이 찌푸려질 만큼 흉했다. 채광창을 만들고 분수대를 설치하면 좀 낫겠지만 대개 단층 주차장을 차고와 매장, 사무실, 호텔, 주거지 등을 갖춘 다층 건물로 개조 중이다.

이 점에서 다른 누구보다도 여성 소비자와 관련해 여러 가지 이야기가 튀어나온다. 첫째, 그로브에서 배운 교훈처럼 현대식 쇼핑몰은 지금보다 훨씬 더 포괄적인 해법을 제시해야 한다. 앞서 언급했듯이 쇼핑몰은 여성들이 열쇠를 만들고, 구두를 수선하며, 항공권을 발급받고, 드라이클리닝한 옷을 찾아가며, 그날 저녁거리를 준비할 수 있는 공간으로 차츰 진화해왔다. 시드니 외곽 본다이Bondi에 있는 웨스트필드 쇼핑몰Westfield Shopping Mall은 탁아시설과 헬스장, 각종 개인병원 그리고 유모차를 끌고 온 엄마들을 위한 전용 주차장이 완비되어 있고, 위치도 쇼핑 공간 및 아파트 단지와 인접해 있다. 그래서 이 쇼핑몰은 이용이 편리하고 시간을 절감시켜줄 뿐 아니라 일상생활 곳곳에 스며 있다. 게다가 원한다면 집에서 신던 슬리퍼를 신고 가도 상관없다. 쇼핑몰은 유동인구를 잡기 위해 필사적이다. 트레이더 조스나 월그린처럼 원래 출입문이 하나였던 매장에 쇼핑몰 중앙으로 통하는 출입문을 하나 더 만든다면 그 쇼핑몰은 이 세상 그 어떤 쇼핑몰보다 앞서나갈 것이다. 미국의 경우 타겟이 쇼핑몰에 입점한 것은 일대 사건이었다. 그렇다면 쇼핑몰에 홀푸드가 들어오지 못할 이유도 없지 않을까?

단지 도심지에 있는 쇼핑몰만이 아니라 미국 동북부와 서남부에 있는 교외 지역 쇼핑몰도 마찬가지다. 식료품점, 잡화점, 약국 등이 들어서면 쇼핑몰은 중심지 그 이상의 공간이 될 것이다. 그렇게 되면 얼른 집에 가서 장을 봐야 하거나, 다음 날 아침까지 직장 상사의 책상에 올려야 할 보고서를 마쳐야 하거나, 아이를 학교에서 데려오기 전에 동네 도서관에 들러 책을 반납해야 하는 경우가 아닌 한, 여성 소비자를 더 오래 붙들 수 있을 것이다.

요점은 타겟, 홀푸드, 니만 마커스가 한지붕 아래 편안하게 심지어 행복하게 공존할 수 있다는 것이다.

또 하나, 쇼핑몰은 모든 제품을 모든 사람에게 팔려고 해서는 안 된다. 여기서 말하는 사람이란 물론 특정 민족을 지칭하지 않는다. 젊은 가정을 겨냥한 쇼핑몰, 십대를 위한 쇼핑몰, 그리고 내가 일본에서 본 것처럼 나이 든 어르신을 위한 향수를 자극하는 쇼핑몰 등이 이에 해당한다.

21세기에 성공을 거둘 쇼핑몰은 땅주인이 아니라 공간기획자가 운영하는 쇼핑몰일 것이다. 딕시랜드 밴드와 전차, 풀로 덮인 잔디밭을 갖춘 그로브는 이런 사실을 진작 눈치 챘다. 공간기획자는 앞선 디자인과 발로 뛰는 경영진을 활용해 더욱 매력적인 공간을 연출한다. 이들은 그냥 앉아서 임대료를 걷을 때보다 수입을 더 높일 수 있는 방법을 알아냈다. 바로 매장 안에 설치한 사이니지와 텔레비전을 통해 걷는 광고 수입이었다. 이외에도 후원 행사와 이벤트 행사를 통해 수익을 올리기도 했고, 주차장이 농산물시장과 바로 연결되는 간단하면서도 창의적인 발상을 통해 수익을 높이기도 했다. 남아프리카공화국의 멘린 파크^{Menlyn Park}처럼 쇼핑몰 안에 차를 몰고 들어가 이용하도록 한 설계도 이와 동일한 발상에서 나왔다.

북아메리카에서 가처분 소득 중 60퍼센트 이상을 좌지우지하는 사람은 쉰 살이 넘는 남녀임을 기억해야 한다. 이들은 대부분 아무것도 필요 없는 사람들이다. 이들은 남은 인생에 필요한 각종 물품, 티셔츠와 넥타이, 신발, 보석류를 이미 갖고 있다. 이들에게 필요한 것은 오직 한 주 동안 먹을 과일과 야채, 파스타, 고기, 생선 그리고 1년 동안 입을 양말과 속옷이다. 나머지는 '임의' 품목에 해당한다. 오십대 이상은 보통 부부만 남은 집에 맞춰 모든 것을 축소한다. 그리고 노후계획도 세운다. 문제는 이들에게 물건을 파는 게 아니라 이들을 '거쳐서' 이들이 신경 쓰는 대상에게 물건을 파는 일이다. 소니와 토이저러스가 무슨 재간으로 플레이스테이션 쓰리PlayStation 3나 위Wii를 할머니에게 팔겠는가?

핵가족이 유행하던 시대는 끝났다. 노화와 이혼, 인간관계 전반에 대한 인식이 바뀌면서 미국 가정의 구성원도 매우 다양해졌다. 현재 맨해튼 섬에 있는 일반 가정은 식구가 평균 두 명 미만이다. 〈두 남자와 1/2Two and a Half Men〉(바람둥이 찰리와 그의 조카, 찰리의 형이 동거하면서 벌어지는 이야기-옮긴이)과 〈섹스 앤 더 시티Sex and the City〉 재방송이 〈월튼네 사람들The Waltons〉(버지니아 주 산골에서 목가적인 생활을 하는 월튼 가족의 모습을 그린 드라마-옮긴이)과 〈비버는 해결사 Leave It to Beaver〉(말썽꾸러기 비버의 가족 이야기를 담은 드라마-옮긴이)를 밀어낸 것은 전혀 이상한 일이 아니다.

우리 문화에서 가장 두드러진 변화는 역시나 성의 진화가 주도했다. 여성이 집을 소유하고 남성이 부엌에 들어가자 장사를 하는 사람들은 누구에게 무엇을 팔지 고민하기 시작했다. 이에 조언을 한마디 던진다면? 바로 트렌드를 파고들어 제품을 팔라는 것이다. 결국 레이첼 레이는 여성들의 손에 조리기구를 쥐게 했고, 조지 포먼George Foreman은 남성들에게 주방용품을 팔았으며, 미용산업은 모든 연령대의 남녀에게 피부 관리용품을 팔았다.

오늘날 집주인에게 내는 주거비는 1960년대나 1970년대보다 월등히 높아졌다. 우리의 소비 지출 흐름도 변했다. 집세와 주택할부금, 휴대전화비 그리고 무선호출기나 개인 컴퓨터, 프린터와 같은 개인용 전자제품이 식비와 의류비를 잠식했다. 그렇지만 블랙베리와 아이팟, 휴대전화는 기계이면서 동시에 패션소품이다.

어느 날 눈을 떠보니 우리 배는 불룩해졌고, 집은 너무 넓어졌으며, 자동차도 지나치게 커졌다. 우리는 과도하게 소비했고 무리해서 차입했지만 경제적 재앙이 오고 나서야 경제에 낀 거품을 알아차렸다. 유통 체인점들이 확장되었고 업체들의 유통구조에 적합한 상품들로만 구성되었다. 그래서 월마트, 타겟, 제이씨 페니, 시어스는 소형 제조업체에서 물건을 구입할 수 없었다. 대형 유통업체의 바이어들은 무수히 많은 선반을 채우는 데만 시간을 쓸 뿐이었다. 그 결과 지나치게 천편일률적인 상품이 들어왔다. 어디에 어떤 상품을 보낼지 관리하는 매장업무도 차츰 힘들어졌는데, 특히 소매점 유통 네트워크가 미국 남부 플로리다 키스 제도^{Florida Keys}에서 미국 서부 워싱턴 주 동부 도시인 스포캔^{Spokane}까지 뻗어 있는 경우 더욱 고달파졌다.

소매점은 주거 트렌드에 발맞추어야 했다. 그중 한 가지 방법이 도시에 진입하는 것이었다. 뉴욕시티와 시카고 두 곳 모두 인구 성장률이 증가했고 부동산 가격이 높았다. 도시들은 갈수록 청결하고 안전하며 더욱 비싸졌다. 도심지 소매업은 최근 들어 부활의 조짐을 보였다. 맨해튼에는 몇 년 전에 홈디포^{Home Depot}(건축 자재 전문업체-옮긴이)가 들어섰다. 미국에서 가장 실적이 좋은 베스트 바이는 23번가와 6번 애비뉴가 교차하는 곳에 있다. 그렇다면 왜 대다수 미국 도시들은 오후 5시만 넘으면 거리가 텅 비는 걸까? 주거지가 없기 때문이다. 도심을 되살리려면 아파트 단지를 지은 다음 사람들이 이곳에 들어와 살도록 하는 게 무엇보다 중요하다. 그러면 힙스터(대중적 유행에 따르기보다 고유한 패션과 문화를 즐기는 부류-옮긴이)와 예술가가 등장하고, 소매점과 돈이 뒤따를 것이며 곧이어 원 거주민들이 또 다른 텅 빈 도심지를 개조하려 들 것이다. 그러면 뉴욕시티는 더이상 문화면에서 우위를 누리지 못할 것이다. 번성하는 문화공동체를 포용하려면 우선 주거지가 저렴해야 하기 때문이다. 맨해튼 섬은 이런 조건과 맞지 않다. 반면 텍사스주 오스틴은 그런 기반이 있다. 뉴멕시코 주 샌타페이도 마찬가지다. 샌프란시스코도 그런 곳이다.

인터넷은 매출 증대에 영향을 줄 뿐 아니라 고객을 매장으로 끌어들이는 직접적인 마케팅 수단이며, 동시에 제품을 홍보하고 정보를 제공하는 상업적인 도구다. 여러 쇼핑몰과 도시에서 우리는 안내시스템 키오스크kiosk와 쇼핑카트를 새로 고안했다. 도심지 로스앤젤레스와 그랜드 센트럴 역부터 파라무스 파크 몰Paramus Park Mall에 이르기까지, 이곳에 가면 타겟에서 구경할 수 없는 근사한 물건을 중소상인들이 팔고 있다. 쇼핑 관련 잡지가 인기를 끈다. 집 꾸미기에 대한 관심도 그 어느 때보다 높다. 사람들은 백열전구보다 양초에 돈을 더 많이 쓴다.

그로브는 미래의 쇼핑몰을 보여주는 청사진이다. 즉, 여러 문화를 시각적으로 체험하는 안전한 공간이다. 영화와 같은 가상의 공간, 환상의 공간이다. 그런데 쇼핑몰에 가면 우울하다는 여성이 왜 그렇게 많은 걸까? 실제로 우울하기 때문이다. 똑같은 매장에 똑같은 분위기이기 때문이다. 밖이 보이는 창도 없고 공간끼리 유기적이지도 않다. 여성 고객은 조지아 주 메이컨Macon이든 워싱턴 주 스포캔Spokane이든 거기가 거기라고 느낀다. 이러니 여성들이 착잡한 기분으로 집에 돌아가지 않겠는가?

오늘날 쇼핑몰의 혁신과 진화를 생각하면 한창 들끓고 있는 다른 국가들의 쇼핑몰이 생각난다. 두바이에는 이슬람권에서 추앙받는, 이슬람계의 마르코 폴로Marco Polo 이븐바투타Ibn Battuta의 이름을 딴 쇼핑몰이 있다. 이곳에는 안달루시아관, 페르시아관, 실크로드 관 등이 있다. 이븐바투타몰은 각 공간마다 모로코, 터키, 스페인에 온 듯한 분위기를 심으려고 애를 썼다. 그렇지만 뭔가 어색하다. 페르시아관 중앙 뜰에 스타벅스도 있기 때문이다.

더욱 친근감이 들도록 새 단장한 쇼핑몰도 있다. 라스베이거스의 패션쇼Fashion Show 쇼핑몰에 가면 패션쇼 무대처럼 반짝이는 조명을 설치한 중앙홀과 만날 수 있다(도쿄 하라주쿠에 갔을 때도 이와 똑같이 꾸민 곳을 보았다). 혹시 라스베이거스에 있는 베네치아 쇼핑몰에 가서 천장에 박힌 가짜 하늘을 올려다본 적이 있는가? 뭐 마음에 들지 않을 수도 있다. 하지만 한 번은 경험해볼 만하다. 누군가 아주 그럴듯한 솜씨로 천장을 손봐서 마치 다른 곳을 여행하는 듯 매우 환상적인 기분을 선사하기 때문이다. 여기에 아주 중요한 시사점이 있다. 대중적인 공간을 안이 텅 빈 기이하고 흉측한 콘크리트로 채우지 말고, 깨끗한 배경과 조화를 이루도록 연출하라는 점이다. 몇몇 과감한 쇼핑몰 개발업체들은 놀이공원 콘셉트를 한껏 활용하기도 한다.

현대식 쇼핑몰에서 또 하나 마음에 드는 점이 뭔지 아는가? 바로 썩 괜찮은 주차 표지다. 최근 나는 도쿄에 있는 이토 요카도(식료품 및 잡화 판매업체-옮긴이)에 갔다가 자전거 주차장에 있는 동물 모양 표지판에 눈길이 갔다. '배기량 4CC 이하'면 하루 중 아무 때나 곰과 늑대, 기린 모양이 그려진 주차 공간을 이용할 수 있다. 내가 방문한 일본의 한 쇼핑몰은 마치 영화 〈딕 트레이시 Dick Tracy〉(형사 딕이 범죄조직과 맞서 싸우는 내용-옮긴이)에서 튀어나온 사람처럼 검은 바지에 하얀 셔츠, 조끼를 갖춰 입고 중절모까지 쓴 남자 직원을 주차장에 배치했다. 이들은 영화에 나온 의상을 일본식 유니폼으로 감각 있게 차용했다.

일본 쇼핑몰 외곽에 있는 도쿄의 미드타운 midtown(주택지구와 상업지구의 중간 지역-옮긴이)에 가보면, 정적이고 이해하기 어려운 지도가 아닌 사용자와 교감하는 안내판이 있다. 바로 버튼만 누르면 현 위치를 알려주는 전자 지도다. 여자들은 대체로 3D지도를 보면 길 찾기를 더 수월하게 느낀다. 도쿄 지하철에는 한 가정주부가 고안해낸 경이로운 지도가 있다. 이 지도는 가려는 목적지에 따라 타야 할 전동차를 보여준다. 행선지별로 부호화한 지도인 셈이다. 그래서 만약 히비야Hibya 역에 내려 헤르메스Hermès 매장에 갈 계획이면 6번 전동차를 타는 게 최선이다. 예상대로 이 특색 있는 지도는 엄마들과 나이 든 여성들에게 매우 인기가 높다.

그렇다면 이렇게 여성친화적으로 새 단장을 한 소매점이 왜 다른 나라에서는 보이지 않는지 궁금할 것이다. 호주에서 한창 인기를 끌고 있는 '모든 것을 해결해주는 쇼핑몰mall as all'이 왜 미국에서는 생길 기미조차 없는지 궁금할 것이다.

그 답은 호주처럼 거대하고 인구밀도가 낮은 나라는 북적이는 공간이 그리고 한지붕 아래 모든 것이 가능한 공간이 소비자들에게 인기이고 갈수록 이들을 매료시킬 것이라는 점에 있다.

일본에 가보면 일본의 패션 문화와 일본식 쇼핑몰을 주도하는 한 가지 요인이 이십대 때로는 삼십대 초반까지 부모와 한집에서 같이 사는 젊은 여성이라는 점을 알 수 있다. 이 젊은 일본 여성들은 집세를 낼 필요가 없기 때문에 자기가 번 돈을 외모에 지출할 수 있다. 일본의 패션을 주도하는 두 번째 요인은 안전한 대중교통 시스템이다. 도쿄의 여고생은 25킬로미터 떨어진 십대 패션의 중심지를 쉽게 오갈 수 있다. 그렇지만 미국의 경우 뉴욕의 웨스트체스터Westchester 고등학교에서 맨해튼의 그리니치 빌리지Greenwich Village 까지 용기를 내어 전철을 타고 안전하게 다녀올 수 있는 여중생이 얼마나 될까? 또 이를 허락할 부모가 몇이나 될까? 나는 일본 지하철에서 혼자 돌아다니는 아홉 살짜리 꼬마를 보았다. 아마 미국이었다면 이를 아동학대로 여겼을 것이다.

또 하나, 그로브의 주차장으로 들어가자 네덜란드 전역에 있는 여성친화적인 주차장이 떠올랐다. 네덜란드의 디자이너들은 미국인에게 익숙한 하얀 선을 차례대로 그은 주차장이 아니라 여성을 배려한 주차 공간을 만들었다. 이는 마치 직사각형 상자처럼 생긴 공간이다. 생물학적 이유 때문인지 몰라도 네덜란드 디자이너들은 여성들이 두 개의 정해진 선 사이에 끼이는 것보다 어떤 물체 위에 올라설 때 그리고 자신의 소형차도 그렇게 주차했을 때 더욱 편히 느낀다는 사실을 알아냈다. 반면 남성들은 생물학적 이유 때문인지(그리고 표적을 겨냥하고 맞출 때 쾌감을 느끼기 때문인지), 목표물 사이로 자신의 차량을 조정해 들어가는 쪽을 더 편히 받아들인다는 사실을 알았다.

조만간 이런 콘셉트가 우리 곁에도 올까? 그리고 이러한 시도가 혁신의 물꼬를 트게 할까?

혁신의 시작을 논하기에 앞서 전 세계 쇼핑몰에 몇 가지 조언을 하고 싶다. 우선 바람직한 탈의실을 마련하라는 것이다. 한 10년 전쯤 나는 주말을 기꺼이 포기하고 「뉴욕타임스」의 저명한 칼럼니스트 페넬로페 그린Penelope Green과 함께 뉴저지 주 퍼래머스Paramus에 있는 가든 스테이트 플라자Garden State Plaza 쇼핑몰을 돌아다니며 탈의실을 살폈다. 그중 한 탈의실에서 우리는 딱딱해진 감자튀김과 구겨진 휴지를 발견했다. 또 다른 탈의실에서는 어디선가 튀어나온 셔츠 마분지, 그리고 서른 개쯤 되는 핀을 발견했다. 아아, 그후로 10년이 흘렀건만 탈의실들은 대체로 큰 진전이 없다.

우리 사무실에서 한 블록 떨어진 케이트 스페이드Kate Spade 매장에 가면 내 마음에 쏙 드는 탈의실이 하나 있다. 이 매장은 영국 작가 포스터E. M. Foster의 『인도로 가는 길Passage to India』부터 헤밍웨이의 『무기여 잘 있거라A Farewell to Arms』에 이르기까지 펭귄 출판사의 고전 시리즈 페이퍼백 표지로 탈의실을 장식했다. 각각의 책표지는 케이트 스페이드 핸드백이 상징하는 각 시대의 스타일을 연상시킨다. 콘셉트 면에서 매력 있고 박식하다. 물론 이러한 의도를 눈치챈 고객은 스물다섯 명 중 한 명 정도겠지만. 매장 직원과 맨 처음 이곳을 둘러봤을 때 그 역시 함의를 알아채지 못했다. 도리어 내가 1970년대에 바서 대학을 다니면서 고급 영문학 수업을 지나치게 수강한 탓일지도 모르겠다.

말이 나온 김에, 머릿속에 떠오르는 그런대로 괜찮은 탈의실의 요건을 말해보겠다. 우선 옷을 입어보는 여성이 자신을 돋보이게 하는 조명(다시 말해 너무 밝지 않은 조명)을 조절할 수 있어야 한다. 둘째, 여성이 몸을 이리저리 움직이면서 여러 각도에서 옷매무새를 살필 수 있을 만큼, 그리고 필요한 경우 유모차를 안전하게 세울 수 있을 만큼 공간이 널찍해야 한다. 셋째, 무엇보다도 중요한 사항인데, 탈의실이 '청결해야' 한다.

그다음 조언은 뭘까? 모든 쇼핑몰은 아내나 사랑하는 연인, 누이, 딸이 쇼핑할 동안 남자들이 걸터앉아 쉴 만한 공간이 필요하다는 점을 명심해야 한다. 어쨌거나 옷을 여러 벌 입어보고 퇴짜 놓고 하려면 상당한 시간이 필요하다. 이런 이유로 나는 벤치

즉 개인적으로 '화분 의자plant chair'라고 부르고 싶은 물건을 들여놓았으면 한다. 그래서 여성과 같이 온 남성이 탈의실 밖 의자에 앉아 뭔가를 즐기며 기다리게 했으면 한다. 즉, 신문이나 「뉴스위크Newsweek」 「스포츠 일러스트레이티드Sports Illustrated」를 훑어보게 하거나, 플라이낚시에 관한 케이블 방송을 시청하도록 하면 되는데, 이 모두 괜찮은 발상이다. 그러면 남성들은 여성들에게 덜 보챌 것이고, 심지어 이곳에 정신이 팔릴지도 모른다! 남자가 행복한 얼굴로 시간을 보내고 있다는 사실을 알면, 여성도 더 오래 쇼핑을 즐길 수 있다. 모두에게 좋은 일 아니겠는가.

런던에 있는 패션 기업 '마크 앤 스펜서Marks&Spencer'는 영국의 몇몇 매장이 겪는 이러한 문제를 대합실처럼 꾸민 대기 공간을 만들어 해결했다. 이렇게 하면 남자들은 도살장에 끌려온 줄 알았다가 천국에 온 기분을 맛본다. 이들은 안락한 가죽소파에 느긋하게 기대 앉아 비디오를 감상하고 축구시합 중계방송을 보며 간식을 오물거리고 심지어 음료수까지 주문해 마신다. 이보다 소규모인 매장들은 이와 비슷한 시설을 갖추려면 공간과 예산이 부족할 것이다. 그렇지만 지혜를 짜내고 상식을 발휘하여 남성용 잡지를 몇 권 비치하는 등 매출 증대를 꾀할 만한 대안을 떠올려볼 일이다.

그러면 매장들은 여성이 쇼핑을 마칠 때쯤 남성들이 읽다만 「지큐」나 「아웃도어 라이프」 같은 잡지를 사가도록 할 만한 묘책을 짜낼 수 있을 것이다.

12장

내 입에 들어가는
음식은 소중하니까!

토요일 아침 9시. 나는 애빙던 스퀘어^{Abingdon Square}라고 알려진, 사람들로 북적대는 맨해튼의 작은 정방형 보도에 서 있다. 이곳은 우리 지역 농산물시장의 중심지다. 나는 매주 토요일 집에 있을 때면 대개 이곳에 나온다.

우리 동네 시장은 그리 크지 않다. 좌판은 모두 합해 예닐곱 개 정도다. 그렇지만 이곳에는 농부가 있고 그들은 내 얼굴과 취향을 안다. 또 우리는 늘 잡담을 나누며 즐거워한다. 내가 10년 넘게 옥수수와 콩, 감자를 구입해온 곳은 바로 메리네 가게다. 다부진 몸매에 웃는 인상인 메리는 말투에서 뉴저지 억양이 강하게 묻어난다. 이곳에는 윤씨 부인 가게도 있다. 이 가게는 손수 기른 각종 푸성귀뿐 아니라 아시아산 풋콩도 판다. 윤씨 부인은 내게 방금 들어온 이색적인 무를 보여주며 요리해 먹는 법도 일러준다.

이는 우리 동네에서만 벌어지는 풍경이 아니다. 요즘 전 세계에는 시 외곽의 도시와 마을에 저마다 농산물시장이 있다. 좌판 두서너 개를 벌여놓고 상추와 매킨토시McIntosh 사과를 파는 곳부터, 지역에서 목초로 키운 쇠고기, 손수 만든 염소 치즈, 지역산 꿀과 잼, 메이플 시럽 등 온갖 물건을 선보이는 스무 개가 넘는 상점까지 그 모습도 다채롭다. 미국의 농산물시장은 동네 도서관 옆자리로 밀려났다. 셔터를 내린 프리메이슨 집회장 옆 300평짜리 공터나 마을회관 맞은편에 이런 가게들이 문을 열었다. 일본에 가면 고속도로 휴게소나 철도역 부근에서 이런 곳을 발견할 수 있는데, 이곳에서 농부들은 채소절임과 사탕, 채소, 지역 해산물 등을 판다. 영국 전역에도 농산물시장이 500곳 가까이 되며, 뉴욕시티도 월, 수, 금, 토요일이면 이곳에서 가장 유명한 시장이 유니언 스퀘어Union Square의 노른자위 땅을 접수한다.

내가 보기에 농산물시장이 인기를 얻게 된 것과 우리가 먹는 식품의 변형과정 즉, 식품 자체를 제조하는 일과 동네 슈퍼마켓에서 파는 식품의 종류가 바뀐 것은 온전히 그리고 은밀하게 여성의 손에 의해서인 것 같다. 생각해보면 식량 생산은 언제나 남성의 영역이었다. 동시에 여성은 먹을거리를 모으고 이를 보존하며 저장하고 요리하는 일을 맡았다. 1900년에 살던 농부는 1950년의 농부보다는 기원전 500년의 농부와 더 공통점이 많아 보였다. 20세기로 접어들자 남녀 모두 식량을 생산하기 시작했다. 남성은 하루 종일 밭에서 일한 반면 여성은 부엌에서 땀 흘려 일했다.

20세기 중반 이후 어느 지점부터 위치가 강등당한 여성은 새로운 임무를 맡았다. 바로 장부를 관리하고 농사일을 보조하는 역할이었다. 점차 남성 농부들은 자녀들은 물론 농가 일손을 하나둘 떠나보냈고, 부인들은 실제 식량 생산현장에서 떨어져나와 사소한 후방 업무를 맡았다. 다시 농가가 생산한 산업용 식량은 남성이 가공하고 남성이 포장했으며 소매점 산업을 통해 정식으로 유통했다. 따라서 버터는 말할 것도 없고 잼 종류를 만드는 일에서도 여성들은 물러났고, 가전제품이 나오고 즉석식품이 등장하면서 여성들의 가사업무는 한결 수월해졌다. 1958년 가정주부에게 세탁기는 시간을 크게 절약해주었을 뿐만 아니라 작은 기적과도 같았다(강가에서 하는 손빨래는 시간을 많이 잡아먹었다).

1970년 무렵 자급자족만 할 뿐, 전문적으로 농업에 종사하지 않는 사람들이 생기면서 농업 분야에 커다란 물결이 일렁거렸다. 요즘으로 치면 '땅으로 돌아간 사람들'쯤 될 것이다. 이들은 대개 손수 식량을 마련하고자 했다. 나무를 자르고 숲을 베어냈다. 집에 닭도 길렀다. 이때는 모두들 건강에 극도로 신경을 쓰던 시대 즉, 소비자들이 신선한 과일과 채소를 더 많이 사려던 채식 흐름과도 맞아떨어졌다.

당시에는 각 가정의 주방마다 낡고 얼룩진 요리책인 『작은 행성을 위한 식사Diet for a Small Planet』가 꽂혀 있었다. 몰리 카젠스Mollie Katzens가 자필로 쓴 『마법에 걸린 브로콜리 숲The Enchanted Broccoli Forest』 그리고 물론 이와 짝을 이루는 『단풍나무 요리책The Moosewood Cookbook』도 있었다. 우리 집에도 어딘가에 이 책이 있다. 예나 지금이나 흥미로운 책이다.

그러면 오늘날 농업 분야의 성별 분업은 어떻게 이뤄지고 있을까? 중요한 점은 더이상 여성 농부가 없다는 것인데, 적어도 역사적 맥락에서 보면 그렇다. 1990년대 초부터 가족농업은 무너지기 시작했다. 전통적인 농사꾼 집안의 자녀들은 가업을 잇는 데 도통 관심이 없었다. 농사가 물에 질산염을 배출하고 폐에 살충제를 뿌리며 자식에게 암을 유발시키는 일이라면, 또 흙투성이가 되어도 불안정한 수입에 시달려야 하는 일이라면 이들에게 농사는 안중에도 없는 일이었다. 많은 농가의 남편들이 농사가 아닌 직업을 구했다. "커서 아빠처럼 될래요." 같은 말이 사라졌고, 많은 농가의 자녀들이 화학업체 다우Dow나 농업기업 몬산토Monsanto에서 직장을 구했다. 그렇지만 유기농 과일과 채소를 기르면서 자녀들이 다시 농촌으로 돌아왔고, 농업에 대한 자부심과 존경심도 회복되었다.

그렇다고 해서 여성이 농사현장을 떠났다는 뜻은 아니다. 여성은 농사일을 좋아했다. 여성은 식량을 보관하고 통조림 만드는 일도 좋아했다. 시간이 흐르면서 여성들이 대학에 들어가기 시작했고, 나이 든 부모를 모시고 자녀를 돌보게 되면서 건강한 음식을 찾기 시작했다. 그때나 지금이나 여성의 전통적인 역할은 가정을 돌보는 일이다. 그래서 여성들은 호르몬이 없는 양질의 우유를 원한다. 또 진짜 복숭아를 원한다. 그리고 자신이 먹는 음식에 화학

물질이 들어가는 것을 꺼린다. 그리고 자기 딸들이 열 살이나 열한 살 때 초경을 하는 현실도 원하지 않는다(나는 란제리 산업에 관련된 일을 하다가 여성의 평균 가슴 크기가 1950년대 이후 한 컵 반씩 커졌다는 사실을 알았다. 통계상으로는 산업용 닭고기와 쇠고기에 주입한 각종 호르몬의 증가가 그 원인이라고 보는 게 일반적이다).

여성은 여전히 집안에서 장보기와 가사일 대부분을 담당하는 사람이다. 여성은 주어진 예산 안에서 유기농식품과 일반식품의 구입 비율을 조정한다. 대다수 여성은 미 식품의약국이 자신들을 위해 제 역할을 하고 있다고 보지 않는다.

그렇지만 요즘 여성 농부들을 보면 성별 역할의 경계가 거의 무너졌다. 현대식 농업은 기술과 재능 면에서 남녀구분이 사라졌기 때문이다. 더이상 남녀 사이에 '신체적인' 노동분업이 없으며, 남녀의 기술에도 전혀 차이가 없다. 과거에는 남성이 온갖 힘겨운 일을 했다면, 요즘 농촌에서는 남녀 모두 농기계를 똑같이 다룬다. 남성은 회전식 경운기 운전이나 화초 재배, 회계장부 정리에서도 뛰어난 능력을 보인다. 여성은 20킬로그램짜리 멜론을 들어 올리면서 쾌감을 느끼기도 한다.

농기구의 진화는 분명 성 구분이 없는 농경에 기여했다. 이스라엘이나 뉴질랜드 식 관개시설과 울타리 치기 기술이 없었다면 오늘날 곡물이 아닌 풀을 먹는 소 방목도 없었을 것이다. 이러한 기법은 고지방 육류에 대한 대비책으로 갑자기 등장했는데, 영양면에서 월등하고 인간이 먹기에도 더 없이 좋은 고기 사육법으로 널리 인정받았다. 남성들이 힘을 모아 몇 시간씩 쌓아올려야 하는 돌담과 달리 오늘날 농경지 울타리는 가볍고 이동도 가능하다. 요즘에는 여성들도 소형 방목장을 물리적으로 옮겨 가축들이 이리저리 움직이며 풀을 뜯게 할 수 있다. 게다가 현대식 관개시설 덕분에 가축들은 온종일 마음껏 물을 마실 수 있다.

나나 플랭크Nina Planck는 유명한 음식 칼럼니스트이자 대단히 성공한 농산물시장 운영자다. 2003년 나나는 미국 농산물시장에서 가장 큰 네트워크인 그린마켓Greenmarket 관리자로 일했다. 요즘은 영국에서 농업 생산자로만 구성된 농산물시장 약 열 곳을 관리하면서, 농부 150명 그리고 연매출이 600만 달러에 달하는 식품 생산자와 함께 일한다. 나나는 농가의 딸로 태어나 버지니아 주의 한 시골 마을에서 자랐다. 내가 물었다.

"그렇다면 여성의 지위 변화가 요즘 우리 식문화에 얼만큼 영향이 있지? 예를 들면 자연식 운동을 전파하는 사람을 보면 상당수가 여성이잖아."

"네 첫 번째 질문에 대한 답은 '책임이 많다'이고 두 번째 질문에 대한 답은 '그래, 나도 동의한다'야."

나나가 대답했다.

"그렇다고 결코 우연히 생긴 일이라고 보지는 않아. 웬만한 가정에선 음식과 영양을 책임지는 사람은 여성이거든. 문화를 연구하는 학자들은 이에 대해 할 말이 많겠지만 나는 그보다 생물학적으로 해석해. 여성은 아이를 낳으면 가족을 먹여 살려야 한다는 본능적 기질을 잊지 않아. 우유를 먹이는 엄마라 해도 마치 하드웨어에 내장된 것처럼 이런 성향이 작동해. 심지어 남편이 요리를 즐기는 가정이라도 말이지! 이는 결코 변하지 않는 습성이야."

내가 말했다.

"요즘에는 세상이 온통 정신없이 돌아가잖아. 그렇다면 농산물시장이 요리를 하거나 장볼 시간도 없고, 또 가급적 빨리 만들어지는 음식을 원하는 문화에 큰 반향을 일으킬 수 있지 않을까?

"물론이지."

니나가 대답했다.

"지금 농산물시장이 누구와 대적하고 있는 것 같아? 반가운 소식은 아무리 산업용 식품이 선전한다지만 주위를 둘러보면 내가 몸담은 농산물시장이 확장되어가는 추세라는 거야. 요즘에는 농가에서 직접 제공하는 생우유가 소비자들의 수요를 못 따라가. 풀을 먹인 쇠고기도 마찬가지고. 나는 소시지에 쓰레기 같은 걸 집어넣지 않은 산업용 소시지 제조업체 이름도 대라면 댈 수 있어. 게다가 홀푸드가 미국 정부보다 앞장서서 트랜스지방을 금한 것은 참 잘한 일이라고 생각해. 이는 비즈니스가 정부를 이끈 어마어마한 사례였지."

당신이 사는 곳이 어디든 요즘 농산물시장 덕분에 우리 삶의 질이 눈에 띄게 향상되었다. 게다가 농산물시장은 다양한 고객에 맞춰 다채로운 상품을 선보였다. 소비자들은 생산자에게서 직접 물건을 구매하면서 기쁨과 만족을 얻는다. 나는 지금 꼼수를 부리며 허접한 물건을 파는 판매자나 트럭 뒤에서 떨어진 멍든 제품을 파는 벼룩시장을 말하는 게 아니다. 농부가 아닌 이동상인이 중심이 되어 우리 고장 와인, 우리 지역 치즈 등 맹목적인 지역성이 판치는 유럽의 재래시장과 달리, 미국의 대다수 농산물시장에는 물건을 파는 사람이 곧 채소를 재배한 사람이자 생선을 잡아 구운 사람, 닭을 길러 알을 거둔 사람이며 염소 치즈를 발효시킨 사람이다. 이곳에는 중간상인이 없다. 단지 당신과 재배자, 물건과 돈이 오가는 풍경, 온갖 신선한 물건을 담아가도록 내미는 종이봉투가 있을 뿐이다.

물론 중간상인을 없앴다고 해서 지출이 줄지는 않는다. 대다수 농산물시장의 제품은 딱 슈퍼마켓에 진열된 제품만큼 값을 치러야 한다. 그래도 많은 사람들이 이를 기꺼이 받아들인다.

농산물시장에서 가장 마음에 드는 점 한 가지는 이 시장들이 한때 무너질 것만 같던 지역에 다시 활기를 불어넣었다는 사실이다. 한때 비상계단 쪽 창가 화분에 세이지나 바질을 길렀던 도시인은 코앞에서 다시 흙을 발견했다. 오늘날 도시인들은 허브와 과일, 채소를 동네 텃밭에 기르고 있다. 이주자들은 여주, 실란트로, 파팔로, 칼랄로 등 고향의 특산물을 재배하고 있다. 자신을 위해서 혹은 현지에 파견 나온 동료를 위해 기른다. 인구가 줄고 부동산 시장으로 골머리를 앓으며 저소득층이 살고 개발업체들이 거들떠보지도 않는 이 도시들에서 작은 농산물시장은 거주자들에게 영양공급처의 대안으로 기능하고 있다. 그중 500곳 정도는 디트로이트에 있다. 역사상 소매업은 주거지 및 인구동향과 관련이 깊다. 지역 쇼핑몰과 대형할인점 모두 미국 문화가 교외로 이동하면서 생겨났듯이 중심가가 재탄생하고 도심지가 다시 활기를 띠면서 소매업의 모습도 달라지고 있다. 농산물시장은 그러한 변화 중 하나로 보인다.

미국에는 영유아를 기르는 저소득층 여성을 위한 쿠폰 정책이 있다. 이는 2008년 농업법에 따라 지급되는 쿠폰이다. 이 쿠폰의 취지는 여성들이 농산물시장을 이용하도록 유도하는 동시에 농가를 지원하자는 것이다. 거주지에 따라 여성들은 분기별로 24달러 정도 되는 쿠폰을 지급받는다. 식품구매권food stamp(미국 정부가 저소득층의 식비를 지원하기 위해 발행하는 쿠폰-옮긴이)도 사용 가능하다. 엄마들은 식품 영양에 관한 수업을 들은 다음 근처에 있는 농산물시장 안내지도를 받는다. 여성Woman, 영아Infant, 유아Children의 첫 글자를 딴 이 'WIC' 정책은 인기가 대단하다. 식품 쿠폰만으로 유지되는 농산물시장이 있을 정도다. 최근 어떤 라틴계 농부는 쿠폰 매출로 한 해 4만 4,000달러를 벌었다는 소식도 들었다. 노년층을 대상으로 한 WIC 정책은 더욱 성공적이다. 노인들이 다른 이를 위해 요리하는 경우는 드물다 해도, 일단 손에 돈이 들어오면 이들은 매우 듬직한 소비자로 행동했다.

이는 반가운 소식인데 농산물시장은 고학력 백인여성에게 좋은 평판이 나 있다. 즉, 진보적이고 부유한 소비자들이 찾는 야외 식품시장이 되는 것이다. 시장을 다각화하는 과정에서 한 가지 중요한 진전은 시장이 끌어들이고픈 고객과 똑 닮은 상인을 영입했다는 점이다. 라틴계 구역에서는 스페인어를 하는 시장 관리인이 있어야 오래도록 살아남는 법이다.

소득이나 출신배경과 무관하게 농산물시장은 소비자와 농가 모두에게 만족감을 주는 곳이다. 도시인은 도로포장이 안 된 곳, 사람들로 북적이는 곳과 만날 수 있다. 산업화와 플라스틱이 넘치는 세상에서 농산물시장에 가면 소박함과 진정성을 느끼게 된다.

심지어 아미시 공동체Amish(문명사회를 벗어나 엄격한 규율을 지키며 18세기 말처럼 생활하는 개신교 일파-옮긴이)도 유기농업 흐름에 동참했다. 아미시 농가는 언제나 가족농업을 위해 존재했고 여성들도 가정을 돌보는 역할에 머물렀다. 당연히 이들은 요즘도 19세기 초에 나온 농기구를 사용하며 정부조직에 참가해본 적도 없다. 그러나 유기농 목장 호라이즌 데어리Horizon Dairy, 유기농 협동조합 오가닉 밸리Organic Valley, 유기농 회사 HP 후드HP Hood가 아미시 공동체를 끌어들였고 그 과정에서 자사의 품질을 인증받았다. 그래서 요즘에는 팩스 사용만 제외하면 19세기 방식 그대로 농장을 운영하는 소규모 아미시 농가를 찾아볼 수 있다.

기반이 탄탄한 대형 농산물시장이 많은 언론의 이목을 끌긴 했어도, 내가 가장 기대를 거는 곳은 바람직하게 성장하고 있는 작은 동네시장이다. 더이상 농산물시장은 히피들이 낡은 홀치기 염색 옷을 입고 나타나 흠난 순무를 파는 곳이 아니다. 농산물시장의 변화는 심상치않다. 요즘은 화장품부터 모발제품, 유기농 옷까지 온갖 물품을 판다. 지금 같은 노령화 시대에, 우리가 시장에 간 게 아니라 반대로 시장이 우리에게 성큼 다가온 모습은 비즈니스 면에서 매력 있고 현명할 뿐만 아니라 친밀감과 귀속감을 자극하면서 공적 영역에 어떤 목적의식을 심어준다.

그렇다면 언제쯤이면 전자상거래 산업도 이에 발맞추게 될까? 농산물시장에 아쉬운 점은 좌판 뒤쪽에 사이버트럭이 없다는 점이다. 이런 시스템을 갖추면 매주 마음에 드는 물건을 미리 주문하고 시장을 둘러본 다음 "파코 GHS893입니다."라고 말한 뒤 내 물건을 찾아 집으로 돌아올 수 있을 것이다.

한편 다른 나라들도 농업 생산과 농업 마케팅에서 미국을 넘어서고 있다. 나는 전에 브라질 상파울루에서 두 시간 반 떨어진 유기낙농업 현장을 방문한 적이 있다. 유제품이 안전하게 생산되는지 살피기 위해 한 달에 수천 명이 나와 같은 발걸음을 한다고 한다. 이곳에선 소 4,000마리를 관리했다. 직접 목초지를 길러 소들에게 먹이고, 요구르트, 치즈, 우유를 생산할 뿐 아니라 포장까지 직접 해결했다. 이곳의 한 가지 원칙은 소 젖 짜기를 남편과 부인으로 이뤄진 팀에 맡긴다는 점이었다. 이들 부부가 같이 살고 같이 식사하며 잠자리를 같이 하고 서로의 리듬을 잘 맞춘다는 전제하에서였다. 소들이 인간과 신체적으로 밀착하는 유일한 때는 젖을 짜는 순간이었다. 이 과정에 내재한 친밀함과 차분한 정서가 소에게도 전해지는 듯했다.

또 어떤 차이가 있을까? 브라질의 낙농업은 같은 물을 서로 다른 용도로 세 번 사용하는데 우선 소의 갈증을 해소하는 데 쓴다. 그다음 소를 씻기고 마지막으로 착유장을 청소하는 데 쓴다. 그리고 이 물은 물정화 센터로 보내져 전 과정을 다시 반복한다. 이곳을 찾은 방문객들은 저온우유와 초저온우유를 마셔야 하는 이유 및 영양정보에 관한 강의를 듣는다. 물론 이때 무료 시음제품도 받는다. 그런 다음 실로 황홀한 순간이 온다. 이쯤이면 방문객들은 소들을 전부 둘러본 뒤다. 우유 짜는 과정도 견학했다. 농장에서 생산한 우유도 맛보았다. 낙농장에서 물을 사용하는 과정, 두 번 더 재사용하고 재활용하는 과정도 살폈다. 낙농업과 영양에 대해 핵심적인 내용도 이해하게 되었다. 이때 낙농장 안내인이 말한다.

"여러분들은 지금 세 시간 동안 농장을 둘러보셨습니다. 그런데 뭔가 '안' 보이는 거 없습니까? 뭔가 허전한 것 없나요?"

처음에는 다들 어리둥절해한다. 그러면 안내인이 다시 말을 바꿔 묻는다.

"파리가 한 마리도 안 보인다는 점 눈치채셨습니까? 이는 저희가 꾸준히 청결하게 관리하기 때문입니다. 이러한 이유로 저희 제품이 값을 좀더 받습니다."

전통적인 포도농장은 오물과 파리, 진흙, 온갖 찌꺼기가 들끓는 곳이다. 그렇지만 이 브라질 낙농장은 혁신적인 위업을 쌓았다. 방문객들은 이제 이 낙농장 그리고 이 브랜드와 한결 친밀해진 기분이 든다. 제품들을 트럭에 싣고 이들이 사는 지역에 실어가면 대부분 완전매진이다. 다른 유제품보다 가격이 15퍼센트 높다. 하지만 그만한 가치가 있다. 이런 제품을 판매하는 일은 텔레비전이나 미디어의 선전공세와 무관했다. 제품판매는 곧 소비자에게 가격차별이 합당한 '이유'를 보여주는 일이었다. 이는 내가 여태껏 본 가장 경이로운 마케팅 방식 중 하나였다.

문제는 내가 이러한 구상을 미국 고객들에게 제시했을 때, 대체로 이런 반응을 보인다는 점이다.

"좀 특이해 보이는데요?"

이들은 여성들이 이런 제품에 몰린다는 사실을 아직 깨닫지 못한 걸까?

식품을 소규모로 생산하고 가공하는 일은 역사적으로 여성의 영역이었고, 내 생각에 이는 원예를 사랑하는 여성들의 기질에 일부 뿌리가 있는 것 같다. 오하이오 주 콜럼버스에서 유기농 관리사로 일하는 내 친구 제이니 마르 베럼Janie Marr Werum은 내게 자신을 비롯해 자기가 아는 많은 여성들이 원예를 통해 초자연적인 기운을 느낀다고 말했다.

"요즘처럼 정신없이 살다보면 흙을 파고 자연의 질서를 느낄 필요가 있어. 봄에는 꽃이 피지. 12월에는 만물이 잠들고 우리도 집안에 틀어박혀 책을 읽어. 1월이면 종자를 구입해. 2월이 되면 '아, 봄이 왔구나!'라고 감탄하지. 그러다보면 시트콤 〈사인펠드Seinfeld〉 재방송보다 자연의 질서에 더 관심이 가는 순간이 찾아와."

나도 자라면서 원예를 사랑하고 흙에 손을 파묻은 여성들을 많이 만났다. 우리 어머니는 원예 수업도 들었고 심지어 집에 선생을 모셔와 꽃꽂이 수업을 받기도 했다. 우리 아버지도 식물 키우기에(잠시나마) 관심을 보였다. 한번은 아버지가 잡지 기사를 읽더니 잘게 조각낸 신문지에 감자를 키우기로 했다. 감자를 키워보니 이는 아버지가 기꺼이 감수하려던 시간과 비용, 노력을 훨씬 웃도는 일이었다. 몇 주가 지나자 아버지는 다시 동네시장에 가서 감자를 사오기 시작했다.

내 경우는 어떨까? 만약 내가 텃밭을 가꾸게 된다면 노란 바질 아니면 동네시장에서 찾아볼 수 없는 이색적인 허브를 길러보고 싶다. 아니면 관상용으로 토종 토마토나 덩굴제비콩을 키워보고 싶다.

내 친구 크리스틴Christine은 부업으로 양봉일을 한다. 크리스틴은 뉴잉글랜드 지방의 부유한 가정에서 다섯 형제자매와 함께 자랐다. 크리스틴은 로우어 웨스트체스터 카운티lower Westchester County에 땅이 있는데 이곳에는 벌통들이 가득하다. 크리스틴은 올해 도시에 사는 친구들을 설득해 각자 집 옥상에 벌통을 설치하도록 했다. 맨해튼의 꿀 중 약 45킬로그램이 이 벌통에서 나왔다. 나는 크리스틴을 '머레이스 치즈 숍Murray's Cheese Shop'의 소유자이자 운영자인 친구 롭Rob에게 소개했다. 롭은 크리스틴의 꿀을 국부성 알레르기에 효과 있는 달콤한 해독제로 포장해 상품으로 내놓았다. 이 제품은 하룻밤 사이에 다 팔려나갔다.

한동안 나도 우리 집 뒷베란다에 벌통을 놓을까 고심했다. 그런데 드림보트가 자기는 벌침 알레르기가 있다고 내게 이 사실을 일깨워주었다. 벌침에 쏘이면 얼굴이 파랗게 질리거나 더 심각한 상황에 빠진다고 했다. 그 길로 나는 생각을 접었다. 그렇지만 아직도 언젠가 북부 프랑스 지방의 특산물인 사과 브랜디를 만들겠다는 환상에서 벗어나지 못하고 있다. 미국 BATFE^{Bureau of Alcohol, Tabacco,} ^{Firearms, and Explosives}(주류·담배·총기·폭발물 단속국)이 개인 양조장 허가권 발급 횟수를 줄이면서, 요즘 브랜디나 보드카, 맥주를 만드는 소형 양조장이 늘고 있다. 게다가 동네 매장을 휩쓴 유기농식품이 승승장구하는 모습도 눈에 띈다. 여성들의 영향력이 아니었다면 애초에 홀푸드는 없었을 것이다.

나는 홀푸드 팬이다. 이 기업과 관련해 한 가지 말하고 싶은 게 있다. 홀푸드는 '홀 페이책(봉급을 모두 쏟아부어야 비싼 홀푸드 제품을 소비할 수 있다는 뜻-옮긴이)'이라는 별칭에 부단히 맞서왔다는 점이다. 경영진은 제값을 하는 물건을 파는 곳이라는 인식을 심어주려고 적극적이었다. 그렇지만 뉴욕이나 시카고처럼 인구가 밀집된 지역의 시장에 가보면, 홀푸드가 아니어도 이곳에서 파는 것과 똑같은 제품을, 그것도 더 저렴하게 파는 곳을 찾을 수 있다. 문제는 이 모든 제품이 한자리에 모여 있지는 않다는 점이다. 홀푸드의 특징 중 무엇보다도 돋보이는 것은 쇼핑이 무척 편리하다는 점이다. 필요하거나 원하는 것 모두 이곳에 있다. 홀푸드는 유기농 영역에서 '모든 것을 해결해주는 몰'인 셈이다. 게다가 홀푸드는 매장에 들어온 고객관리도 확실하다. 매장 전반에 친근한 분위기가 흐른다. 매번 홀푸드에 갈 때마다 나는 직원 한 명과 기분 좋게 교감하고 나온다. 소매업 매장 일이란 게 결코 쉽지 않을 텐데 말이다. 매장은 눈도 매우 즐겁게 한다. 솜씨를 부려 적절히 배치한 사이니지를 활용해 판매상품의 조리법뿐 아니라 그에 관한 소소한 이야기를 전하는 식으로 홀푸드는 쇼핑객들이 가격에 대한 생각을 잊게 만든다.

소비자 입장에서 홀푸드는 균형 잡힌 삶을 추구하는 이들에게 하나의 해결책을 제시하며 도움을 주었다. 이러한 삶은 단순히 맛이 뛰어난 음식을 먹는 게 아니다. 이는 건강한 몸과 마음, 정신을 유지하는 일이다. 홀푸드 매장에는 곳곳에 조리도구가 걸려 있다. 요가 매트와 명상 DVD, 유기농 콩으로 만든 양초, 천연섬유로 만든 양말과 옷도 있다. 물론 다양한 유기농 화장품 코너도 있다. 「리얼 심플Real Simple」과 「요가 저널Yoga Journal」 같은 잡지는 계산대 옆에 비치해놓았다. 게다가 매장의 조명이 무척 아름답다. 불빛이 차갑지도 번쩍거리지도 않는다. 그래서 고객들 특히 여성들은 홀푸드를 먼지 하나 없이 깔끔한 매장이라고 기억한다.

더불어 나는 오늘날 유기농시장의 거대한 흐름 중 하나가 2006년 뜻밖의 업체에서 나왔다고 본다. 바로 월마트다. 오늘날 많은 사람들이 알다시피 월마트는 미국에서 유기농제품을 사들이는 최대 바이어다.

결국 녹색정책으로 시작한 활동이 이제는 정치 영역 및 정치색을 넘어선 흐름이 되었다. 남침례교 보수주의자가 온전한 식품을 먹자는 신념을 품어도 문제되지 않는다. 홀푸드가 어떤 경제적 스펙트럼을 지녔든 월마트에서도 이와 유사한 흐름을 찾아볼 수 있다. 또 기업으로서 월마트를 비방하는 사람들도 있지만, 나는 월마트가 미국 문화의 퇴보를 막는 마지막 보루라는 점에서 이 업체를 두둔한다. 월마트는 말 그대로 수백만 시민을 위해 중산층의 생활양식을 지켜왔다. 월마트가 주목하는 이들은 벌어 쓰기 바쁜 사람들이다. 월마트의 핵심 고객은 홀로 자녀를 키우는 여성이다. 따라서 월마트 본사가 있는 아칸소 주 벤턴빌Bentonville에서 한 관계자는 이렇게 말할 것이다.

"우리는 홀로 자녀를 기르는 여성이 유기농제품을 접하게 해준다. 동시에 돈도 번다."

1980년대 후반 식료품 회사 제너럴 밀스General Mills는 슈퍼마켓에 온 소비자들이 영양성분표를 어떻게 인식하는지 알아보기 위해 인바이로셀에 연구를 의뢰했다. 우리가 발견한 사실은 소득이 많고 교육수준이 높을수록 제품의 영양성분을 분석하는 경우가 많다는 점이었다. 몇 년 뒤, 이와 유사한 연구를 멕시코에서 했을 때도 영양성분표 해석은 읽고 쓸 줄 아는 능력과 관계 있다는 사실을 발견했다. 지극히 당연한 결론이었다. 이 둘은 결국 같은 말 아니겠는가? 아니다. 실은 그렇지 않다. 영양성분표는 중학교 수준의 교육만 받아도 읽어낸다. 나는 이것이 지난 10년간 여성 미디어가 폭발적으로 성장한 덕분이라고 보는데, 이들 미디어의 사설 중 상당수가 식품에 초점을 맞추었기 때문이다. 덕분에 우리는 내 입에 들어가는 식품이 무엇인지 생각하게 되었다.

홀푸드와 월마트에서 3킬로미터 떨어진 교외의 대형 슈퍼마켓에 들어가보면 유기농제품이 중산층의 삶에 얼마나 깊이 침투했는지를 알 수 있다. 이 슈퍼는 열네 개의 통로 중 두 곳을 유기농제품으로만 채워놓았다. 톰스 오브 메인Tom's of Maine 치약, 애니Annie's 파스타, 파이어릿츠 부티Pirate's Booty 스낵 등이 있다. 문앞에는 사과와 배가 담긴 소박한 바구니가 나를 반기고 있고, 그 옆으로는 유기농 상추와 토마토, 옥수수가 있다. 전반적으로 '지역 농산물 판매소' 분위기가 난다.

물론 유기농제품은 10미터 밖에서 사온, 불길하리만치 완벽해 보이고 살수기로 수분을 계속 공급하는 제품보다 다소 비싼 게 사실이다. 그렇지만 이들 슈퍼마켓은 농산물시장, 더 넓게 보자면 여성들이 점화한 흐름에 반응하고 있다. 그 흐름이란 오염되지 않은 식품을 먹고 싶고, 우리 농가에 지역적인 투자가 이뤄지길 바라며, 소비자들이 도시나 동네와 공동 운명체가 되고 싶은 바람이다. 그들은 나름 이렇게 말한다. (헛기침을 몇 차례 한 뒤에) "우리도 바람직한 시민이다!" 5년, 10년 전만 해도 이렇지 않았다. 물론 이러한 동네 슈퍼마켓들은 한편으로는 홀푸드와 다른 한편으로는 월마트와 경쟁해야 할 것이다. 하지만 이들 슈퍼마켓은 어느 모로 보나 좀더 여성친화적인 분위기가 존재한다.

그것은 바로 바람직한 가치를 추구하려는 정서일 것이다.

13장

잡화점의
똑똑한 변신

오래된 시골 가게처럼 보이지만 그렇지 않은 곳은?

힌트를 주겠다. 지금 내 눈앞에는 파일, 펜, 연필, 서류봉투, 컴퓨터 용지가 특정한 순서 없이 널려 있다. 풀장용 장난감, 낙서용 분필, 축구공, 훌라후프가 있다. 게다가 색안경, 샌들, 물총, 날개형 부낭, 잠수용 마스크, 보온병, 아이스박스, 세제통, 샤워커튼, 애완 사료, 숯 봉지, 라이터액, 횃불 모양 전등, 소풍접시, 시계, 액자, 헤드폰, 샌드위치 기계, 환풍기, 에어컨, 방향제, 가습기, 분무기, 매직 마커, 최신 가십 잡지, 심지어 바퀴의자와 스탠드 등 홈오피스 물품만 모아놓은 통로도 보인다.

마치 철물점이 슈퍼마켓과 조명이 환한 편의점, 스테이플스, 소형 타켓, 그리고 건강식품 매장을 섞어놓은 듯하다. 그리고 이 모든 것이 '종합약국'이라는 이름으로 묶여 있다.

그래도 모르겠는가? 나는 지금 바로 현대식 잡화 체인점에 들어와 있다. 길모퉁이에 있던 작은 가게가 대폭 진화했다. 다들 기억할 것이다. 구레나룻을 기른 말쑥한 노인이 계산대에서 이중초점렌즈 너머로 흘깃 쳐다보던 모습을.

이제 이 잡화점이 고객의 60퍼센트 이상을 차지하는 여성에 맞추어 어떻게 변신해왔는지 살펴보도록 하자. 잡화점은 그동안 성 중립적인 장소로 여겨졌지만 잡화점의 주요 고객은 마흔 살이 넘은 여성들이다. 현재 잡화점은 그 어느 때보다 여성들의 필요와 관심사, 책임, 충동, 탐닉에 맞춰 공간을 단장했다.

우리가 이 책에서 살핀 다른 산업처럼, 약국-잡화점도 늘 남성이 소유하고 운영해오던 분야였다. 수년 전 나는 대규모 약국 컨벤션에 참석한 적이 있다. 〈스타 트렉Star Trek〉(미국의 대표적인 공상과학 드라마-옮긴이) 컨벤션을 제외하고, 그런 오타쿠 같은 범생이들을 모아놓은 곳은 내 평생 처음이었다. 아주 최근까지도 제약업계의 중견 경영진은 거의 대부분 승진 사다리를 타고 올라온 남자 약사들이었다.

그런데 40년 동안 상황은 바뀌었다. 약국-잡화점은 흥미로운 모습을 보여주었고, 이는 여전히 진행 중이다. 고객층이 여성 가장과 싱글맘, 자녀와 함께 사는 기혼여성임을 깨달은 제약업계는 당연히 이 여성들에게 팔 만한 물건이 또 뭐가 있을까 고민했다.

생각해보면 일반 여성들은 이미 잡화점을 자기 집처럼 편하게 느낀다. 잡화점은 자신이 쓸 머리 손질 제품과 남편이나 자녀가 쓸 잡다한 용품을 사는 곳, 매장 밖으로 나오면서 집어 든 립스틱을 계산하는 곳이다. 그러므로 잡화점들이 이런 고민을 하게 된 것은 자연스러웠다. '다른 매장들이 놓친 제품은 무엇인가?'

잡화점 매출을 주도한 또 다른 요소는 바로 항상 유동적인 제약 산업이었다. 과거 전체 잡화점 이윤의 65퍼센트를 차지한 것은 처방약 구입이었다. 하지만 지금은 복제약이 생기면서 그리고 잡화점이 슈퍼마켓과 더불어 타겟이나 월마트 같은 대형마트, 온라인 약국과 경쟁하면서 그 수치가 눈에 띄게 줄었다. 그렇다면 잡화점들이 줄어든 수입을 메울 대안은 무엇인가?

이에 대응하기 위해 전 세계 거의 모든 잡화점들이 여성에게 무엇을 팔 것인지 탐색 중이다. 신학기용품, 콩자루 의자beanbag chair, 팝콘 기계, 와플 기계, 간식거리, 냉동식품, 음악 CD[지금 내 눈길은 '어스 윈드 앤 파이어Earth, Wind&Fire(1970년대에 인기를 끈 미국의 흑인그룹-옮긴이)'의 베스트 앨범에 꽂혀 있다], 최근 나온 피서지용 책 등 뭐가 되든 상관없다.

도리어 그렇게 하지 않는 것이 이상했다. 아무튼 청소용품과 세제, 전화선, 백열전구 등 슈퍼마켓의 주요 물품들은 시장점유율이 1년에 5퍼센트씩 떨어지고 있다. 반면 현대식 잡화점들은 이를 비롯한 기타 여러 가지 물품들을 장악했고, 또 이 제품들을 더 친근하고 친숙하며 접근하기 쉬운 제품으로 선보였다. 대형마트에 뚫어뻥을 사러, 혹은 철물점에 고장 난 동축 케이블을 사러 갈 시간과 에너지나 의지가 없는 여성에게 이는 무척 반가운 소식이었다.

현대식 잡화점과 슈퍼마켓뿐 아니라 월마트와 타겟을 지칭하는 매스마켓mass-market(대중에게 물건을 대량으로 판매하는 매장-옮긴이)까지 모두가 동일한 목표를 추구한다. 바로 21세기 여성이 느끼는 쇼핑 욕구를 해소해주고 일상적인 문제에 완벽한 해결책을 제시하는 것이다.

잡화점은 가정을 돌보는 책임에 시달리는 여성을 위해 꾸며놓았다. 여성들은 이곳에 들러 본인이나 식구가 받은 처방전을 내민다. 여성은 잡화점에 들른 김에 비누와 샴푸를, 남편이나 아들이 쓸 면도칼을, 딸이 쓸 컨디셔너나 손톱줄을 집어 들기도 한다. 또 잡화점에는 집에 우유나 달걀이 떨어진 중년 주부가 오기도 하고, 그날 저녁식사로 먹기 위해 빠르고 간편한 냉동식품을 찾는 주부가 들르기도 한다. 그렇지만 현재 잡화점 방문객의 30퍼센트는 여전히 의약품 코너를 찾는다.

잡화점의 진화에서 가장 중요한 요인 중 하나는 지난 10년 사이 약대를 나온 약사 중 65퍼센트가 여성이라는 점이다. 약사는 남성의 직업이라는 전통적 인식이 뒤집힌 셈이다.

잡화업체는 약사와 고객의 유대를 다지기 위해 심혈을 기울였다. 집에서 건강을 관리하는 재택건강관리 사회에서 미국인에게 약사는 예약하지 않고도 또 별도의 비용을 내지 않고도 건강 상담을 할 수 있는 유일한 보건 전문가이다. 게다가 거대 제약회사에게 포섭되었을지 모를 의사와 달리, 약사들은 이들과 얽힌 이해관계가 없다고 생각한다. 사람들의 건강상태 전반과 관련해 주치의보다 동네 약사에게 더 책임이 많다고 할 때, 그리고 사람들이 약사와 얼굴을 익히고 이들을 신뢰하며 이들로부터 정보를 얻는 등 소중한 인연을 맺는다고 할 때, 약사라는 직업은 하는 일에 비해 그다지 대접받지 못하고 영향력도 약해 보인다.

고객들은 약사가 약사자격증을 따기 위해 얼마나 많은 전문지식을 쌓아야 하는지 잘 모르는 것 같다. 약사가 의료 전문가인지 잡화점 직원인지 혼동하는 것 같다. 비타민에 대한 정보, 단순 포진 치료법, 유해약물의 작용원리, 공복이나 만복 때 복용해야 하는 약 등에 대해 알고 싶은가? 그렇다면 동네 약사에게 물어보자.

현대 잡화점 디자이너들은 고객이 동네 약사와 비밀스런 대화를 나눌 수 있도록 작은 공간을 만들었다. 이곳은 주치의나 간호사가 깜빡 잊고 전하지 않은 온갖 정보, 약포장지 옆에 적혀 있지 않거나 적혀 있더라도 글자가 너무 작아 쥐들도 읽기 힘든 내용들을 일러주는 곳이다. 심지어 어떤 잡화점은 사생활 보호를 위해 줄을 그어두고 다른 고객들에게 그 너머에서 대기해달라고 양해를 구하는 안내문까지 써 붙였다. 가장 앞서가는 약국은 당신과 약사가 나란히 서서 대화할 수 있도록 공간을 설계한 곳이다. 이는 세포라 매장을 모방한 구조로 이렇게 하면 고객과 약사가 서로 맞서기보다 함께 고민하는 관계가 된다.

여성은 아무래도 같은 여자 약사와 교감하는 게 더 편할 것이다. 가정을 돌보는 사람끼리 서로 정보와 조언을 주고받을 수 있기 때문이다.

여기서 잠깐, 가정에서 하는 콜레스테롤 검사도 잡화점에서 해줄까? 혈당 관리도 해줄까?

재택건강관리는 미국인의 일상에 급속도로 파고드는 분야 중 하나다. 이는 특히 베이비 붐 세대에 확산된 것으로 보이는데, 내가 아는 거의 모든 베이비 붐 세대가 갖가지 형태로 노부모를 모시는 상황을 보면 더욱 그런 생각이 든다. 이에 현대식 잡화점은 나이 든 부모를 모시는 여성들을 끌어들이기 위해 애쓰고 있다. 이러한 재택건강관리 시장은 현대식 잡화점에서 최고의 수익을 낳는 분야 중 하나이다.

처방전을 내밀었지만 잡화점을 둘러볼 생각이 없는 여성은 뭘 해야 할까? 허름한 의자에 앉아 대기해야 한다.

약국의 대기 공간은 보통 미국 소매점에서 가장 안쓰러운 공간이다. 아프고 칭얼거리는 아이들, 피로와 스트레스에 찌든 엄마들로 가득하기 때문이다. 내가 방문한 잡화점 매장에는 접이식 회색 철제의자가 네 개 놓여 있고, 날짜가 지난 대중 잡지가 쌓여 있었다. 바닥은 더러웠다. 어떤 공간에 온기를 불어넣는 가장 쉽고 빠른 방법은 좌석부터 손보는 것이다. 내 앞에 놓인 의자들은 유나이티드 항공 터미널에 있던 의자처럼 이동이 불가능했다. 가족끼리 모여 앉을 방법이 전혀 없어 보였다. 악을 쓰며 우는 아이를 데리고 암회색 철제의자에 앉아 아이의 귀 염증 치료제를 기다리는 엄마의 모습을 떠올려보라. 가엾은 아이의 관심을 끌 만한 게 전혀 없다. 엄마를 전혀 배려하지 않은 모습이다. 나는 잡화점 경영진에게 누누이 건의한다.

"저런 끔찍한 의자를 왜 계속 놔두는 겁니까? 흔들의자 같은 걸 두면 어떨까요?"(내 기억으로 노스캐롤라이나 주 샬럿 공항은 흔들의자를 일렬로 배치해놓았다. 이와 같이 한 이유 중 하나는 아기들과 어린아이들을 달래주기 위해서라고 했다. 남부 지역의 이런 방식은 널리 전파될 만하다.)

의자를 바꾸는 김에 날짜 지난 「리더스 다이제스트Readers' Digest」 대신 근사한 사이니지와 건강 관련 책자를 놓는 것도 좋지 않을까? 병원들도 이렇게 하는 마당에 약국 대기석이라고 안 될 이유는 없지 않을까?

이 잡화점에서 내 마음에 '꼭' 드는 점은 약국 계산대 아래에 쌓아놓은 손바구니다. 내가 사업 초기에 지금은 없어진 거대 잡화 체인점과 일하면서 발견한 사실은 잡화점에 돌아다니는 바구니 개수와 평균 매출규모가 직접적인 연관이 있다는 점이었다. 돌아보면 지극히 상식적으로 보이겠지만, 당시에는 아무도 바구니를 갖다놓을 생각을 못 했다. 슈퍼마켓에서 소비자들은 자동으로 바구니나 카트를 잡는다. 아주 단순하지만 우리는 그렇게 하도록 길들여졌다. 잡화점은 어떤가? 바구니를 놓아두는 경우가 드물다. 만약 구매욕을 자극할 생각이 없다면 훌라후프부터 〈어스 윈드 앤 파이어〉 베스트 앨범까지 온갖 물품을 쌓아둘 이유도 없지 않을까?

저기요, 상어연골 사러 왔는데요. 병에 든 조스 말입니다!

잡화점에서 비타민과 보충제 코너 역시 꾸준한 성장세다. 이곳은 온갖 자기관리 용품들로 가득하다. 소비자들이 서양의학을 확산시키거나 아니면 이를 피해간다는 뜻이다. 제약회사 빅 파마Big Pharma나 미 식품의약국FDA이 언제나 미국인의 이해관계를 극대화하기 위해 애쓴다고 믿는 소비자들은 그리 많지 않다. 미국은 지구상에서 과잉진료가 넘치는 나라 1위다. 메인 주에서 미국 중서부까지 연못과 대수층에서는 프로작Proazc(우울증 치료제-옮긴이)과 코데codeine(진통제의 일종-옮긴이) 그리고 경구피임약에 들어 있는 에스트로겐이 검출된다. 우리가 삼킨 것이 우리를 둘러싼 환경의 일부가 된다. 과학자들은 암수한몸으로 태어나는 담수어가 늘어날 것이라는 등 이런저런 끔찍한 전망들을 내놓는다.

나는 이렇게 비타민과 보충제에 열광하는 모습이 여성들이 주도한 약초요법에서 영향을 받았다고 본다. 전통적으로 비타민과 보충제 코너는 남녀가 고르게 쇼핑하는 분야지만, 회사들은 남성들의 전통적 관심사인 성기능과 운동기능 향상을 넘어 남성에게 '웰니스wellness'를 표방한 제품을 판매할 방도를 아직 찾지 못했다. 어떻게 하면 남자들의 관심을 끌어서 자기관리 시장을 확대할 수 있을까? 즉 남성들이 예방 차원에서 혹은 그저 건강 유지를 위해 제 몸을 관리하도록 유도할 방법은 무엇일까? '미용'이라는 말이 본래 여성적인 단어임을 감안할 때 그러한 판매 전략을 찾기란 쉽지 않다. 그렇지만 많은 베이비 붐 세대의 남성은 건강과 젊음 유지를 이전과 조금 다르게 받아들이기 시작했다. 이들은 말보르 맨 Marlboro Man(담보로 담배 광고에 등장한 남성미 넘치는 모델을 지칭함-옮긴이)과 작별하고 랜스 암스트롱Lance Armstrong(고환암을 극복하고 사이클 대회 우승을 차지한 운동선수-옮긴이)을 반겼다. 그렇다. 남성은 폐를 시커멓게 만들지 않고도 섹시하면서 동시에 건강한 몸을 가꿀 수 있다. 남성들은 보통 남성 전용 제품에 끌린다. 비타민과 보충제에서 유니섹스는 통하지 않는다. 따라서 이러한 코너에서 압도적인 제품은 박력 있고 남성미 넘치며 아랫도리가 불끈 솟는 듯한 어감을 주는 이름들, 즉 에너지 슈터(강장음료)와 에너지 샷(강장음료), 립트 퓨얼(근육을 울퉁불퉁하게 만들어주는 연료라는 뜻의 헬스 보충제-옮긴이)이며, 그중에서도 압권은 아마 록 스타(강장음료)일 것이다.

광고업자들이 아직도 남성의 외모 관리는 여성과의 연애에 성공요인이라는 식으로 접근한다는 점도 언급할 필요가 있겠다. 광고업자들은 관련 제품을 여성의 호감을 얻기 위한 수단으로 포장하여 남자들에게 개인의 자존심이나 만족감을 위해서가 아니라 여우들의 관심을 끌기 위해 가꾸어야 한다는 식으로 말한다. 반면 여성을 겨냥한 광고에서는 이미 오래 전에 남자에게 잘 보이기 위해 외모를 가꿔야 한다는 식의 모욕적인 콘셉트를 버렸다(지상의 모든 여성은 자기 눈에 비친 모습 그리고 당연히 다른 여성에게 보이는 모습 때문에 자신의 외모를 가꾼다고 생각한다).

대다수의 남자들은 외모에 신경 쓰는 자신의 모습을 남들에게 들키면 멋쩍어하지 않을까? 내 짐작으로는 그렇다. 이에 대한 산뜻한 해결책은 내가 전에 방문한 적이 있는 두바이 쇼핑몰의 남성 전용 살롱이다. 그 살롱의 이름은 '1847'로, 우연인지 몰라도 1847년은 안전면도기가 특허를 받은 기념비적인 해이기도 하다. 이 무채색 공간은 창문도 없어서 사생활을 철저히 보장한다. 남성 고객은 부저를 누르고 들어갔다. 살롱은 손톱, 발, 두피관리는 물론 마사지도 해주었다. 이처럼 남자들이 정성들여 외모를 관리한다는 기겁할 만한 사실을 당시 누가 상상이나 했겠는가?

1847 살롱에서 남성들은 시가도 피우고 스카치도 마실 수 있었다. 유니섹스 살롱이라면 '이러한 서비스'를 한번 시도해봐도 괜찮을 것이다.

그러다가 몇 년 전부터 변화의 조짐이 보였다. 외모가 '중요'하다고 인식한 남자들이 많아졌다. 이즈음 우리 회사는 남성 고객들이 외모를 돋보이게 하고 기분전환을 해주는 제품에 돈을 쓸 의사가 있다는 사실을 알았다. 나는 여성이 문화에 미친 영향력이 커지면서 이러한 확산 효과가 생겼다고 본다. 더 정확히 말하면 남녀 사이의 경계가 갈수록 흐려지는 것이다. 베스트 바이 같은 가전제품 매장에서도, 심지어 남녀관계나 결혼생활에서도 이런 모습이 드러난다. 가전제품 매장의 경우 그 원인은 여성이 제품사양과 기가바이트와 램RAM에 별안간 관심을 보여서가 아니다. 오히려 남성들이 "이건 어떤 제품이지?" 같은 단순한 질문보다 그동안 여성들이 해온 것처럼 "내가 이 매장에서 뭘 사려는 거지?"라고 묻기 시작했기 때문이다. 제모는 물론 체형, 성형수술, 화장기법 등 이외에도 여러 가지에서 사회통념상 '여성적'이라고 여기던 장면을 남성에게서도 발견한다.

최근 나는 런던의 셀프리지Selfridges 백화점에서 출장을 마치고 돌아왔다. 온난화현상이 영국을 강타한 가운데, 그곳에서 날개 돋친 듯 팔리는 물건이 하나 있다는 소문을 들었다. 바로 란제리 업체인 에쿠멘Equmen의 코어 프리시전 언더셔츠Core Precision Undershirt로 널리 알려진 남성판 스팽스Spanx(체형보정 속옷 브랜드-옮긴이)였다. 가격은 얼마일까? 85달러 선이다. 잘 모르는 분들을 위해 설명을 드리자면 스팽스는 여성용 속옷 제품이다. 무릎 아래를 쳐낸 팬티스타킹이라고 생각하면 이해가 빠르다. 스팽스는 울퉁불퉁 튀어나온 살들을 집어넣고, 팬티 라인이 드러나지 않게 하며, 살이 5킬로그램은 빠진 것처럼 보이게 한다. 입기 불편하다는 단점이 있지만(난 입어본 적이 없다. 아는 여성이 말해줘서 알았다) 효과는 확실하다.

에쿠멘의 코어 프리시전 언더셔츠는 검정색이고 몸에 짝 달라붙지만 숨을 못 쉴 정도는 아니며, 입으면 날씬해 보이고 몸매가 적나라하게 드러난다. 최근 나는 이 속옷을 패션에 관심 많은 남자 친구에게 선물했다. 키 197센티미터에 외배엽형인 그 친구는 이러한 속옷이 필요 없지만 호기심을 자극하는 물건이 생기면 늘 좋아한다. 역시나 이 옷을 입으려면 수고가 좀 필요했지만, 일단 입고나자 그의 가슴은 바위처럼 단단해 보였고 아래로 내려갈수록 허리가 가늘어졌으며 등뼈가 죽 펴졌다. 친구는 내게 마치 배트맨이라도 된 기분이라고 말했다.

현대식 잡화점은 나이 든 여성에게 신선한 과일과 채소를 제외한 거의 모든 물건을 갖춘 만물상이다. 게다가 잡화점은 소포장 스낵류를 앞장서서 도입했다. 대형 슈퍼마켓과 도매형 매장인 코스트코와 비제이스BJ's가 유통업을 장악한 세상에서, 수프 1인분과 치리오스Cheerios 1인분을 사먹으려면 여성들은 어디로 가야 할까? 이른바 '짧은 반경shallow loop'에서 해결하면 된다. 이런 이름이 붙은 이유는 고객들이 수 킬로미터 떨어진 매장까지 찾아가거나 길게 늘어선 줄에 설 필요 없이 사려는 물건을 집은 다음 계산대로 바로 가서 필요한 물품 몇 가지만 계산하고 나오면 되기 때문이다. 혼자 사는 사람, 특히 나이 든 사람에게 1인분 제품으로 가득한 코너는 매우 유용하다.

이러한 잡화점은 냉장 및 냉동 식품 코너에 필요한 것만 알뜰하게 갖추어놓았다. 벤 앤 제리스Ben&Jerry's 아이스크림, 그리고 동일한 제품으로 저칼로리 버전도 있다. 진열대에 얼린 생수도 있다. 다이어트 콜라, 탄산음료인 프레스카Fresca, 스프라이트도 있다. 우유와 오렌지 주스, 달걀도 보인다. 린 퀴진Lean Cuisine(냉동식품 브랜드-옮긴이)과 냉동피자도 있다.

그동안 여성들은 편의점을 피해왔다. 한 여성이 동네 편의점에 들어갔다고 하자. 이 여성의 눈에 제일 먼저 들어오는 것은 열쇠고리형 손전등 그리고 수북이 쌓아놓은 검정색 야구모자 옆에 놓인 푸짐하게 진열해놓은 육포다. 바비큐 맛, 히코리^{hickory} 열매 맛, 훈제 맛, 데리야끼 맛, 후추 맛 등 종류도 다양하다. 여자들이 이런 육포를 찾을까? 아니다. 이는 남자들이 찾는 기름진 단백질 간식이다. 이런 편의점에 들어온 여성이 이 편의점의 단골이 될 확률은 당연히 낮다.

말이 나온 김에 덧붙이자면, 과거의 편의점들은 수위가 약한 포르노 잡지의 보급소였다. 대개 섹시한 젊은 여성이 등장하는 도색잡지로 「맥심」「저그스」 같은 음란물과 「플레이걸」(여성을 겨냥한 남자 포르노 잡지-옮긴이)」 같은 종류도 한두 권 꽂혀 있었다. 매장 운영자들은 이러한 너절한 잡지류를 계산대 너머에 쌓아두고는 눈으로 제목만 훑게 했지만, 그래도 여자 고객들은 그 존재를 느낄 수 있었다. 그렇지만 대부분의 체인식 매장들은 이러한 과거를 청산했다. 한 가지 이유는 보수적인 이슬람교도가 경영하는 편의점과 주유소가 많아졌기 때문인데, 이들은 애초에 이러한 물건을 매장에 들여놓기를 꺼려했다.

다시 여성들이 즐기는 가벼운 스낵 쇼핑 이야기로 돌아가자. 잡화점 종사자들은 '품질과 용량 면에서 현대 여성들을 파고들 만한 스낵류를 어떻게 선보여야 하나'라는 문제로 고심한다. 모두 알다시피 미국은 비만으로 골머리를 앓고 있다. 하지만 이곳 잡화점은 봉지를 통째로 뜯어 한 번에 흡입하지 않도록 낱개 포장한 주지후르츠^{JujyFruits} 제품을 비롯해(남자라면 단번에 먹어치우고 싶을 것이다), 용량도 적당하고 가급적 무설탕인 캔디류를 여성에게 선보인다는 사실에 주목하자. 이처럼 여성들이 탐닉하는 무설탕 리세스 Reese's를 파는 잡화점은 남자들이 특대 사이즈 스니커즈를 구입할 수 있는 편의점과 엄청난 차이가 있다.

잡화점은 매장관리만 뛰어난 게 아니다. 잡화점은 원숙한 여성들이 노년을 무사히 넘길 수 있도록 도우며 자신의 분야를 넓혀왔다는 점에서도 흥미롭다. 내가 아는 여성 중에 생애 첫 돋보기를 잡화점에서 구입한 여성들이 몇이나 되는 줄 아는가? 그 수를 헤아리다가 잊어버렸다.

심지어 이런 표현도 있다. "이건 내 잡화점표 안경이야."

마지막으로 한마디 더. 보기 드문 소매점인 잡화점의 탄생 과정에는 어린 여자아이부터 중년 여성까지, 심지어 중년을 넘어선 여성들까지 기여했다.

14장

새 단장한
화장품 매장

태초부터 여성은 하나같이 외모 관리에 열심이었다. '매력'적인 몸매는 시간에 따라 달리 정의되지만(문화마다 다르지만), 여성들이 얼굴과 눈, 입술, 피부색, 향수에 신경 쓰는 모습은 어느 지역이든 마찬가지였다.

최초의 화장품은 어떤 성분으로 만들었을까? 숯과 다양한 색상의 돌가루가 들어갔고, 여기에 기름과 밀랍을 섞었다. 예나 지금이나 냄새는 주로 꽃향을 증류해서 해결했고, 여기에 사향 같은 동물성 추출물을 첨가했다.

화장품과 미용의 기원은 성인식과 결혼식이 주를 이루던 부족의 전통의식에서 비롯했다. 미용은 역사적으로 여성의 기술이었고, 전통적으로 모녀와 자매 혹은 친구끼리 전수하는 기술이었다.

미용은 안수기도하듯 보통 한 여성이 다른 여성을 보살피는 행위였다. 남자들 세계에는 이와 유사한 행위가 없다. 남성들은 악수를 하고 등을 서로 토닥이며 팔짱을 끼고 걷고 몸싸움을 하거나 의식을 잃을 만큼 주먹다짐을 벌이기도 하지만, 대체로 남자끼리 몸치장을 해주는 일은 없다. 남자 안마사와 남자 이발사가 있다 해도 이는 모두 대가가 오가는 행위다.

19세기 중반까지 화장품 제조는 가내수공업 형태였고, 그 제조 비법은 세대끼리 전승했다. 20세기의 거물 에스티 로더Estee Lauder와 헬레나 루빈스타인Helena Rubinstein이 화장품 사업을 시작한 곳도 사실상 자기 집 주방이었다. 최초의 화장품은 여성이 가가호호 방문하며 이웃에게 미용용품을 파는 식으로 유통되었다. 재미있는 사실은 작은 향수병을 끼워주며 책을 팔던 한 남성 외판원이 1886년에 에이본을 세웠고, 훗날 에이본 레이디Avon ladies라고 불리는 열성적인 판매직원들도 생겼다는 점이다. 이 남자 직원이 준 향수는 인기가 대단했다. 반면 책 판매는 시들했다. 결국 새로운 회사가 탄생했다.

1900년 무렵 여성이 운영하는 소형 화장품 사업이 북미 대륙 여기저기에 우후죽순처럼 생겼다. 당시의 판매수수료 책정방식은 많은 여성들에게 획기적이었는데, 순수입이 시간에 비례하기보다 판매망을 뚫는 능력과 비례했기 때문이었다. 이렇게 일대일로 거실을 옮겨 다니며 파는 비즈니스 모델은 메리 케이와 에이본, 여타 유명세가 덜한 브랜드들이 아직도 활용하고 있는 방법이다.

남북전쟁 이후 산업혁명이 시작되면서 많은 여성들이 노동현장 특히 의류산업에 흘러들어갔다. 여성들이 제힘으로 돈을 벌면서 독립된 삶도 마음껏 누리기 시작했다. 그러다 19세기 중반에 기업형 소매와 최초의 백화점이 그 모습을 드러내자 정식으로 브랜드를 띄우고 좀더 체계적으로 제품을 구하고 유통하며 판매해야 할 필요가 생겼다. 바로 이 시점에 미용산업에 뛰어든 남성들은 미용업을 집 안에서 공장으로 끌어냈다. 그리고 대량생산이 이어졌다.

1930년대 무렵, 미용과 화장품 산업은 세 가지 서로 다른 유통 방식을 번갈아 사용했다. 판매수수료를 받는 여자 외판원, 백화점의 브랜드 매장, 그리고 동네 잡화점 및 대중양판점이었다. 사람들은 '대중'과 '클래스class'라는 용어로 미용업계를 구분했는데, 그 기준은 전적으로 가격이었다.

여성이 화장을 해야 하는 상황도 갈수록 경계가 불분명해졌다. 주로 영화산업이 활성화되면서 벌어진 현상이었다. 캐롤 롬바드Carole Lombard, 진 할로우Jean Harlow, 콜로데트 콜베르Claudette Colbert, 글로리아 스완슨Gloria Swanson 등 눈부시게 우아하며 아름다운 여신들이 마스카라를 하고 화면에 클로즈업되자 모든 여성들이 이 모습을 선망했다. 화장으로 얼굴을 돋보이게 하되 조심스러워야 한다는 생각은 이미 흘러가버렸다. 더이상 립스틱은 무대에 오르는 여배우나 헤픈 여자의 전유물이 아니라 대중에게 파고든 일상 소품이 되었다. 이렇게 미용이 대중문화에 침투하자 많은 여성들이 특별한 경우에만 하던 화장을 이제 매일같이 하게 되었다.

그후로 20세기 내내 미용과 화장품 산업은 꾸준히 호황이었다. 잡지를 보고 자극을 받은 십대 여자아이들은 엄마가 아니라 끊임없는 광고 공세와 마구 쏟아지는 정보를 통해 화장품을 접했다. 1년에 130억 달러가 유입되는 미용산업은 예나 지금이나 많은 경우 무분별하고 상업적이며 그 기세가 꺾일 줄 모르는 분야였다.

메리 케이 애시Mary Kay Ash는 텍사스 주 댈러스에 직판회사를 세웠다. 메리는 일정조정이 자유롭고 시간제 일자리를 바라는 가정주부들이 자사의 여직원으로 적합하다고 보았다. 메리는 남편과 함께 신생회사에 5천 달러를 투자했다. '뷰티 컨설턴트beauty consultants'라고 알려진 메리 케이 판매직원들은 우선 '전시용 화장품' 세트를 사야 했다. 그런 다음 개인 집에서 '메리 케이 파티' 즉, 피부 관리 교실을 여는 법을 교육받았다. 이들 뷰티 컨설턴트들은 메리 케이 화장품을 50퍼센트 할인된 가격에 구입한 다음 이를 되팔았다. 메리 케이 부부는 자기네가 고용한 외판원들이 물건을 팔면 그 수수료를 챙겼다. 나는 전에 메리 케이 모임이 열리던 한 호텔에 머문 적이 있다. 활기가 넘치던 이 모임은 여성들의 끈끈한 유대와 동지애, 그리고 내색하진 않았지만 화장품 판매왕이 되면 회사에서 빌려준다는 전설적인 핑크 캐딜락에 대한 욕망으로 버무려져 있었다.

인바이로셀은 1980년대 후반부터 화장품 회사와 일하기 시작했다. 우리 회사의 첫 고객은 커버 걸Cover Girl이었다. 그때부터 우리 회사는 약국과 잡화점, 월마트와 타겟 같은 대중 양판점에서 파는

'대중' 브랜드 그리고 백화점에서 파는 명품 브랜드를 두루 검토했다. 화장품 업체와 일한 지 얼마 지나지 않아 어느 냉소적인 경영자는 내게 화장품 산업의 특징을 '비누를 넘어서려는 욕망이 이룬 쾌거'라고 요약해 말해주었다.

먼저 대중적인 경로부터 살펴보자.

아주 단순하고 실용적인 물건 하나가 화장품 산업을 잡화점에 진입시켰다. 바로 벽걸이였다. 벽걸이는 끝에 고리가 달린 초크 펜슬처럼 생겼다. 똑같은 벽걸이가 가득 박힌 벽에 그 고리가 툭 튀어나와 있다. 그중 하나를 잡아당겨 손바닥에 쥐어보면, 정말 아무것도 아닌 물건처럼 보인다. 그렇다면 이 간단한 도구 하나가 어떻게 잡화점의 미용업을 바꾸었을까? 그 함의는 예나 지금이나 가장 기본적인 내용이다.

벽걸이가 등장하기 전에는 모든 화장품이 판매대 너머 상자에 담겨 있었다. 이 화장품들을 직원들이 하나하나 꺼내 보여주었다. 잡화점에 들어가 얼굴에 바를 파우더를 달라고 하면 작은 상자를 건네받았다. 이 과정에서 다소 용기가 필요했다. 그렇지만 벽걸이는 손님이 알아서 살펴볼 수 있게 도와주었다. 브랜드별로 늘어놓은 제품을 여성들은 만지고, 훑고, 샘플을 써보기도 했다(이는 백화점과 대조적이다. 백화점에는 인정머리 없고 저돌적이며 수수료를 받는 판매직원이 제품에 접근하지 못하게 관리한다). 가장 중요한 점은 가격이 공개된다는 점이었다. 그동안 젊은 고객들은 영수증을 건네받기 전까지 제품의 가격을 알지 못해 곤혹스러웠다.

벽걸이 덕분에 판매대 너머 있던 제품들이 이제 눈앞에 놓이게 되었다. 그렇다고 해도 매스마켓의 미용산업은 언제나 위계가 확실하고 분권화된 시장이었다. 역사적으로 브랜드 세 개가 여성의 얼굴을 부위별로 점유했다. 레블론Revlon은 색상을 맡았는데, 이는 입술과 손톱을 의미했다. 메이블린Maybellines은 눈을 차지했다. 얼굴은 커버 걸 소유였다. 피부관리 혹은 업계 용어로 '위생제품hygiene products'이라 칭하는 영역은 사실상 별개의 범주였다. 여성들이 얼굴에 쓰는 주요 기본제품은 가격이 고작 5달러 정도였다. 이에 대해서는 나중에 더 자세히 알아보겠다.

대중적인 화장품 코너에서 셀프 서비스 방식을 도입하면 온갖 복잡한 문제가 따라온다. 대다수의 매장 관리자들은 화장품 코너를 싫어한다. 인건비가 많이 들고, 절도 문제로 골치를 앓으며, 청결하게 관리하기도 힘들기 때문이다(수년 동안 우리 회사는 십대 여성들이 잡화점 화장품 코너에서 하는 행동을 장시간 비디오로 찍어왔다. 여기서 말하는 행동이란 45분 동안 화장품을 찍어 바르고, 써보고, 거울을 들여다보다가 그냥 빈손으로 매장을 나가는 경우를 뜻한다). 역사적으로 매장에 제품을 공급하는 브랜드들은 새로운 제품 개발에는 매우 뛰어났지만, 인기 없는 제품을 가려내는 일에는 민첩하지 못했다. 결국 화장품 코너는 사람들로 북적대거나 때로는 정신없는 공간이 되어버렸다.

잡화점이든 독자적인 미용전문점이든, 거의 모든 미용제품 매출에는 어느 정도 환상이 개입한다. 다시 말해 소비자들이 자기 모습을 선망하는 대상에 투사하는 과정을 말한다. 동시에 쇼핑행위에는 내가 '정보 주입'이라고 이름 붙인 과정도 어느 정도 포함된다. "이 제품이 맞나? 내가 고른 색상이 맞나? 전에 사본 제품 같은데 포장이 달라 보이네." 이런 질문에 답을 찾는 과정이 바로 쇼핑이다. 여성이라면 누구나 화장품 매장에서 특정 제품을 샀다가 나중에 후회해본 경험이 있을 것이다. 아는 사람끼리 서로 일러준 것이 전혀 없는 상황에서, 여성들은 잡지에서 읽은 글을 대충 떠올리며 되는 대로 수프를 만들듯이 친구와 주먹구구식 대화를 나누거나 판매직원과 신뢰가 가지 않는 대화를 하면서 미용제품을 접하게 된다.

보통 북적거리는 잡화점 통로는 공간상의 문제도 낳았다. 그래서 매출과 무관하게 공간만 차지하는 거울을 떼어버리기도 한다. 잡화점 입장에서 생각해보라. 화장품 코너에 지나치게 거울이 많으면 고객들은 립스틱과 마스카라를 개봉해 발라보고 거울로 확인하려들지 않겠는가. 물론 이때 제품 판매냐 제품 홍보냐라는 딜레마가 따른다. 북적이는 통로에 설치한 거울이나 벽에 붙여놓은 매끈한 얼굴, 탐스러운 입술을 가진 슈퍼모델의 포스터와 고객의 선택이 직결된다면 모델이나 유명인사의 사진을 없애버리기란 쉽지 않기 때문이다. 배우 에바 롱고리아Eva Longoria와 드류 베리모어Drew Barrymore, 여타 유명인들이 어마어마한 돈을 받는 이유도 바로 이런 서비스를 제공하기 때문이다.

결국 대중적 경로, 다시 말해 약국과 잡화점, 대중양판점과 같은 공간에 들어온 화장품 코너는 매장 주인과 고객 사이에 끊임없는 갈등을 낳는다.

이제 백화점 혹은 업계 용어로 '명품 채널'인 곳으로 가보자. 이곳에 가면 동네 잡화점에서 4달러나 5달러 하던 립스틱이 갑자기 네 배 혹은 그 이상의 가격으로 뛴다. 전에 어떤 이가 해준 설명에 따르면, 립스틱에서 가장 비싼 부분은 립스틱을 넣는 케이스이며, 여성들이 내는 돈 중 3분의 2가 마케팅 비용과 수익으로 바로 직결된다고 한다.

백화점 판매대에 간 초짜 고객은 두려워하기 마련인데 사실 그럴 만도 하다. 제품 가격이 보통 숨겨져 있고 판매직원이 고객을 노려보듯 하기 때문이다. 백화점은 보통 매장 앞쪽을 단장하는데, 이 때문에 고객은 더욱 불안에 떤다. 매장 뒤쪽에서 익명성을 즐기는 많은 젊은 여성들이 마치 호화로운 식당 입구 쪽에 앉은 기분을 느끼기 때문이다. 결국 여성들은 뭔가 사야 한다는 부담을 느낀다(그냥 "잘 봤습니다." 하고 인사만 하고 나오려면 보통 용기로는 안된다). 모든 유명 브랜드들은 이를 눈치 채고 고객에게 더욱 다가서려고 노력했다. 그렇지만 일부 문제점은 백화점 자체에 있었는데, 바로 백화점 고객의 연령대가 계속 높아진 탓이다. 젊고 유행에 민감한 여성이라면 어머니를 모시고 화장품과 향수를 사러 백화점에 가는 일을 꺼리기 때문이다.

세포라, 아베다^{Aveda}, 오리진스^{Origins} 같은 독자적인 미용용품 및 화장품 판매점의 유통방식을, 미국 홈쇼핑업체 QVC와 정보성 광고가 고안한 새로운 직접 판매방식과 비교해보자. 후자들은 여성에게 사생활을 보장해주고 자기 집에서 통제가 가능하게 해준다. 외모에 민감한 여성이나 미용제품 매장에서 사람들과 뒤섞이는 것을 꺼리는 여성에게 QVC와 정보성 광고는 그 간절한 기도에 대한 응답처럼 들린다. 이들은 합리적 가격을 공개하고, 구매후기로 구매욕을 자극하며 "잠시만요, 이게 다가 아닙니다!"라는 상투어로 사람들을 끌어 모은다. 여성들은 전화기를 들고 수신자 부담 전화만 걸면 그만이다. 게다가 QVC에는 소비자에게 제품을 직접 판매하는 것과 다름없는 여성 판매자들이 있어서 이들이 특정제품을 사용하는 방법과 자기 피부색에 맞게 색상을 고르는 법을 일러주고, 여러 가지 화장 방법과 개인의 경험담을 들려주기도 한다.

상당수의 사람이 이웃과 형제자매, 부모와 맺었던 유대감을 잃으면서, 친구와 가족이 했던 역할을 텔레비전과 인터넷이 대신하고 있다. 일례로 십대 여성은 볼터치 하는 법을 누구에게 배울까? 앞서 언급했듯이 십대를 겨냥한 잡지가 없다면, 미국 여자아이들은 위생 교육이나 미용 교육 같은 것을 거의 받지 못할 것이다.

'맥^{MAC}'과 '조 말론^{Jo Malone}'처럼 자체 진열대를 마련한 명품 매장도 들어가보자. 이들 매장과 세포라, 아베다, 오리진스, 여타 매장들은 예전처럼 미용 기법을 여자끼리 전수하도록 했고, 매장 안에서 미용 교육과 의례, 제품 판매가 한데 어우러지도록 했다. 셀프 서비스와 판매 도우미가 공존하는, 돌고 도는 유행 같은 이 방식이 미용업계에 잔잔하면서도 지속적인 혁명을 낳고 있다.

세포라는 프랑스 지주회사이자 세계적인 명품 복합기업인 모엣 헤네시 루이비통Moët Hennessy Louis Vuitton, LVMH이 소유한 업체다. 세포라는 21개국에 약 750개의 매장을 두고 화장품과 피부관리용품을 판매한다. 1990년대 초반 세포라가 샹젤리제 거리에 본점을 열자, 이내 그곳은 전 세계 무역상들의 메카로 떠올랐다.

세포라는 판매직원과 고객이 맺어온 종래의 유대관계를 재정립했다. 직원과 고객이 매장 진열대 같은 쪽에 서도록 하여 나와 너라는 구도가 아닌 같이 머리를 맞대고 해법을 모색하는 과정으로 바꾸었다. 매장 주인과 고객이 맺어온 전통적인 관계를 뒤집어버렸다. 세포라 소비자들이 누리는 또 다른 이점은 모든 제품 및 그 가격을 한자리에서 볼 수 있고, 또 마음에 드는 제품을 신속하고 효율적으로 쇼핑할 수 있다는 점이다.

세포라가 고안한 이 방식을 '열린 판매open sell'라고 부른다. 가격이 투명하고, 판매 방식이 친근하고 협력적이며, 명품 브랜드와 자체 기획 상품, 심지어 어반 디케이Urban Decay와 벅섬Buxom처럼 인지도가 없다가 갑자기 뜬 브랜드까지 온갖 제품을 진열해놓았다.

세포라는 화장품 쇼핑이 풍기던 위엄을 없앴다. 그래서 화장품 구매는 즐겁게 치장하는 놀이로, 입술과 눈과 얼굴에 색깔을 입혀보고 내 모습이 어떤지 들여다보는 과정이 되었다. 게다가 세포라 직원들은 손님들이 치장놀이를 할 동안 이를 거들기 위해 매장에 대기했다. 한번은 파리에 있는 세포라 매장 담당자에게 "언제 고객에게 도움을 주나요?"라고 물어본 적이 있다. 담당자는 세포라 직원들에게 고객을 관찰하는 훈련을 시킨다고 답했다. 직원들은 고객이 고개를 움직이는 모습을 살핀다. 이를 테면 어떤 고객이 마음에 드는 세련되고 멋진 물건을 발견했다고 하자. 고객은 그 물건을 요모조모 뜯어보며 훑는다. 잠시 후 고객은 의사 결정을 한 단계 더 진행하기로 마음먹는다. 그렇지만 궁금하거나 구매를 주저하게 만드는 게 있다. 이제 고객은 고개를 들거나 미세하게 움직인다. 세포라 직원은 바로 이때 끼어들어 고객에게 도움을 주라고 훈련받는다.

세포라는 향수 시장도 재편했다. 가장 비싼 향수도 고객이 접근하기 쉽도록 하며 여성들은 값비싼 향수도 가까이서 살필 수 있다. 세포라 매장은 가장 인기 있는 제품과 새로 나온 신제품을 전시한다. 이는 각 브랜드별로 유리 진열대에 진열하고, 도난을 막으려고 진열대에 자물쇠를 채우는 전통적인 백화점의 모습과 대조적이다.

더욱 중요한 점은 매장을 단장하면서 세포라의 '분위기'가 싹 바뀌었다는 점이다. 왠지 엄숙한 분위기가 감돌고, 십대 소년들부터 곁눈질하는 신발 매장 직원과 여성 주변을 맴도는 사람들로 가득한 백화점과 비교하여 세포라에는 행복한 얼굴로 물건을 사려는 여성들이 가득하다. 재단장한 매장 맞은편에는 거울도 달려 있다. 세포라는 충동구매와 현명한 소비가 공존하도록 재단장했다. 세포라에서 매장 직원은 고객에게 제 역할을 다할 뿐 아니라 집에서 제품을 제대로 활용하는 요령도 가르쳐준다.

미국에 처음 진출한 세포라 매장들은 화장품 샘플 활용에 독보적이었다. 잡화점과 달리 세포라는 고객에게 48달러짜리 인텐시브 아이크림을 사도록 강요하기보다 집에 가서 써보라고 샘플을 챙겨주는 쪽을 마케팅 방침으로 삼았다. 이렇게 하면, 또 이렇게 해야만 고객은 세포라 매장을 다시 찾아와 비싼 크림 한 통을 사갔다. 반드시 저렴하다고 볼 수는 없는 특정 제품을 한 통 구입하기 전에 샘플을 써보면, 고객은 이것이 큰돈 주고 살 만한 제품인지 아닌지 판단이 섰다. 키엘Kiehl's 역시 샘플을 적극적으로 나눠주는 미용 전문매장으로, 이러한 전략 덕분에 좋은 성과를 냈다.

그렇다면 현대식 미용 전문매장에서 피부관리는 어떻게 다룰까? 우리 회사는 수년 동안 위생과 미용, 의료, 상업의 다소 불안한 동거를 지켜봤다. 이들이 한데 뭉치자 예상대로 가격이 올라갔다. 의료 승인을 받은 제품은 65달러라는 가격을 손쉽게 정당화했다. 브라질의 고급 백화점 다슬루Daslu의 경우, 미용과 피부과의 결합이 깜짝 놀랄 수준이다. 진열한 제품 상당수가 피부과학 분야나 의사들로부터 승인받은 것들이다. 심지어 매장 안에 진료실도 있어서 소비자들은 예약을 한 뒤 미용성형도 받을 수 있다. 의사의 승인을 받은 상업용 제품은 손님에게 꼭 맞는 피부관리용품이라며 특정 제품을 권하는 매장 직원의 설명보다 언제나 더 권위가 있다 해도 틀린 말은 아닐 것이다.

개인적으로 나는 이 모든 흐름이 우려스럽다.

세포라가 포문을 연 지 15년이 흘렀지만, 아직 그 재편은 멈추지 않았다. 이제 아베다^{Aveda}를 살펴보자.

휴, 벌써부터 마음이 차분해진다. 그동안 아베다는 매장에서 모발관리제품만 팔다가 피부관리와 화장품까지 범주를 넓혔다. 그렇지만 아베다는 오직 한 브랜드만 파는데, 바로 아베다 제품이다. 매장에 들어서면 스파라도 온 듯 차분한 분위기가 감돈다. 판매용품은 우아하고 아름답지만 품목 수가 그리 많지 않다. 만약 미를 평온함과 균형, 웰니스로 풀이한다면, 매장 분위기면에서 아베다는 세포라보다 미에 더 근접했다. 이곳에는 귀를 쾅쾅 울리는 음악도 없다. 공기 중에 감도는 묘한 향이 느껴지는가? 이는 냉소적인 업계 평론가들이 '구운 양고기' 냄새라고도 표현한 로즈마리 향이다. 이 향기를 맡으면 아마 요가 매트를 꺼내 바닥에서 스트레칭이라도 하고 싶어질 것이다.

"차 한잔 드릴까요?"

젊은 여직원이 웃으며 내게 묻는다. 여직원은 뒤쪽에서 소리 없이 다가왔다.

"주시면 고맙지요."

나는 직원이 하는 행동을 살폈다. 아베다의 매장 교육 프로그램은 이를 '의례^{the ritual}'라고 불렀다. 내가 차를 받아들자(양은 많지 않았지만 유기농이었고 너무 뜨겁진 않았다), 직원은 내게 질문을 던지며 자연스럽게 대화로 이끌 기회를 얻었다. 어쨌거나 내 앞에 놓인 아베다 제품은 소개가 너무 간략해서 추가설명이 필요해 보였다. 샴푸 병에는 '건조하고 갈라지는 모발용'이라고만 적혀 있었다. 이는 우연이 아니었다. 아베다 직원은 소비자에게 부담을 주지 않으면서 대화를 끌어내는 법을 훈련받는다. '건조하고 갈라지는 모발용' 같은 간략한 설명은 "손님의 모발 상태가 어떤지 여쭤봐도 될까요?"처럼 쉽고 자연스럽게 질문을 끌어낼 수 있다. 머리숱이 없는 나로서는 별로 할 말이 없는 질문이지만, 만약 내가 여자였다면 바로 자리에 앉으시라고 직원이 정중하게 권했을 것이다. 그런 다음 직원은 아베다 샴푸의 효능에 대해서 설명하면서 제품 설명에 들어갔을 것이다. 제품 하단에 표기해놓는 정보와 판매직원이 채우는 정보의 비율, 이는 흥미로운 균형이었다.

아베다에는 남성용품도 있다. 예민하게 생긴 미남들을 위한 관리실은 속옷 차림의 데이비드 베컴 사진이 아니라 단순하고 완벽한 석재로 꾸며놓았다. 병 제품에는 세련된 지그재그 무늬가 새겨져 있는데, 멋스러우면서도 미국 남서부 분위기를 풍겼다. 사냥견 하운드와 픽업트럭, 방울뱀처럼 노골적인 소재가 아니어도 강인한 인상을 심어준다. 다시 말해 남성미가 있으면서도 감성적이고 한 단계 진화된 느낌까지 받았다.

아베다는 건강과 자연, 신선한 공기, 청결, 조화로운 모습을 강조하는데, 본질적으로 어머니 지구로 돌아가자는 뜻이다. 아베다는 딱딱한 모서리에 상업성이라는 외벽을 두른 현대식 백화점에 맞서 근사하고 간결한 해법을 던졌다. 잡화점과 백화점 모두 당장 우리 눈앞에서 사라지지는 않겠지만 이들이 매우 경직된 분위기인 탓에 아베다와 여타 독자적인 미용 전문 판매점 등 친근한 소매점들이 우리 앞에 등장했다. 세포라와 곧 살펴볼 맥MAC처럼 매장 직원들이 여성 고객에게 친근하게 다가서면, 고객들은 자신이 표적물처럼 겨냥당한 느낌도, 직원들과 대적한다는 기분도 전혀 받지 않는다.

이번에도 나는 좌뇌와 우뇌라는 유서 깊은 이분법으로 이에 접근한다. 한끝에는 남성적이고 과학적인 접근법이 있다. 이는 보톡스 주사, 화학요법, 복부성형, 얼굴 주름 제거 등 정밀하고 계량화된 영역이다. 그렇다고 이 세상에 여자 성형외과 의사가 없다는 뜻은 아니다. 남성적인 과학 분야는 미용에 화학물질을 주입하며, 당연한 말이겠지만 어느 정도 물리적인 삽입도 한다. 반면 '여성성'에 가까운 접근 방식도 있다. 이는 천연제품과 치료, 약초요법, 차와 연고를 강조하면서 남성적이고 과학적인 손길이나 도구가 권하는 '미'를 완곡하지만 단호하게 거부한다. 이는 심리영역을 본뜬 이분법이다. 심리학은 뇌의 화학적 불균형을 해소해줄 기적의 약을 간단하게 처방하는 한편 전통적인 대화치료법도 병행한다. 정신 건강 전문가를 붙잡고 물어보면 누구나 이 두 가지 방식이 공존한다고 답한다.

미용산업은 마침내 적절한 물리적 환경이 중요하다는 점을 깨달았다. 많은 현대 여성들은 미에 대한 완전한 해법을 추구한다. 이들은 립스틱, 모발관리, 피부관리, 화장품을 한곳에서 단번에 해결하고 싶어 한다. 세포라처럼 아베다도 가격을 전면에 드러냈다. 이렇게 하면 고객은 감춰진 가격 때문에 깜짝 놀라거나 당황할 일이 없어지고 쇼핑하는 시간도 절감할 수 있다.

매장 뒤편으로 가면 여직원이 여자 고객에게 아베다의 보습제를 발라주며 섬세하게 손 마사지를 해주고 있다. 전에 어디선가 다음과 같은 에스티 로더의 말을 인용했었다. "어떤 여성이든 내게 손을 내밀도록 할 수만 있다면 그녀는 내 고객이 된다." 다시 한 번, 미용과 웰니스, 건강은 여자 약초치료사든, 여자 간호사든, 여자 조산원이든 자기와 같은 여성을 돌보는 여성들이 일궈낸 영역이다. 대체 어떤 분위기를 연출해야 남자들도 다른 남자에게 손마사지를 하도록 기꺼이 손을 내맡길까 하는 궁금증이 다시 든다. 이곳 아베다 매장에서 여직원이 고객의 손을 마사지하는 모습을 지켜보면서, 한편으로 서로 낯선 두 사람이 과연 얼마나 친밀해질까라는 생각이 들었다. 그러나 에스티의 말이 옳았다. 그 고객은 지금 계산대에서 바로 그 손 보습제를 사고 있다!

맥은 에스티 로더 사가 소유한 또 다른 브랜드다. 미용업계에서 맥은 화사한 피부를 넘어(그리고 이를 비롯하여) 상상 가능한 온갖 피부 톤을 가진 이들에게 제품을 판다는 점에서 아베다나 세포라와 차별성을 띤다. 맥은 아시아 시장, 라틴계 시장, 아프리카계 미국인 시장, 중동 시장 전부를 아우른다. 맥은 여전히 백화점 매장에서 제품을 팔지만, 다른 다수의 미용 브랜드와 마찬가지로 독자 매장도 열었다. 왜 그럴까? 아베다처럼 독자 매장을 갖추면 삭스 백화점이나 노드스트롬 백화점에서 옆 매장인 크리니크^{Clinique}, 그 옆 매장인 랑콤^{Lancôme} 등과 공간을 공유할 때와 달리 공간을 완전히 장악하고 매장 분위기도 마음대로 연출할 수 있기 때문이다.

맥은 그 어떤 백화점 매장보다 상냥하고 친절하며 온화한 분위기를 풍길 뿐 아니라 직원들이 손님에게 눈치를 주는 일도 덜하다. 백화점 직원들이 대개 불친절한 것과 달리, 맥의 직원들은 유행에 밝고 젊으며 손님들을 환대한다. 맥은 마치 누구에게나 열린 사교클럽 같다. 그래서 늦은 시각에 방문해도 일단 매장 안에 들어오시라며 손님들에게 손짓한다.

이곳에 온 사람들은 다들 불편한 기색 없이 밝은 표정이다. 백화점에서 변신을 꾀하는 여성들과 달리(백화점이라면 리틀 리그 야구팀이 지나가며 혀를 내밀고 까불었을 것이다) 맥과 아베다, 세포라 매장에 있는 사람들은 다들 비슷한 이유로 이곳에 왔다. 이들 매장에서 여성은 앉아서 화장을 받고 질문을 하며 자신을 무시하지 않는 직원과 교감을 나눌 수 있다. 비록 다른 고객에게 자기 모습을 보여주는 공개된 장소라 해도 심적으로는 사생활을 보호받는다고 느낀다.

우리가 목격한 장면들을 종합해보니 아주 오래된 여성들의 전통으로 회귀한 것 같다. 방문판매가 연상되는데, 지금은 여성이 문을 열어주기보다 문이 여성에게 다가온 쪽이다. 그리고 그 문은 그 어느 때보다 여성 앞에 바싹 다가왔다.

　세포라, 아베다, 맥 매장에 들어서면 더욱 차분하고 사적이며 친밀한 기운이 감돈다. 유쾌하고 소녀다운 감성이 흘러넘친다. 요즘 이곳들은 매출 증대보다 다른 여성과 일대일로 친근한 관계를 맺고 대화를 끌어내도록 하는 분위기에 중점을 두고 매장을 단장한다. 화장품과 과학의 흥미로운 조합도 등장했다. 즉, 내재적이고 여성적이며 수작업으로 이뤄지던 기법이, 남성적이고 좌뇌이며 알파히드록시산 따위가 개입하는 기법과 결합하고 있다. 최근 세르토닌 재흡수 저해제가 대화 요법과 함께 순탄하게 공간을 공유하듯이, 과학이라는 남성적 영역과 자연이라는 여성적 영역도 어느 정도 평화롭게 공존하는 분위기다.

　하지만 아직도 내 머릿속에는 두 여성이 서로 돕는 모습이 아른거린다. 이들은 모녀지간도 절친한 친구 사이도 아닌 개인 대 개인으로 유대감을 맺는다.

　미용 산업의 미래는 어떤 모습일까? 매혹적이고 불가사의한 비선형적인 형태 즉 무한 경쟁이 펼쳐질 것이다. 여러 일을 도맡은 여성들은 자신에게 맞는 미용제품을 구하러 이곳저곳 어디든 찾아갈 것이다. 요즘은 더이상 대중이나 계층, 명성에 따라 미에 대한 접근 방식이 나뉘지 않는다. 그렇게 계층화된 세상은 끝났다. 여성은 세포라 매장부터 메이시 백화점, 자신이 선호하는 웹사이트까지 온갖 수단을 동원해 미용제품을 소비하려 들 것이다. 대다수 여성이 동네 잡화점의 레블론 판매대에서 토스트 오브 뉴욕 Toast of New York 립스틱을 산다고 해서 언제까지나 일관된 행동을 기대할 수는 없다. 다음 번에 이들은 아베다 매장에 가서 샴푸와 천연보습제를 사고 맥 매장에 가서 다양한 파운데이션 색상에 도전하며, 월마트에서 마스카라 솔을 사고, 값비싼 스위스제 피부용품을 사기도 하며, 동네 슈퍼마켓에서 바세린 한 통을 살 수도 있다.

현재 월드 와이드 웹World Wide Web은 휴대전화와 접목했고, 이는 다시 오프라인 세상과 혼재하는 모습을 보인다. 게다가 현대 여성들은 기분과 장소에 따라 미에 대한 욕망을 드러내기도 하고 사생활로 보호받기도 한다.

여성들은 유튜브에 접속할 수도 있다. 스물일곱 살 미혼모인 로렌 루크는 전직 택시 운행 관리원이었다. 그런데 그녀는 지난 해 간단한 화장품으로 자신을 꾸민 영상을 올려 화장 전문가로 변신했고, 이 과정에서 인터넷 유명인사가 되었다. 로렌의 10분짜리 유튜브 영상은 영국 뉴캐슬에 있는 자신의 집에서 찍은 것으로 지금까지 5,000만 명 이상이 접속했고, 로렌의 유튜브 채널 구독자 수는 70개국 25만 명에 이른다. 로렌 루크는 솔직하고, 웃기고, 유쾌하며, 위화감도 없고, 그러면서도 매력 있는 보통사람이다. 로렌은 여성들에게 색조화장, 립스틱 바르기, 볼터치 등 온갖 요령을 알려준다. 로렌은 텔레비전과 잡지가 여성에게 왜곡된 미의식을 심어주는 바람에 자신도 그동안 외모를 비하하며 살았다고 주장했다. 이에 공감하는 여성이 상당수일 것이다. 사실 '미'는 여성들이 검색하는 인터넷 동영상 항목 중 상위 5위 안에 든다. 로렌 루크는 어떤 제품도 팔지 않았다. 적어도 원래 의도는 그랬다. 하지만 최근 세포라가 로렌 루크의 쇼핑몰인 바이 로렌 루크By Lauren Luke 라인을 소매점 제휴를 통해 상품화하겠다는 계획을 발표했다. 루크의 사례는 인터넷의 영향력을 보여주었을 뿐 아니라, 판매직원과 슈퍼모델이 만들어낸 젊음과 무결점 외모, 44사이즈에 집착하는 우리의 왜곡된 문화가 빚어낸 미적 관념에서 벗어나 새로운 미의 상징을 보여주었다는 점에서 일종의 쾌거로 보인다.

내 눈에는 이런 모습이 멋있고 아름다워 보인다.

15장

각별한 털과
없애야 할 털

17세기 거울이 대중화되기 전, 인간은 잔잔한 물웅덩이나 잘 닦인 유리 아니면 금속에 자기 모습을 비추거나 이 모든 게 여의 치 않을 때면 다른 이의 눈에 비친 자신의 모습을 바라보았다. 거 울은 예나 지금이나 단순하면서도 우아하고 심오한 발명품이다. 거울은 우리의 생김새와 하루하루 변하는 모습을 비춰준다. 잘생 겼는지 예쁜지 평범한지, 뚱뚱한지 말랐는지 그 중간인지, 스트레 스에 찌든 얼굴인지 초롱초롱한 상태인지, 화난 표정인지 슬픈 모 습인지 광기어린 상태인지를 보여준다. 시적으로 표현하자면 거울 은 우리의 영혼을 비추는 창이랄까.

그러면 우리의 외양에서 머리 모양은 어떤 위치일까? 인류사를 무작위로 골라 훑어보면 조잡한 머리 모양부터 절묘한 머리 모양까지 몇 가지 역사적 토막을 접하게 된다. 18세기 러시아 귀족들은 성인이 된 이후 머리를 한 번도 감지 않은 듯하다. 다른 여러 문화권에서도 머릿니를 잡을 때 빼고는 머리를 매만지지 않았다 (이집트 무덤에서 이를 잡는 참빗이 나오기도 했다). 이런 모습과 대조적으로 전통적인 초상화를 보면 여성의 머리를 깃털처럼 그리기도 했고, 어떤 경우는 고급 웨딩 케이크를 연상시키는 모양으로 표현하기도 했다. 마리 앙투아네트의 1미터짜리 코이프(머리를 덮는 두건-옮긴이)는 깃털과 보석, 과일, 장난감, 심지어 작은 범선 모형으로 장식을 한 탓에 무게가 족히 몇 킬로그램은 나가 보였다.

머리가 아닌 다른 신체 부위에 더 자부심을 느끼거나 신경을 쓰고, 매일매일 살피는 여성은 아마 없을 것이다. 여자들에게 머리는 남의 이목을 끄는 패션이자 자아를 그대로 드러내는 수단이다. 현대 여성과 머리 스타일은 계속 진화하며 끊임없이 갈등하는 한 편의 슬라이드쇼다. 많은 여성들이 자연스럽고 꾸밈없는 모습을 원하지만, 이에 못지않게 인위적이고 부자연스러운 모습을 택하기도 한다. 그중 하나가 바로 염색이다.

여성들은 다른 여성의 머리를 매만지면서 식사 준비나 육아, 밭일에서 벗어난 최초의 직업 한 가지를 얻게 되었다. 수세기가 지나면서 미용산업은 어마어마하게 성장했다. 미국만 해도 25만 개의 미용실이 직원 100만 명을 고용하고 있다. 미용실 직원은 주로 초보 미용사며 이들이 베테랑까지 올라간다. 내가 아는 한 젊은 여성은 머리 손질에 130달러를 쓸 때도 있고, 500달러를 내는 경우도 있다고 했다. 그녀에게 비싼 요금은 그만한 값어치가 있었다.

내가 속한 세대가 기억하기로, 어머니들은 주마다 아니면 격주마다 '미장원'에 다니셨다. 이 미장원들은 대개 나이 든 여성이나 호감 가는 게이 남성들이 운영했다. 머리를 감고 다듬고 파마를 한 다음 여성들은 헬멧 드라이어 밑에서 조신하게 앉아 있었는데, 그 모습이 마치 우주 비행사를 연상시켰다. 정신과 병원이자 심리 상담소, 소문의 온상지 그리고 집안일에서 해방되는 곳이던 미장원은 자아를 치유하고 자기관리를 하는 곳이자 여자들이 활약하던 상업 분야와는 또 다른 성격의 공동체였다.

오늘날 미장원은 종전처럼 머리손질만 하는 곳이 아니다. 대개 손톱관리, 치료를 병행한 체형관리, 피부 태닝과 마사지를 서비스한다. 미용상담을 하면서 관련용품을 파는 업체도 상당수다. 일례로 폴 미첼Paul Mitchell은 자사 미용제품을 독점적으로 눈에 띄게 진열한 미용실 주인에게 그에 합당한 보상을 해준다. 그러면 수수료를 챙기는 해당 업체 미용사들은 답례로 자사 제품을 고객에게 은밀히 아니면 대놓고 추천할 것으로 폴 미첼은 내심 기대한다. 이는 내 머리를 손질하는 미용사가 필시 최고의 제품을 안다고 믿는 고객의 심리를 이용한 것이다.

현대 미용 분야에서 미용실과 데이 스파가 결합한 형태가 급성장하고 있다. 장차 이 분야는 더욱 커질 뿐 아니라 가정 건강관리 교육도 흡수할 것으로 보인다. 가장 인기 있는 미용 및 스파 서비스는 발 관리와 박피다. 이러한 미용실은 유니섹스 미용실이 절반의 성공을 거둔 후 다시 고개를 내밀었다. 특정 연령대에서는 중성이 매력으로 통할지 몰라도—남녀공학인 대학의 기숙사를 가보라—이제는 대학의 남녀 공용 화장실도 차츰 성별을 구분하는 추세다.

유니섹스 미용실은 아직 여기저기 눈에 띄지만, 내가 아는 여성들은 대개 이런 곳을 달가워하지 않는다. 남자들이 있어서라기보다 남자머리를 손보는 미용사는 여자머리를 매우 훌륭하거나 섬세하게 다루지 못하며, 여자머리에 대한 전문지식도 부족하다고 의심하기 때문이다. 게다가 유니섹스 미용실은 뭔가 기계적인 느낌이 난다. 나도 이에 공감하는데 내 거부감은 이보다 더 심하다. 머리를 '굽는' 냄새가 역겨울 정도다.

여성들은 딱히 마음에 안 들어도 하룻밤 정도는 다른 식단이나 탄산수 브랜드, 립스틱과 타협을 한다. 이 중 그 어느 것도 24시간 넘게 여파가 지속되지는 않는다. 그렇지만 머리 모양이 엉망이면 내내 찜찜하다.

서른이 안 된 여성에게 머리 모양은 스타일이자 개성이다. 서른이 넘은 여성에게 머리 손질은 곧 자기관리이므로, 석 달이나 반년마다 아니면 언제든 적당한 시점에 머리를 하러 간다. 여성들은 보통 연인과 헤어지면 머리를 한다. 이는 자기 위안이고, 이별인 동시에 새 출발을 뜻한다. 여자들은 대개 엄마가 되면 새로운 삶에 몰두할 수 있는 실용적인 헤어스타일을 강조라도 하듯, 머리를 짧게 쳐야 한다고 생각한다. 이제 머리는 더이상 자기 자신만의 문제가 아니다. 그러다가 시간이 지나면 보통은 다시 머리를 기른다. 여성은 남성에 비해 옷부터 스포츠, 책이나 음악, 예술에 대한 취향에 이르기까지 고정된 성 관념에 훨씬 관대한 편이지만 머리만큼은 아니다. 남자인 나는 내일 당장이라도 내 덥수룩한 턱수염을 싹 밀어도 상관없지만, 그렇게 하면 사람들이 나를 못 알아볼까봐 주저할 뿐이다. 나와 친분이 있는 한 팔십대 여성은 평생 단 한 번도 남근을 선망한 적이 없지만, 수염만큼은 가끔 부러웠다고 한다.

그렇다면 여성에게 유일한 대안은 뭘까? 바로 가발과 붙임머리다. 이를 활용하면 여성은 부피감과 머릿결, 머리 길이, 머리색, 심지어 두상에도 변화를 줄 수 있다. 우스꽝스러운 할로윈 가발을 제외하고 가발은 대개 사람의 털로 만든다. 자선단체는 주변에 사는 여성들이 머리카락을 잘라 기부하면 이를 가지고 암으로 머리가 빠진 여성들을 위한 가발을 만들었다. 내게도 아버지가 물려주신 가발이 하나 있다. 흰머리와 검은 머리가 뒤섞인(주로 흰머리지만) 헝클어진 가발로, 이를 보고 있으면 서던 캘리포니아의 텁수룩하고 나이 든 힙스터가 연상된다. 이 가발을 쓰고 다니진 않는다. 다만 누군가를 놀려먹고 싶을 때 꺼내 쓴다.

머리카락 이야기가 나온 김에 덧붙이자면 오늘 자기 머리가 영 마음에 안 든다고 불평하는 남성을 단 한 명도 만나지 못했다. 나 역시 그렇게 불평한 적이 없다. 설령 내 머리가 이상했어도 나는 눈치 채지 못했을 것이다.

머리가 엉망인 날은 대다수 여성이 알다시피, 하루 종일 머리가 말을 안 듣고 협조하지 않는 날이다. 그런 날이면 여러 가지로 머리손질이 힘들어진다. 머리카락에 눈이 달리고 감각세포라도 있는 듯 제멋대로 뻗치거나 축 처지고, 윤기도 없으며 말도 안 듣는다. 날씨도 한 몫 한다. 습기가 많으면 여성의 머리카락은 곱슬거린다. 난방이 과한 건물에 들어가거나 건조한 비행기에 타도, 여성의 머리카락은 수분을 잃는다. 집에서 벗어나 다른 도시나 호텔에 머물 때 물이나 비누, 샴푸에 문제가 있으면 숙면을 취하지 못해 다음 날 허둥지둥 정신없는 아침을 맞이하기도 한다.

그래도 다행스러운 점은 머리가 엉망인 날이 성가시기는 해도 이 또한 자연스럽게 지나간다는 점이다.

미국 문화는 갈수록 자연과 유기농, 친환경에 주목한다. 젊음을 미화하는 패션 잡지는 신선하고 손대지 않은 아름다움을 찬양하지만 그러자면 스타일리스트가 여러 명 붙어야 하고 때로는 그 아름다움을 창조하기 위해 강풍기까지 동원한다는 점은 간과한다. 하지만 전체 미국 성인 여성 중 60퍼센트가 지난 1년 사이 염색을 한 적이 있다고 답했다. 염색은 십대 후반에 자신의 패션 정체성을 드러내기 위해 시작하는데, 무엇보다 염색은 간편하고 재미있는 체험이기도 하다. 그러다가 삼십대 어느 시점에 이르면 자신의 정체성을 드러내는 패션으로서가 아니라 차츰 생기는 흰머리를 관리하거나 원래 머리 색상을 유지하기 위한 방편으로 염색을 하게 된다.

여성들은 일단 염색을 시작하면 멈추지 못한다. 미용실에서도 염색 제품을 강권한다. 게다가 가정용 염색약 산업도 크게 성장했다. 염색은 단지 시작일 뿐이다. 요즘에는 머리털 뜯기hair striping나 부분염색도 유행한다. '해변에 한 달 동안 있다가 막 돌아온 사람처럼 티내는 것'도 유행이다. 천연 염색약을 '독한' 염색 제품과 나란히 진열해놓아도 여성들은 천연제품이 생각만큼 잘 나오지 않는다며 그냥 지나쳐버린다.

여성들은 다른 신체 부위에 난 털과 다르게 머리카락은 매우 각별히 대한다. 일전에 어느 인기 있는 스포츠 전문 방송에서 남자 앵커가 여자 보조리포터에게 팔에 난 털을 밀 때가 되지 않았냐며 대놓고 농담하는 모습을 보았다. 이 말은 곧 겨드랑이털을 밀지 않으면 여자답지 않다는 뜻이다. 미국 문화에는 모발은 풍성해도 몸에는 털 하나 없이 말끔한 여성의 이미지가 깊게 스며 있다. 여성들은 이러한 이분법에 전혀 저항하지 않았고 그동안 동조자가 되어 이를 받아들였다. 여성의 머리에 난 풍성한 모발은 화장품이나 피부관리와 더불어 몸치장에 필수이자 자연스러운 일이라며 찬양하고 받아들인다. 그렇지만 팔이나 다리, 여타 다른 부위에 난 털은 개인적으로 심지어 남몰래 없애야 한다고 여긴다. 이러한 털은 자부심과 무관하며 단지 없애야 할 대상일 뿐이다.

여성의 머리카락은 자부심의 원천인 반면, 다른 곳에 난 털은 성가시고 때로는 당혹스러운 존재다. 참 괴로운 역설이다. 그렇다면 언제, 어디서부터 남녀 가릴 것 없이 여자 몸에 난 털을 없애야 한다고 생각하게 되었을까?

대다수 미국 남성은 여성의 체모를 매력 없게 여기도록 교육받았다고 해도 과언이 아니다. 미국에서 여성의 체모는 사실상 금기시하는 주제다. 나는 자라면서 겨드랑이털이나 다리털을 깎지 않는 젊은 유럽 여성을 소재로 농담하는 것을 들은 기억이 있다. 이들 프랑스나 이탈리아 여성들을 여자답지 못하고 심지어 불결한 존재로 깎아내리는 농담이었다. 이를 여실히 보여주는 것으로 미국에서 '겨드랑이'라는 말은 허름하고 있으나마나 한 도시나 동네를 묘사할 때도 쓴다.

암으로 가슴을 잘라낸 경우를 제외하고 탈모만큼 여성에게 비참한 일도 드물다. 머리카락은 다른 신체 부위와 차원이 다르다. 젊을 때 프랑스 명화를 잠시 본 적이 있는데, 그림 속 여성은 음모가 보이도록 다리를 쩍 벌리고 있었고 작가는 과감하게도 이를 찬양하는 듯했다. 나는 그 그림이 관능적이고 아름다우며 인상 깊다고 생각했다. 19세기 사람들은 인조 음모를 발명했다. 이는 발진티푸스 때문에 음모를 밀어버린 많은 여성들이 치골에 부착하는 작은 가발이었다. 인조 음모는 지금도 할리우드 영화에서 옷을 벗고 나오는 장면을 찍을 때 사용한다.

그렇다면 어쩌다가 이런 여성의 체모를 혐오하게 되었을까?

앞서 말했듯이 요즘에는 많은 미용실에서 머리손질부터 체모를 일부 혹은 전부 제거하는 일까지 온갖 서비스를 제공한다. 여기에 는 얼굴털 밀기를 비롯해 겨드랑이털 제거, 모근 전기분해, 비키니 왁싱(비키니 선을 따라 체모를 제거하는 것-옮긴이), 브라질리안 왁싱까 지 포함된다. 이 중 브라질리안 왁싱은 치골과 엉덩이 털까지 없애 고, 점잖게 말해 레이싱 스트라이프(레이싱 차량 앞쪽에 그려 넣은 줄 무늬-옮긴이) 혹은 활주로 부위 털만 남기는 제모 작업을 말한다.

비키니 왁싱은 털들이 금세 자라서 오래 못 가지만, 보통 심미 적 이유에서 아니면 대중 앞에 나서야 하는 경우에 행한다. 브라 질리안 왁싱은 보통 여성들이 연인을 즐겁게 해주려고 혹은 연인 에게 더욱 매력 있게 보이려고 하는 것으로 그만큼 신체적 고통을 감수해야 한다.

나는 브라질리안 왁싱이 역시나 성관계와 생식을 별개로 여기 게 된 인식의 변화와 관련 깊다고 본다. 이러한 인식은 성관계를 단지 즐기는 유희로 찬양한다. 반면 출산은 자연스럽고 육체적이 며 지극히 인간적인 체험으로 바라본다. 하지만 여자들이 머리카 락만 빼고 온몸의 털을 전부 밀면 남자들은 이를 바람직하게 보면 서도 유별나다고 생각한다. 아마 남자들이 털을 밀었다면 다른 잣 대를 들이댔을 것이다. 이런 남자들을 여자들이여, 마음껏 비난해 도 좋다. 그렇지만 여자들도 결국 많은 여성에게 부메랑으로 되돌 아오는 이 유감스러운 이상화에 일부 책임이 있음을 알아야 한다.

결국 늙지 않으려고 애를 쓰는 베이비 붐 세대와 젊음에 집착 하는 문화가 공존하는 상황에서, 많은 여성들은 흰머리가 생기는 것을 두려워한다. 다른 머리카락과 색깔부터 다르고 일부 유독 새하얀 흰머리를 생각하면, 나 역시 이에 공감하는 바다. 게다가 권위에 완강히 저항하며 자란 세대들은 세월이 흐를수록 권위에 물들어가는 자신의 모습을 선뜻 받아들이지 못한다. 반면 우리 부모님이나 친구의 부모님들이 이런 문제로 고민하는 모습을 본 기억이 없다.

이상적으로 말하자면, 나는 아름다운 백발을 지닌 매혹적인 모델이 혜성처럼 나타나 금발 모델처럼 새로운 선망의 대상으로 떠오르길 기대한다. 내 생각에 이러한 여자 모델이 나타나면 우리는 고마운 마음에 깊은 안도의 한숨을 내쉬며 그 여성을 받아들일 것 같다. 이때 많은 여성들이 백발을 여성성이나 아름다움과 연관 지을 이유와 근거를 찾아 나설 것이다. 그러면 나는 가끔씩 길거리나 지하철 승강장에서 우아한 백발의 여성은 없는지 흘끔 거릴 것이다. 만약 그런 여성을 발견하면 다가가서 매우 눈부시다고 말해줄 것이다. 그런 다음 발걸음을 옮겨 인파 속으로 사라지면 그 여성은 내 말을 엉뚱하게 오해하지 않을 것이다. 그 여성이 머리카락뿐 아니라 자신의 나이를 느긋하게 받아들이는 모습에 내가 그저 진심어린 감사를 표했다고 이해하길 바랄 뿐이다.

이것이 바로 내가 전하고 싶은 이야기다.

16장

소셜네트워크에
빠진 여성들

오 마이 갓, 내가 페이스북에 가입했다.

내 프로필은 회색 턱수염과 숱 없는 머리를 드러낸 작은 사진을 빼면 남들과 전혀 다르지 않다. 사진 아래에는 몇 가지 인적사항이 적혀 있다. 애인은 있는지(있다), 생일은 언제인지(12월 23일), 사는 곳은 어디인지(뉴욕) 등이다. 원하는 사람은 내 사진을 콕 찍은 다음 글을 남길 수 있고 개인적인 메시지나 선물을 보낼 수 있으며 내 앨범 사진도 훑을 수 있다. 내가 올린 사진은 대개 미국이나 세계 곳곳에 있는 호텔 방에서 찍은 풍경들이다.

나는 링크드인과 트위터를 비롯해 온갖 소셜네트워크(웹에서 친구나 동료들과 대인 관계를 다지는 서비스-옮긴이)나 커리어네트워크(취업이나 경력 관리에 도움을 주는 인맥을 다지는 서비스-옮긴이) 매체 대부분을 피해 다닌다. 트위터의 경우 주의를 산만하게 만드는 불필요한 디지털 매체를 하나 더 추가하는 것 같아서 사용하지 않는다. 물론 이 생각은 언제라도 바뀔 수 있다. 나는 문자메시지로 페이스북 활용하는 법을 배웠는데 매우 실용적이었다. 그러다가 올해, 페이스북 열풍의 실체를 파헤쳐보기로 했다.

혹시 잘 모르는 사람을 위해 덧붙이자면 페이스북은 대단히 인기 있는 소셜네트워크 사이트로 2004년에 하버드 대학생 두 명이 개발했다. 원래는 하버드 학생들이 다른 대학 학생들과 친분을 쌓게 하려고 만들었다. 이후 페이스북은 대세가 되었다. 현재 페이스북을 사용하는 인구는 전 세계적으로 2억 5,000만 명에 이른다.

페이스북의 운영방식은 사실 아무도 신경 쓰지 않는다. 페이스북 운영자들은 개인정보 방침과 관련해 조사를 받기도 했다. 사용자들이 계정을 없앤 뒤에도 페이스북이 이들의 개인정보를 저장했고, 일부 개인정보는 제3의 업자들도 이용 가능했기 때문이다. 이후 페이스북은 개인정보 방침을 명확히 했다. 그렇지만 본디 특정 목적을 위해 고안한 기술이라 해도 원래 의도보다 훨씬 방대한 영향력을 미치며 활용되기 마련이다.

미국의 경우 전체 인구의 36퍼센트를 차지하는 1억 1,000만 명이 소셜네트워크를 일상적으로 이용한다. 페이스북만 해도 일상적 이용자가 7,800만 명이다. 여기서 말하는 일상적 이용자란 적어도 한 달에 한 번 접속하는 사람들을 뜻한다. 그렇다면 페이스북에서 급성장 중인 이용자층은 누구일까? 바로 쉰다섯 살 이상의 여성들이다. 이들은 페이스북을 이용하는 쉰다섯 살 이상의 남성들보다 두 배 이상 많다. 특히 기혼 여성들이 대거 가입하고 있다. 페이스북은 거의 모든 연령층에서 남성보다 여성이 더 빠른 증가세를 보인다. 현재 여성은 페이스북 이용자의 56.2퍼센트를 차지하는데, 이는 작년 54.3퍼센트에서 증가한 수치다. 「비즈니스 위크Business Week」는 최근 기사에서 모든 소셜미디어의 미래는 여성을 중심으로 돌아갈 것이라고 전망했다.

나도 이 사실을 의심하지 않는다.

앞서 말했지만, 20세기에 가장 치명적인 해악을 끼친 인물은 건축가 프랭크 로이드 라이트와 자동차 왕 헨리 포드이며, 페이스북은 교외 주택과 자동차의 대중화에서 파생된 부산물로 보인다. 교외 주택과 자동차 둘 다 사람들 사이의 물리적 거리를 확산하는 데 일조했다. 세상이 점점 탈도시화되고 사람들이 멀리 떨어져 살고 있지만 우리는 친구나 가족과 접촉하고 연락하려는 인간의 기본적인 욕구를 여전히 버리지 못했다.

스물다섯 무렵까지 침실을 열 번도 넘게 바꾸며 살아온 내게, 페이스북은 전혀 접촉할 길도, 다시 살려낼 방도도 없던 과거의 인연과 접촉할 수 있게 해준 놀라운 통로였다. 게다가 페이스북은 내 얄팍한 인간관계를 키우고 유지시키는 수단이었다.

처음 페이스북에 가입했을 때, 나는 내 애칭인 '프랜시스francis'라는 이름을 사용하며 베일을 뒤집어쓸 생각이었다. 그러다가 이내 마음을 바꾸었다. 소셜네트워크를 제대로 체험해보기 위해 익명성을 포기하고, 더 많이 알려진 이름 '파코paco'를 쓰기로 했다. 이는 곧 인바이로셀 관계자들과 친분을 맺을 수 있고, 다음 날 내 수신함에 이들의 친구들이 보낸 쪽지가 도착할지도 모를 상황을 감수해야 한다는 뜻이었다.

나는 페이스북에 글을 많이 올리지 않는다. 보통은 내가 보고 읽은 것을 한두 마디 쓸 뿐이다. 가끔 조만간 떠날 여행 일정에 불만이 있으면 2주나 3주치 여행 일정을 올리기도 한다. 그러면 친구들이 프랑스어, 스페인어, 세르보 크로아티아어, 포르투갈어, 히브리어, 러시아어 등 여섯 개 국어로 답글을 보내온다.

인적 네트워크에 관해 말하자면 페이스북에 새로 가입한 대다수 사람들처럼 내 머릿속에도 늘 아른거리는 이름과 얼굴 들이 몇 명 있다. 바로 옛 친구들과 과거의 애인들이다. 인간은 언제나 잃어버린 사랑 혹은 끝나버린 사랑을 추적하고 싶은 열망에 사로잡힌다. 또 체구가 작고 소심했던 대학동기가 지금도 애완용 쥐 같은 인상인지 확인하는 일 또한 흥미롭다.

나를 비롯한 대다수 사용자에게 페이스북은 완벽한 탈출구로 보인다. 마치 개인 케이블 방송국을 시청하는 기분이다. 장기 연재 중인 코믹 만화 혹은 빅토리아 시대의 연재소설에 빗댈 수도 있겠다. 페이스북은 우리 삶에 중심이 되었다. 나는 페이스북의 매력이 삶에서 도망치거나 잠시 사라지고 싶은 우리의 끊임없는 욕망과 관련 있다고 본다. 배우자가 자러 간 사이 옛 대학 동기에게 장문의 이메일을 쓰는 사람이든, 맨해튼에서 화려하게 살아가는 친구에게 말을 거는 작은 시골마을의 십대이든, 지금은 지구 반대편에 사는 초등학교 시절 단짝과 밀린 근황을 주고받는 외로운 아내이든 이들의 욕망은 모두 동일하다.

나 같은 경우는 친구들의 사진첩에 눈길이 간다. 친구들은 언제나 눈에 카메라를 대고 사진을 찍는데, 이는 그 순간이 자신에게 어떤 의미가 있다는 뜻이다. 사진을 페이스북에 올리려면 시간과 노력이 필요하다. 일단 프린터에서 컴퓨터로 스캔을 하든, 카메라에서 사진을 바로 올리든 마찬가지다. 내 페이스북 친구 중 한 명은 미국에 있는 요상하고 낯선 간판을 찍어 올린다. 또 다른 친구는 미국 교회 건물 밖에 있는 알림판 내용들을 찍는다. 이를 테면 "죄지은 자 회개하면 구원을 받을 것이니, 예수께서 성탄절 카드를 보내지 않으셨는가?" 같은 메시지들이다. 또 다른 이의 인적사항과 함께 사진을 올리면 이 사람이 누구인지 간략하고 정확한 이력을 얻을 수 있고 그 인물에 대한 평판도 들을 수 있다.

동시에 나는 페이스북이 다소 서글프고 공허하며 두렵다는 생각도 든다. 내 친구 목록에 있는 이들 중에는 내가 연락을 남기거나 편지를 쓴 일도 없고 이메일을 보낸 적도 없으며 전화 통화를 한 적도 없고 다음 번 근처에 오면 들르라고 날 초대한 적도 없는 사람들이 있다. 실제 친구들이라면 결코 주된 소통장치로 페이스북을 쓰지는 않을 것이다. 대신 전화를 걸거나 이메일로 해결할 것이다. 여기서 이런 질문이 나온다. 우리의 디지털 소셜네트워크를 구성하는 이 모든 이들은 누구인가, 이 중 친구는 누구인가?

이런 부질없는 실존적 비판을 뺀다면, 페이스북은 분명 이점이 있다. 특히 현재 웹에 기반한 소셜 매체의 선두주자인 여성들은 그러한 이점을 누리고 있다.

일단 페이스북 세상에 들어오면 여성들은 상거래와는 다른 인맥을 트고 관리하는 일에 빠져든다. 여성들은 페이스북에 가족사진, 자녀에 대한 정보, 일상생활, 심지어 애완동물 이야기까지 온갖 정보를 남성들보다 압도적으로 많이 올린다. 어떤 여성의 페이스북에 가보면 매해 성탄절이면 미어터지던 우편함이 떠오른다. 푸젯 사운드(워싱턴 근교 만-옮긴이)에 가족여행을 가서 빌리가 3킬로그램짜리 송어를 잡았다는 둥, 마리사가 신학교에서 첫 해를 매우 만족스럽게 보냈다는 둥, 레논과 매카트니라고 이름 지은 코기 Cogri 강아지 한 쌍 덕분에 우리 집에 축복이 넘친다는 둥 온갖 시시콜콜한 이야기가 올라온다.

초보엄마에게 페이스북은 다른 엄마들과 육아정보를 교환하는 온라인 지원 시스템이다. 갓난아기를 돌보는 일은 외롭다고 한다. 이럴 때 내가 잘 하고 있다고, 그렇게 하면 된다고 격려해주는 사람이 곁에 있다면 그것만으로도 여성들은 위로를 받는다. 최근 베이비 센터Baby Center(임신·육아 정보를 제공하는 사이트-옮긴이)가 실시한 설문에 따르면, 설문응답자 중 63퍼센트가 소셜네트워크 활동에 적극적이라고 답했다. 2006년에 실시한 비슷한 연구에서 그 수치가 11퍼센트였던 걸 감안하면, 그동안 적극적으로 활동하는 사용자가 크게 늘어난 셈이다.

따라서 페이스북은 과거를 복원하고(혹은 과거의 연장선이기도 하고) 고립감을 덜어주는 매체다. 우왕좌왕하는 새내기 부모든 애인이 군대에 간 여성이든, 페이스북은 힘든 현실을 다른 누군가와 공유할 수 있는 공간이다. 이는 집 밖으로 나서지 않고도 참석 가능한 자조집단self-help group(공통된 문제를 이야기하고 서로 격려하며 도움을 주고받는 집단-옮긴이)이며 알아논Al-Anon(알코올 중독자의 가족, 친척, 친구 들을 돕기 위해 결성된 가족모임-옮긴이)의 연장선이기도 하다.

나이 든 여성들의 경우 십대 자녀를 통해 처음으로 페이스북을 알게 된 경우가 많다. 온라인에 접속하는 자녀들을 걱정하다가 혹은 사춘기 자녀들이 위층에 올라가 방문을 쾅 닫고 사라지는 이유를 궁금해하다가 페이스북을 알게 된 것이다. 엄마들은 페이스북 계정을 처음 만들 때 다소 공포심을 느끼기도 하고, "아, 거 참." 같은 소리를 연발하기도 한다. 그러다가 엄마의 뒤를 이어 아빠들이 가입한다.

나이 든 세대가 청소년의 우상을 받아들이면 그 우상은 보통 퇴색하는 경향이 있다. 그렇지만 페이스북은 그렇지 않았다. 페이스북은 젊은 세대에게 여전히 필수 사이트이며 적어도 이를 능가하는 대상이 나타나기 전까지는 변함없을 것이다. 고등학생들이 자랑삼아 내세우는 친구들의 숫자는 십대에게 휘장이나 다름없다. 또 청소년들은 온라인에서 다른 친구에게 또 다른 친구를 소개하기도 한다. 십대 딸을 둔 내 친구는 지난 8월 여객선을 타고 피서지인 마서스 빈야드Martha's Vineyard에 갔는데, 온라인에서 사귄 섬

친구들이 떼거지로 마중을 나왔다고 한다. 배가 선착장에 도착하고 직접 대면했을 때 이들이 얼마나 많은 이야기를 나누었는지는 별개의 문제지만.

남성들은 페이스북을 어떻게 이용할까? 서른이 넘은 남성, 특히 기혼 남성인 경우 일단은 소셜네트워크 가입을 서두르지 않는다(비즈니스 네트워크가 중심인 링크드인은 예외다). 아마 그 이유는 '소셜'과 '네트워크'라는 두 단어 자체가, 현재 애정 생활에 불만이 있어서 다른 사람에게 눈길을 준다는 어감을 풍기기 때문일 것이다. 페이스북이 매치닷컴Match.com 같은 애인 찾기 사이트가 아니라는 사실을 알게 되어도, 남자들은 대개 사생활에 어느 정도 방어막을 친다. 대신 남자들은 취미생활이나 최근 읽고 마음에 들었던 기사, 업무와 관련된 화젯거리, 혹은 유튜브에서 우연히 접한 기타리스트 스티브 레이 본Stevie Ray Vaughn의 강렬한 솔로 연주 등을 올린다.

나는 아침마다 꼭 들르는 블로그가 하나 있다. 양봉을 하면서 소설을 쓰는, 과거 가톨릭 신자이기도 했던 내 가장 오랜 친구 중 하나인 크리스틴 레너의 블로그다. 크리스틴의 블로그 이름은 '소트 퀜치 앤 덤프Sort Quench&Dump'다. 이곳은 벌과 성인聖人 그리고 크리스틴의 상상력을 자극하는 온갖 소재를 주제로 꾸밈없이 재치 있게 박식한 고민들을 풀어놓는 곳이다. 크리스틴 블로그 탐방은 매일 아침 첫잔의 커피를 마시며 즐기는 내 하루 일과다.

'웹web'과 '로그log'의 줄임말인 블로그는 미국의 여성 인터넷 사용자 사이에 가장 강력한 소셜미디어다. 가장 인기 있는 미디어는 아니지만(그 영광은 페이스북일 것이다) 가장 '영향력' 있는 매체인 것만은 분명하다. 인터넷 네트워크 가입, 블로그 운영, 블로그 훑기, 블로그에 글 남기기, 게시판에 글쓰기, 자신의 근황 올리기 등 약 4,200만 명에 달하는 미국 여성들이 매주 소셜미디어를 이용한다.

어느 소셜미디어 연구에 따르면, 열여덟 살에서 일흔다섯 살에 이르는 미국 여성 중 1억 400만 명이 적어도 일주일에 한 개씩 글을 올리며, 인터넷을 이용하는 여성 중 55퍼센트가 어떤 형태로든 블로그와 접촉한다고 한다. 또 같은 연구에 따르면 1,200만 명에 달하는 소셜미디어 이용자가 블로그에 글을 쓰고, 800만 명은 직접 블로그를 운영한다고 한다. 이는 곧 여성 블로그 이용자들이 기존 매스컴을 활용하는 시간이 전보다 줄었다는 뜻이다. 스물일곱 살인 내 비서 안젤라의 경우, 국내외 뉴스를 거의 인터넷으로 접한다. 여성들은 자기표현 매체와 커뮤니티, 오래된 유머를 찾아 소셜네트워크로 몰리지만, 정보와 조언, 추천을 구할 때는 자신이 선호하는 블로그를 찾는 경향이 있다.

블로거나 블로그 방문자가 남성보다 여성이 훨씬 많은 이유는 뭘까? 내 짐작에 그 답은 책을 읽고 다이어리를 쓰는 사람들이 남성보다 여성이 훨씬 많은 이유와 일맥상통한다. 여성들은 남성들보다 커텐을 치고 또 다른 세상으로 떠나는 시간여행을 즐기는 듯하다. 늘 그렇지는 않겠지만 보통 여성은 남성보다 독서에 임하는 시간이 많다. 설사 그럴 시간이 없더라도 여성들은 책 읽을 시간을 꾸준히 확보하려고 애쓴다. 나는 책 읽을 시간이 전혀 없다며 무슨 자랑이라도 되는 양 솔직하게 말하는 남성들을 많이 봤다. 활동적이고 넘쳐나는 일정을 소화하는 것, 그리고 사색하거나 상상하고 뭔가 다듬는 과정을 즐기기보다 '행동하는 것'에 더 많이 투자하는 이 남성들은 자기 목에 무슨 메달이라고 걸어주길 바라는 눈치였다. 이 정력 넘치는 남성들이 부디 건강하길 바랄 뿐이다.

그렇지만 대다수 남자들과 달리 여자들은 초등학교 시절부터 기른 집중하고 사색하며 조용히 앉아 있는 능력이 결코 사라지지 않는 것 같다. 온라인이든 오프라인이든 무언가 읽는 일은 전통적으로 남자보다 여자에게 맞는 기질이다. 주로 앉아서 명상하고 개인시간을 갖는 행동이기 때문이다. 동시에 수동적(좋은 뜻으로 쓴 표현이다)이고 비사회적이지만 사회에서 권하고 용인하는 몇 안 되는 행동 중 하나이기도 하다.

블로그는 그 본성상 사색적이고 자기고백적이며 짜임새 있는 최후의 자기정화 공간이다.

블로그는 정보를 제공하거나 비밀을 공유하는 곳이지만, 대중적인 플로그flog(개인 사이트를 표방한 홍보용 블로그-옮긴이)로 기능하기도 한다. 나는 젊은 여자들이 블로그에 전 남자친구를 헐뜯거나 끔찍했던 하룻밤 상대를 낱낱이 파헤친 글을 써 올린다는 이야기를 들은 적이 있다. 남자들이라면 대개 이런 이야기를 친구에게 하지 온라인에 올리지는 않는다. 이렇듯 자존심이 걸린 문제를 적

나라하게 보여주면, 자기 글에 공감하고 다음 편을 목 놓아 기다리는 예비 독자층을 확보할 수 있다. 보통 청중 한 명보다 얼굴 없는 독자 백만 명이 속내를 터놓기가 더 쉬운 법이다.

새 천년 초반 닷컴 열풍이 꺼질 때쯤 등장한 한 블로그도 기억이 난다. 필립 카플란^{Philip Kaplan}이라는 사내가 띄운 퍽드컴퍼니닷컴 F****dCompany.com이라는 사이트로, 이는 닷컴기업을 주로 다룬 경영지「패스트 컴퍼니^{Fast Company}」에서 따온 이름이었다. 카플란은 회사에 불만이 있거나 회사 때문에 불안한 직원들이 직장상사에게 받은 서신을 그에게 전달하면 이를 온라인에 게시했다. 그중에는 터무니없는 내용도 있었다. 카플란은 이런저런 망한 인터넷 기업들을 기록에 남겼고, 간간이 자신의 다양한 연애 실패담을 소상히 써 올렸다. 그의 연애담을 읽어보면 세상 모든 여자들이 카플란에게 눈길도 주지 않았던 듯싶다. 카플란은 마침내 출판사와 계약을 맺었다. 그리고 이제는 퍽드컴퍼니닷컴을 운영하지 않는다.

바로 여기에 블로거가 주목받는 또 한 가지 이유가 있다. 갈수록 출판업계가 새내기 작가에게 모험하기를 기피하면서 블로그, 특히 기획력이 돋보이거나 이목을 끄는 블로그는 검증이 안 된 저술가의 예비 독자층을 확인하는 창구 역할을 한다. 〈줄리 앤 줄리아〉도 블로그로 시작했다. 이후 책으로 나왔고, 2009년에는 메릴 스트립이 주연한 영화로도 제작되었다. 이는 대박을 친 수많은 블로그 중 한 사례였다.

소셜네트워크 사이트는 쇼핑에 어떤 식으로 영향을 주었을까? 나는 그 영향력을 여러 곳에서 목격했다. 우선 블로그는 브랜드 이름을 띄우는 비공식적인 수단이다. 즉, 입소문을 내는 비공식 통로인 것이다. 바이럴 마케팅viral marketing(이메일이나 블로그, 트위터 등을 통해 제품을 홍보하는 기법-옮긴이)이라고 부르는 이 효과적인 방식은 종래의 미디어 광고에 또 다른 위협을 주고 있다. 내가 페이스북에서 알게 된 한 젊은 여성은 콜럼버스에 있는 고급 패션 매장에서 일한다. 그녀가 써 올리는 냉소적인 글들은 보통 브랜드 찬양으로 끝난다. '결혼은 단지 결혼에서 끝나지만, 샤넬 슬링백slingback(뒤꿈치가 끈으로 된 여성화-옮긴이)은 영원하다.' 뭐, 이런 식이다.

이십대 여성이 신문이나 잡지대신 온갖 소셜네트워크 사이트를 선택한다는 사실은 이들이 절대 보지 않는 니만 마커스나 메이시스 백화점 광고가, 이들이 절대 시청하지 않는 광고로 도배된 방송이, 이들이 절대 듣지 않는 라디오 방송이 있다는 뜻이다. 요즘 가장 영향력 있는 블로그들은 당연히 기존의 마케팅 방식에 변화를 주고 있다. 소셜네트워크 사이트는 소비자들이 무한에 가까운 콘텐츠를 재구성하여 퍼뜨릴 수 있는 공간이다. 생각해보면 우리 가운데 유튜브를 검색하는 사람이 얼마나 되겠는가? 그보다는 누군가 보낸 영상을 감상하는 이들이 더 많을 것이다. 따라서 소셜네트워크 사이트는 전통적인 마케팅 방식을 교묘하게 벗어나 모든 이들이 떠들썩거리게 하는 방식을 곧잘 활용한다.

내 페이스북 친구 중에 동네에서 매장을 운영하는 사람이 둘 있다. 매주 나는 이들 매장에서 열리는 와인 시음회에 초대를 받는다. 동네 주민과 접촉하는 방식을 택한 이들은 비즈니스를 위해 유용한 온라인 커뮤니티를 마련했는데, 이는 입소문 퍼뜨리기에 제격이었다. 이런 맥락에서 소셜네트워크와 이 범주에 속하는 트위터는 궁극적으로 매우 뛰어난 홍보 매체다. 모퉁이에 있는 작은 구멍가게라 해도 트위터를 통해 스타벅스나 홀푸드처럼 꾸준히 목청 높여 메시지를 전할 수 있다. 마케터는 신형 미니쿠퍼MINI Cooper 자동차의 영광을 위해 혹은 성공을 장담할 수 없는 여성 잠옷 신제품을 홍보하기 위해 페이스북을 열기도 한다. 두 경우 모두 비교적 대등한 파급효과를 보인다. 이때에도 소셜네트워크의 효과는 궁극적으로 상품과 아이디어를 빠르고 저렴하게 시장화해서 업체나 작가 들이 종래의 유통경로를 단축시키도록 하는 데 있다.

일례로 헤더 암스트롱Heather Armstrong이라는 여성은 두스Dooce라는 블로그를 운영한다. 매일 약 85만 명이 이곳을 방문한다. '젠장deuce'과 발음이 비슷한 두스는 현대 주부들의 애환을 다루는 블로그다. 빈정거리는 말투에 속어가 뒤섞여 있고 또 분노로 들끓는 글들을 보노라면 때로 웃다가 눈물을 흘린다. 제이씨 페니, 크레이트 앤 배럴Crate&Barrel(가구 전문 쇼핑몰—옮긴이), 월그린, 여타 회사 모두가 이 사이트에 광고를 실었고, 또 대단한 성과를 거두자 헤더와 남편 둘 다 본업을 그만두었다.

속칭 마미 블로그mommy blog부터 패션이나 화장품 사이트에 이르기까지, 그중에서도 특히 여성을 겨냥한 사이트들이 2008년에 35 퍼센트 성장한 사실을 주목해야 한다. 정치를 제외하고 여성친화적인 항목들이 인터넷 검색어를 모조리 휩쓸고 있다. 집안의 의사 결정권이 여성에게 있음을 깨달은 광고업자들은 이러한 현상을 유심히 지켜보고 있다. 신문 구독자와 텔레비전 시청자가 감소하고 마케터들이 가정의 구매력을 움켜쥔 여성들의 힘을 눈치 챈 현실에서 소셜네트워크가 명백한 혁명의 출발점이 될 수 있을 것인가?

만약 그렇다면 또다시 "오 마이 갓"을 외칠 세상이 우리에게 다가올 것이다.

저자의 말

2006년 봄 쇼핑몰 컨퍼런스에 참석하기 위해 두바이의 해변 호텔에 머물렀을 때의 일이다. 호텔 관리인은 매일 밤 총 몇 개국의 사람들이 투숙했는지를 적어 내 방에 메모로 남겨주었다. 내가 머문 사흘 동안 적어도 80개국 이상의 사람들이 그 호텔에 머물었다. 나는 21세기를 보여주는 완벽한 장면 하나를 생생하게 기억한다. 호텔 맨 위층의 내 방에서 엘리베이터를 타고 내려갈 때였다. 엘리베이터가 멈추더니 러시아에서 온 것으로 보이는 가족이 탔다. 남자 한 명과 부인으로 보이는 여자 한 명 그리고 어린 십대 딸이었다. 이들은 해변에 가던 길이었다. 남자는 민소매 티셔츠에 스피도Speedos(몸에 딱 달라붙는 삼각팬티 수영복-옮긴이)를 입었다. 허연 배가 툭 튀어나왔고, 샌들은 들쑥날쑥한 긴 발톱을 그대로 드러내 보였다. 사내보다 몇 킬로그램은 더 나가 보이는 부인은 근엄하게도 비키니를 입고 있었다. 물론 다행히 반투명 셔츠를 걸치고 있었다. 비쩍 마른 딸은 수영복에 들러붙는 티셔츠 차림이었다. 이들 세 명은 추운 고향을 떠나 따뜻한 햇볕을 찾아온 게 분명했다.

미국 남서부였다면 이들을 스노우버드Snowbird(Snowbird, 겨울이 되면 따뜻한 남쪽 지방으로 이주하여 사는 사람-옮긴이)라고 불렀을 것이다.

엘리베이터는 아래층에서 한 번 더 멈추었고, 이번에는 같은 연령대에 구성원도 같은 중동 가족이 우리와 합류했다. 이들의 옷차림과 행동은 먼저 탄 가족과 천지 차이였다. 남자는 번듯한 정장에 두툼하고 무늬가 다채로운 넥타이를 맸다. 딸은 깃이 목까지 올라오는 긴 소매 티셔츠에 정장바지를 갖춰 입었다. 정숙한 이슬람 소녀의 상징인 두건도 썼다. 엄마는 검은 비단 차도르로 머리부터 발끝까지 감싸고 있었다. 두 가족은 엘리베이터를 타고 내려가는 동안 서로 눈길을 마주치지 않으려고 애썼다. 정말 극과 극이었다. 1층에서 엘리베이터 문이 열렸고 우리 일곱 명이 차례차례 내리는데, 차도르를 두른 엄마가 내 쪽으로 몸을 돌렸다. 내가 유일하게 볼 수 있던 그녀의 눈에는 우아한 눈화장이 되어 있었다. 여성은 반사유리 너머 사람 구경을 하듯 나를 뚫어지게 쳐다봤다. 그 어떤 양해도 예의도 없었다. 그러다가 여성이 엘리베이터 문밖으로 나가려고 몸을 휙 돌린 순간 차도르가 나풀거렸다. 그제야 난 그 여성이 차도르 안에 아무것도 입지 않았음을 깨달았다. 여성은 은은한 향기를 남기곤 자리를 떴다.

나는 엘리베이터에 얼어붙은 채 서 있었다. 여러 문화권을 돌며 각 나라의 문화를 배운 나였다. 하지만 눈에 보이는 게 전부는 아니었다.

인류 사회가 진화하는 와중에도 호르몬이 지배하는 생물학적 유산은 아직 남아 있다. 수렵채집 기질도 여전히 우리 몸에 내장되어 있다. 우리는 이러한 생물학적 속성을 넘어 그 한계를 시험하는 중이다. 지난 2년간 이 책에 열정을 쏟으면서 나이 든 사내의 시각으로 젊은 여성을 논하듯이 이 주제를 가볍게 다뤘는지도 모르겠다. 민감한 주제에 대한 위험한 발언이 섞였는지도 모른다. 만약 이 글을 읽으면서 불쾌한 대목이 있었다면 내 본심에 악의는 없었음을 알아주길 바란다. 나의 화두는 성 역할의 진화가 인간을 괴롭히는 상당수 문제의 근원이자 해결책이라는 점이었다. 더럭 겁이 나기도 한다. 종국에 이 모든 게 요동치는 순간이 오기 전에 내가 땅속 깊이 잠들어 있길 바랄 뿐이다.

이 책의 초벌원고에 있던 몇몇 장은 최종원고에서 빠졌다. 예술과 문화를 다룬 내용은 다른 지면에 실릴 것 같다. 건축부터 영화에 이르기까지 예술 분야가 세상에서 성 통합이 가장 더딘 부문 중 하나라는 점은 매우 아이러니다. 주류 여성 영화감독을 꼽자면 다섯 손가락으로 충분할 것이다. 세계 주요 박물관을 봐도 그렇다. 여성들의 소장품은 10퍼센트 미만이다. 나는 출판과 유머에 대한 글도 썼다. 둘 다 더 많은 지면이 필요했고 더 깊이 고민해야 했다. 요즘도 나는 사이버 세상에 접속하면 가장 먼저 린 존슨Lynn Johnson이 연재하는 만화 사이트인 '기쁠 때나 슬플 때나For Better or for Worse'를 훑는다. 나는 티나 페이라는 인물을 그리고 지난 2008년 대선에서 그녀가 미친 영향력을 높이 평가하지만, 가족을 주제로 한 린의 유머가 종종 성의 울타리를 넘어설 때면 재밌으면서도 한편으로 불편하다.

나는 계량봉과 같은 척도가 마음에 든다. 이는 인류의 위치와 방향을 알려주는 듬직한 잣대다. 현재 나는 두 가지 현상을 유심히 살피고 있다. 하나는 남녀 사이의 우정이 진화하는 모습이다. 즉, 서로 호감을 느끼는 남녀가 사적으로든 직장동료로든 친하게 지내는 모습을 살피고 있다. 두 번째는 전통적인 성 역할이 급격하게 사라지면서 사회제도가 진화하는 모습이다. 남자 상사와 여자 비서라는 절대적인 공식이 더는 존재하지 않을 때, 우리 사회에 어떤 변화가 생길지 자못 궁금하다.

이제 첫 번째 관심사인 우정에 대해 몇 마디 한 다음, 사회제도의 본보기인 미 육군에 대한 생각을 덧붙여보겠다.

우리 아버지 세대와 그 이전 세대에게 성은 문화적 경계였다. 남녀의 성 역할이 뒤섞인 경우도 있었지만 대체로 그 경계는 견고하고 명확했다. 나는 우리 아버지가 어머니나 가족이 아닌 다른 여성과 진솔하게 대화하고 말다툼하는 장면을 본 기억이 없다. 아버지에게 이성 친구가 있다 해도 그것은 어머니를 통해 안 사람이거나 직장동료의 부인이었다. 이성 친구들을 보는 자리도 늘 대규모로 뭉치는 사교행사였다. 고위직 외교관이었던 아버지는 근무지가 바뀔 때마다 비서를 배정받았다. 그 비서가 우리 집에 식사하러 온 일은 단 한 번도 없었고, 아버지가 여비서를 이름으로 언급한 경우도 내 기억에는 전혀 없다. 내 기억에 어린 시절 성이라는 사회적 벽을 넘어섰다고 느낀 적은 딱 한 번, 말레이시아 쿠알라 룸푸르에 살 때 저명한 중국계 소설가 한 수인Han Suyin이 우리 집에 초청받아 왔을 때였다. 한 수인은 어머니에게 자기가 아버지 프란시스에게 함께 달아나자고 꼬드겼더니 거절하더라고 농담을 했다. 어머니는 이것이 우스갯소리임을 선뜻 이해하지 못했다.

나는 이성 친구를 친하게 사귈 수 있던 첫 남성 세대였다. 몇몇은 고등학교 때부터 친구여서 알고 지낸 지 40년이 넘었다. 서로 껴안고, 웃고, 교감하고, 때로 언짢은 말도 주고받지만, 각자의 옛 인연들을 언제나 소중히 여긴다. 나는 내 이성 친구들의 남편과 남자 친구도 쭉 지켜봤다. 친구들 자녀의 대부이기도 하다. 이런 관계에서 일차적인 유대감은 분명하다. 바로 나라는 남자와 이 여자는 친구라는 사실이다. 나는 내 이성 친구의 남자를 부러워한 적이 없으며 어떤 때는 그들에게 공감을 표하기도 했다.

보통 어느 정도 편한 거리감이 있어야 남녀끼리 친구 사이가 된다. 그런 관계여야만 회신을 하지 않았다거나 약속을 어겼다고 해도 우정이 깨지지 않는다. 몇 주 혹은 몇 년 동안 보지 못한다 해도 문제되지 않는다. 우리는 반갑게 재회하며 만나면 대부분의 시간을 끊긴 근황을 전하며 보낸다. 우리는 서로에게 공감하고 조언하며 각자 삶의 소중한 인연을 응원한다.

나는 재능 있고 영향력 있는 여성들이 대거 활약하는 쇼핑 연구 분야에서 일한다. 내 직원 중 3분의 2가 여성이며, 인바이로셀 해외 사무실에 있는 동업자들도 대개 여성이다. 나는 동업자나 직원 들과 함께 비행기를 타고 내리면서 밤늦게까지 보고서를 검토하고 때로는 같이 이룬 성과를 자축한다. 업무상 담화도 나누고 사적인 대화도 하는 등 언제나 화젯거리가 끊이지 않는다. 이러한 관계에서 일탈하는 경우는 없을까? 부담스러운 감정에는 먼저 선을 긋는다. 이때 솔직하고 신뢰하며 서로를 이해하는 태도가 무엇보다 중요하다. 이러한 관계가 다져져야 상호 교감도 가능하다.

요즘 남성들도 그 세대 여성들과 성적 교감 없이 우정을 나눌 수 있을까?

글쎄, 현실에서 무수한 성적 호기심을 해소하게 된 점이 한 가지 확실한 촉매제인 것만은 분명하다. 산아 제한 덕분에 다양한 성적 체험이 가능해지면서 친구인 남녀 사이에 애매한 호기심이 사라졌다. 내가 아는 친구들 중에도 대학 때 사귄 이성 친구들과 이십대 초반처럼 친밀하게 지내는 이들이 있다. 요즘처럼 성적 환상과 성적 암시가 난무하는 사회문화적 환경에서, 성관계가 출산과 무관해졌을 뿐 아니라 유희와 다름없어진 사회에서, 그래서 관계에 책임질 필요도 없고 팸퍼스^{Pampers} 기저귀나 영아 산통 따위를 고민하지 않아도 되는 현실에서, 그 비결은 모르겠지만 이들은 어느 정도 만족스러운 관계를 유지하고 있다.

물론 우정은 다른 감정으로 바뀌기도 한다. 그렇지만 이는 일반적이라기보다 매우 예외적인 경우다. 또 우정은 정반대의 모습을 띠기도 하는데 연인 사이였다가 그 감정이 사라지는 경우가 이에 해당한다. 이는 서로 맞지 않는 관계인 것이다. 그렇다면 관계에 매듭이 필요하다. 아니면 한 발 물러나 다른 방식으로 호감을 표현해야 한다.

핵심은 성적인 교감이나 유혹하는 분위기가 없어야 하고 그런 낌새나 저의조차 없어야 한다는 점이다. 만나고 헤어질 때 나누는 인사를 넘어선 신체적 접촉이 있었다면 이는 무심코 한 행동에 불과하다. 그러니 전혀 문제될 게 없다. 정상적이고 자연스러우며 받아들일 수 있고 심지어 근사한 행동이다. 나는 이를 깊이 고민하지 않는다. 내 인생의 여성을 만나 즐겁고 감사하며 축복받았다고 느끼는 경우가 아니라면 말이다. 나는 아버지가 아내가 아닌 다른 여자, 애정이 느껴지지 않는 여자, 혹은 혈연관계가 아닌 여자들과 전혀 개인적 친분을 쌓지 않았다는 사실이 정말 믿기지 않는다.

성의 기질에 어떤 변형을 가할 때 여전히 근본적으로 어려운 문제가 남는다. 바로 남자들이 강한 거부감을 보일 수 있다는 점이다. 남녀의 자아를 비교해보면, 남자의 자의식이 훨씬 다루기 어렵다. 이는 우리가 남녀평등을 추구해서가 아니다. 그보다는 성별의 조화를 꾀하려 하기 때문이다. 어떻게 하면 우리는 남성적 기질과 여성적 기질을 더 편하게 받아들일 수 있을까? 앞서 의류산업을 다룬 장에서 말했듯이, 거의 모든 여성의 옷장에는 본래 남성을 겨냥해 만든 옷들이 걸려 있다. 청재킷과 스웨터, 추리닝 바지, 게다가 남성용 신발도 있다. 만약 남자라면 여성을 겨냥해 만든 옷들을 장만하지 않을 것이다.

아버지 세대와 우리 세대가 다르듯이 남자와 여자도 서서히 변하고 있다. 우리는 시장조사를 하면서 새로운 사회집단을 추가해야 했다. 역사적으로 우리 인류는 혼자 살거나 부부가 함께 살았고, 핵가족이나 확대가족을 이루기도 했으며 친구끼리 혹은 동성끼리 같이 살기도 했다. 우리는 이 목록에 청소년 집단도 추가해야 했다. 개인적으로 십대의 진화가 우리 사회의 미래를 결정짓지 않을까 싶다.

나는 군대에 복무한 적이 없다. 베트남 전쟁이 한창일 때 대학에 다녔는데, 당시 정부에서 징병 추첨을 했고 내 번호는 217이었다(윤년을 포함해 1부터 366까지 번호가 적힌 공을 추첨해 뽑힌 날짜에 해당하는 젊은이를 베트남전에 보내는 방식이었다-옮긴이). 내 정치색은 진보이고 사회적 성향은 자유주의일지 모르지만, 많은 남성처럼 나 역시 군 역사에 관심이 많다. 이제부터 내가 하는 이야기는 어느 정도 가려듣거나 모든 내용이 결국 쇼핑으로 귀결된다는 점에서 호의적으로 받아들였으면 한다.

미 해군은 배의 역사다. 미 공군은 비행기와 과학기술의 역사다. 미 육군은 병력 또는 인간에 관한 역사로, 이는 미국 문화에 자유를 불어넣는 거대한 동력 중 하나였다. 미 육군은 인종차별을 진정으로 없앤 최초의 기관이자 성차별 철폐에 앞장선 곳이다. 장교부터 일반 남녀 사병에 이르기까지, 미 육군의 구성원은 현재 미국을 구성하는 민족과 인종만큼이나 그 폭이 넓다. 덕분에 버팔로 병사Buffalo Soldiers(흑인의 곱슬머리가 들소의 털과 비슷하다고 해서 흑인 병사들을 칭하던 말-옮긴이)부터 터스키기 에어맨Tuskegee Airmen(터스키기는 미국 앨라배마 주에 있는 도시 이름으로, 미국 최초의 흑인 조종사들은 이곳 공군기지에서 주로 훈련받았다-옮긴이)에 이르기까지, 아프리카계 흑인들이 지난 세월 겪은 부당함과 편견은 어느 정도 바로잡혔다. 그 공은 1948년 연방정부 고용에서 인종차별을 없앤다는 행정명령에 서명한 해리 트루먼Harry Truman에게 돌릴 수 있겠다. 비록 1954년까지 사실상 효력을 발휘하지는 못했어도, 이는 분명 해리 트루먼 대통령이 남긴 위대한 유산 중 하나다. 물론 육군 최고위층으로 올라가면 정치논리와 편파성이 개입할지도 모른다. 그렇지만 일단 육군에 입대하면 어느 정도 직위까지는 업무능력에 따라 승진도 하고, 보수도 동일노동 동일임금 및 투명한 연봉 책정방식에 따라 지급받는다.

인력이나 예산 면에서 미 육군을 서구의 가장 큰 조직 중 하나로 꼽는다고 할 때, 이곳에서 최초의 아프리카계 미국인 합참의장인 콜린 파월Colin Powell이 탄생하기까지 35년이 걸렸다.

인종에서 생긴 이와 같은 변화가 성별에서도 이뤄지고 있다. 1972년에는 437개의 미 육군 직무 중 오직 서른일곱 개만이 여성에게 개방되었다. 그러다 1973년 봄 무렵에는 서른다섯 개를 제외한 모든 직무가 여성에게 개방되었다. 나와 친한 친구로 저술가이자 쇼핑분석가인 케이트 뉴린Kate Newlin은 이 과도기 때 육군 장교 후보생 학교Officer Candidate School를 나왔다. 케이트는 당시 군 생활을 이렇게 회고했다. "군대에서 우리의 목적은 단 두 가지였어. 하나는 임무를 완수하는 것. 다른 하나는 사람들을 보살피는 것. 딱 그 순서였어. 이를 위해 엄청난 훈련을 받았지."

또 다른 이성 친구는 미네소타 주에 있는 가족 농장을 탈출하기 위해 열여덟 살의 나이로 미 육군에 입대했다. 군은 그녀를 간호학교로 보냈고, 친구는 이곳을 졸업하자 장교로 임관했다. 내가 친구를 만났을 때, 친구는 미 육군 이동병원US Army Reserve Mobild Unit, MASH의 소령이었다. 그녀는 장교였고, 간호 업무는 그다음이었다. 그래서 의료부대 의사들도 친구에게 보고를 했다(민간 병원에서 간호사가 호령하는 모습을 상상해보라). 친구와 그 의료부대는 세계 각지에 파견되었다. 친구는 서른여덟 살 되던 해, 20년간 복무한 끝에 중령으로 승급됨과 동시에 은퇴했다. 당시 친구는 둘째아이를 임신한 지 8개월째였다. 그때 친구는 만삭의 몸으로 중령에서 은퇴한 군인은 자기가 최초일 것이라고 웃으며 말했다. 그렇지만 내 친구가 마지막은 아니었을 것이다.

어떤 조직이든 남녀의 역할을 구분하기란 쉽지 않다. 군부대가 중동으로 이전하면서 몇 년간 자식 곁을 떠나게 된 부모들의 사연을 들으면 측은한 마음과 함께 난감한 질문을 떠올리게 된다. 스파르타인은 장성한 아들의 모습을 볼 수 있는 아버지들을 군 최고 위층에 배치했다고 한다. 이들은 아이를 낳을 수 있었고 또 자녀들이 자라는 모습을 지켜보는 기쁨도 누렸기 때문이다. 만약 전투가 중년 남성끼리 치르는 싸움이었다면 무력 갈등은 또 다른 모습이지 않았을까?

그렇다면 미 육군은 소비의 시대, 성 정치의 시대와 어떤 관련이 있을까? 세상에서 가장 큰 이 관료 조직은 남녀평등 문제를 해결하기 위해 진지한 노력을 기울여왔다. 혈기왕성한 호르몬이 분출하고 위험과 궁핍이 판치는 곳에서 이처럼 매우 중요한 시도를 한 지도 어언 35년이 넘었다. 미 육군은 미국의 다른 주요 기관들보다 앞서갔다. 그리고 육군사관학교부터 이라크 전쟁에 이르기까지 미 육군 여성은 뛰어난 능력을 발휘했다.

그 변화된 모습을 한번 살펴보자. 첫 번째는 다소 우습게 들리겠지만, 건장한 체격과 군복 무늬가 더이상 젊은 남성의 전유물이 아니라는 점이다. 패션은 언제나 화려한 군 행사에서 아이디어를 빌려왔고, 아웃도어 생활양식이 확산되면서 성별 구분도 사라지고 있다. 직장인들은 사무실까지 스니커즈 운동화를 신고 간 뒤 갈아신어도 상관없다. 엘엘빈L.L. Bean, 에디 바우어Eddie Bauer, 나이키 같은 아웃도어용품 전문업체들도 이제 여성 고객의 중요성을 깨달았다. 또 먼 지역에 물자를 대는 공급망 비즈니스 덕분에 월마트는 세계 최대이자 세상에서 가장 성공한 업체로 거듭났다.

그렇지만 가장 중요한 사실은 쉽지는 않지만 남녀가 서로를 꾸준히 알아간다는 점이다. 이렇게 서로를 이해해가는 모습은 각 가정에도 널리 퍼질 것이다. 그렇다면 이는 남자들의 역할이 무너졌다는 말일까? 또 인류가 생존이라는 측면에서 진화의 전환점에 놓여 있다는 뜻일까? 알다시피 남자는 여자보다 보통 5년 정도 수

명이 짧다. 남자들은 여자들보다 가까운 친구들도 적다. 배우자와 사별한 후 슬픔에서 벗어나면 과부들은 상실감을 극복하고 잘 살아간다. 반면 홀아비들은 방황을 한다. 내 지인 중에도 무기력해진 아버지의 모습을 기억하는 이들이 많았다. 한 세대가 지났어도 대다수 남성들은 이러한 아버지의 모습과 크게 달라지지 않았다. 심리학 교과서를 보면 대개 남성성과 아버지의 상에 대해 구체적인 정의를 내리지 않는다. 반면 여성성과 어머니의 상에 대해서는 완벽한 정의를 내리고 이를 토대로 여성들을 좌우에서 공격한다. 분명 분개할 일이다. 하나의 종으로서 우리는 남자에게 완벽한 모습을 기대하지 않는다. 심지어 이를 경계한다. 반면 여자들에게는 어릴 때부터 이처럼 관대한 시선을 보내는 일이 드물다.

운이 좋게도 시장 연구자로서 나는 남성적인 감성을 활용할 수 있었다. 나는 별난 행동과 특이한 쇼핑 행위를 포착하고 여기에 살을 붙이거나 개인적 견해를 첨가하며 밥벌이를 하고 있다. 나는 알파남alpha male(다방면에서 뛰어난 강한 남성-옮긴이)일지도 모른다. 그렇지만 이러한 직업 덕분에 나와 같은 남성들을 아주 세심한 눈길로 바라보게 되었다.

이 책을 쓰면서 나는 내 주장 몇 가지를 놓고 많은 여성들과 이야기를 나누었다. 그들이 보인 반응은 흥미로웠다. 한편으로는 여자들이 직장에서 선전하는 모습에 또 한편으로는 점차 경제력이 커지고 영향력이 높아지는 현실에 많은 이들이 응원을 보냈다.

여성들은 자신들이 지닌 힘이 그동안 드러나지 않았음을 잘 알고 있다. 여자들은 자녀를 키우고 집안일과 고된 바깥일을 하며 또 세상의 가교 역할도 하지만 그 공로를 거의 인정받지 못하는 현실에 익숙해져버렸다. 하지만 동시에 여성은 다음과 같이 의심해야 한다. 이것이 내가 지난 몇 년간 해온 것보다 더 많은 중요한 일을 떠맡게 될 조짐은 아닌가라고.

남자로서 한마디하자면, 인류를 진화시킨 점에 대해 남자들은 여자들에게 언제나 고마움을 느껴야 한다고 생각한다.

읽어준 독자들에게 감사를 전한다.

감사의 글

내 친할머니 이디스 레이머Edith Raymer 여사는 1912년 가을 바서 대학에 입학했다. 캐나다인이던 할머니의 아버지는 바서 대학이 있는 포킵시Poughkeepsie에서 남쪽으로 140킬로미터만 가면 뉴욕 시티가 있는데도, 딸을 갱스터가 우글대는 곳으로 보내는 게 영 불안했던지 이별선물로 진줏빛이 감도는 25구경 베레타Beretta 자동권총(007권총)을 딸에게 주었다. 할머니는 40년 동안 이 권총을 지갑에 넣고 다녔다. 할머니가 소지하고 다닌 건 자동권총이었지만 나는 그게 일반권총이었다고 즐겨 상상했다.

레이머 여사는 켄트Kent 담배를 피웠고 버번위스키를 즐겼으며 민주당에 투표했고 훈족왕 아틸라Attila the Hun에 다소 우호적이던 남편을 사랑했다. 나는 레이머 여사를 '할머니'라고 불러본 적이 없다. 너무 근엄했기 때문이다. 레이머 여사에 대한 최고의 기억은 바로 정의감을 고취시키던 모습이다. 레이머 여사는 때로 무엇이 옳고 그른지 혼란스러워 하는 사람들의 심정을 이해했다. 사회적 진보가 희생당하는 현실도 이해했다. 어린 시절 내게 이런 사실을 깨우쳐준 레이머 여사에게 감사를 전한다.

　미 의회도서관에 이 책의 저자로 내 이름이 올라간다면, 그것은 나와 함께 애써준 사람들 덕분이다. 피터 스미스Peter Smith, 안젤라 마우로Angela Mauro, 셰릴 헨체Sheryl Henze, 이들 모두 각기 이유는 달랐지만 이 책의 원고에 힘을 불어넣어 주었다. 피터는 재미와 흥미를 느끼며 작업에 임했다. 안젤라는 세부사항과 젊은 독자층을 고민하며 원고를 살폈다. 셰릴은 그저 자신의 소중한 연인이 곤경에 빠질까봐 힘을 보태주었다.

　나는 피터와 함께 유능한 여성들을 수차례 인터뷰한 덕분에 이 책을 완성할 수 있었다. 내 동료이기도 한 웬디 리브만Wendy Liebmann과 케이트 뉴린은 소매업 및 마케팅 분석가이다. 마르타 윌슨Martha Wilson과 로워리 심스Lowery Sims는 예술 행정가이자 뛰어난 큐레이터다. 참고로 마르타에게 예술은 자신의 연쇄살인충동을 해소해주는 수단이다. 팸 딜런Pam Dillon과 메리 앤 울프Mary Ann Wolf는 활동 지역과 활동 분야가 서로 다른 여성 사업가들이다. 전직 은행투자가였던 팸은 현재 대형 쇼핑몰 개발업체의 재무총괄책임자다. 반면 메리 앤 울프는 칼 폴리Cal Poly 대학에서 농업경제학을 가르치는 교수로, 수년간 시장연구 모델을 고민하며 보냈다. 바서 대학 동창인 제이니 마르 베럼Janie Marr Werum은 영화감독을 하며 경력의 절반을 채웠고, 지금은 유기농장 조사관으로 일한다. 니나 플랭크Nina Planck는 작가이자 농산물시장 관리자 그리고 자연식품 전도사다. 내게는 이들 모두가 일종의 마법가루를 손에 쥔 사람들, 인품과 지성

미의 후광이 비치는 인물들 같다.

이 책은 내가 사이먼 앤 슈스터Simon&Schuster 출판사와 세 번째로 작업한 책이다. 내게 이런 인연을 만들어준 에이전트 글렌 하틀리 Glen Hartley와 린 추Lynn Chu에게 감사의 말을 전한다. 앨리스 메이휴Alice Mayhew는 이번에도 편집을 맡아주었다. 카렌 톰슨Karen Thompson과 로저 라브리Roger Labrie는 앨리스와 함께 편집 작업을 해주었다. 데이비드 로젠탈David Rosenthal은 성격이 온화한 출판인이었다. 다시 한 번 감사를 전한다.

나는 15년이 넘는 세월 동안 집에 제대로 머문 적이 없다. 1년에 120일 넘게 여행하고 비행기로 40만 킬로미터 이상 이동하기 때문이다. 보통은 좀비가 되어 집에 돌아온다. 그러다 보니 사람들과 연락이 끊어지기 일쑤다. 그래도 불쑥 떠났다가 돌아오는 나를 언제나 반겨주는 지인들이 몇 명 있다. 립 헤이먼Rip Hayman과 제프 휴이트Jeff Hewitt는 이런 내 모습을 40년 동안 지켜봤다. 이성 친구 패거리도 있다. 수잔 타워스Susan Towers, 에리카 스지쇼스키Erika Szychowski, 바버라 폴릿Barbara Pollitt, 김해숙, 크리스틴 레너Christine Lehner가 바로 그들이다.

내 동료들은 전 세계에 흩어져 산다. 우리는 자주 볼 때도 있고 1~2년에 한 번 볼 때도 있다. 그렇지만 만나면 바로 어제 본 사이처럼 서로를 대한다. 참으로 허물없는 관계다. 그들 중 몇 명만 언급하자면 마틴 린드스트롬Martin Lindstrom, 데이비드 보스하르트 David Bosshart, 조지프 구글리에티Joseph Guglietti, 호세 루이스 누에노José Luis

Nueno, 켄지 온데라Kenji Ondera, 카즈 도요타Kaz Toyota, 브루스 카펜터Bruce Carpenter, 테리 슈크Terry Shook, 압둘라 샤라피Abdullah Sharafi, 장 피에르 바드Jean Pierre Baade 등이다.

크레이그 칠드레스Craig Childress는 나와 인바이로셀을 함께 꾸리는 동업자다. 그가 회사를 지켜주지 않았더라면 나는 지금처럼 살 수도, 이런 책을 써내는 프로젝트도 해낼 수 없었을 것이다.

저자 인터뷰

.

한국 방문이 몇 번째인가? 한국의 쇼핑몰을 방문해본 적이 있는가? 있다면 첫인상은 어땠는가?

아버지가 외교관으로 한국에 부임하셔서 1972년 20세에 한국에서 9달을 산 적이 있다. 당시 한국은 가난한 나라였다. 한국에 있으면서 대부분의 시간을 여행을 했다. 당시 한국은 낯선 외국인인 내게 사람들은 매우 친절했고, 물질적으로 부족했지만 차 한잔을 나누는 정서적 풍요로움이 있는 나라로 기억한다. 지난 10년 동안은 한국을 방문한 적이 없었다. 다만 10년 전부터 우리 회사의 리서치팀이 한국 쇼핑몰과 스토어의 컨설팅 의뢰를 받아 조사하기 시작하면서 나는 의류, 가전회사, 화장품의 매장 보고서를 읽고, 비디오테이프를 통해 달라진 한국의 모습을 간접적으로 볼 수 있었다.

이번 한국 방문에서 나는 코엑스와 명동을 방문했다. 우리가 관리하는 고객 매장과 고객의 경쟁자 매장을 둘러보기 위해서였다. 평균적으로 한국 매장은 고르지 않고 들쑥날쑥 분포

되었다. 규모면에서 세계적인 수준을 자랑할지 모르겠지만, 의외로 제대로 갖춰놓지 못한 부분이 많았다. 자동차를 생산하고 세계 규모의 가전제품을 생산하는 글로벌 비즈니스가 활발하지만, 소매 매장 면에서 보면 아직 개선할 점이 많다. 매장을 관리하는 것은 상당히 미묘한 과학이다. 나는 새로운 프로토타입을 보는 데 매우 불편했다. 물론 우리 리서치팀을 통해서 이 부분을 미리 알고는 있었다.

일반적으로 한국 소비자는 그들이 지금 받는 것보다 더 나은 대접을 받아야 한다고 생각한다. 이것이 내가 이번 방문을 한 목적이기도 하다. 소비자의 연령층과 무관하게 나의 책을 통해 한국 소비자와 관련업계 종사자들은 큰 이익을 볼 수 있을 것이다. 한국 경제가 열심히 일한 인력과 운을 토대로 성장했다는 사실을 인지하는 것은 매우 중요한 일이다. 한국 기업은 글로벌 기업으로 거듭났지만, 현장에 있는 소비자들을 더 잘 이해해야할 필요성이 있다.

당신은 쇼핑 과학의 창시자, 쇼핑 심리 분석가 등으로 전 세계적으로 명성이 높다. 당신만큼 쇼퍼에 대해 잘 아는 사람도 없을 것이다. 특별히 쇼핑 과학에 관심을 갖게 된 계기가 있는가?

두 가지 계기가 있었다. 첫 번째 계기는 아주 개인적 이유인데, 어렸을 때 내가 아주 심한 말더듬이었다. 나같이 심한 말더듬이면 궁금해도 사람들에게 질문할 특권 같은 것이 없었다. 그래서 나는 사람들을 관찰하면서 이해하기 시작했다. 나는 지독한 장애에서 일종의 생존기제로 몸에 자연스럽게 배었던 관찰하는 습관이 바로 직업으로 연결되었다.

대학에서는 지리학을 전공했고 도시 계획 전문가로 커리어를 쌓았다. 당시 작은 상점, 은행, 병원, 도서관을 이용객들을 위해 최대한 적합하게 만들면 더 좋은 도시를 만들 수 있다고 생각했다. 이것이 모태가 되어 지금 인바이로셀 회사를 만들게 되었다. 현장 소비자의 행동 심리를 파악하고 연구하는 것이 고생스럽게 분투하는 연구원들의 노력을 경제적으로 더 많이 보상해줄 수 있었다.

현재 인바이로셀 회사는 세계 26개국에 지사를 두고 있고, 160명의 직원이 일하고 있다. 우리의 목표는 소비자들이 결정을 하는 계기가 어떤 건지 분석을 하고 쇼핑 환경을 더 낫게 만드는 것이다. 그러므로 내 인생의 목표도 돈이나 행복이 아닌 결과물이다. 우리가 사는 세상을 더 나은 환경으로 바꾸는 것에 돈보다 더 중요한 가치를 두는 것이다.

컨설팅 업체 인바이로셀의 대표이다. 당신의 주요고객은 마이크로소프트, 스타벅스, 에시티로더, 블록버스터, 시티뱅크, 휴렛패커드, 블루밍데일 등 세계적인 기업들이다. 이 중 인바이로셀의 컨설팅을 통해 눈에 띄게 매출이 증가한 곳이 있다면 어디인가? 또 매출이 증가했던 이유는 무엇이었나?

「포춘」선정 100위 안에 드는 기업 중 절반 이상이 우리 고객이다. 세계적인 판매업체 탑 50위가 우리의 고객인 것이다. 우리에게 컨설팅을 의뢰한 고객들의 80퍼센트는 다시 우리에게 재의뢰를 한다. 그러므로 우리는 평판이 아주 좋은 컨설팅 업체라고 볼 수 있다.

우리는 매장을 개선하여 매출을 올리기도 하지만, 클라이언트가 불필요한 지출을 쓰지 않도록 조언을 한다. 이는 매출을 올리는 것만큼이나 중요한 일이다. 우리 회사 직원들은 전문용어를 사용하지 않고 유머를 섞어서 쉽고 재미있게 말하는 기술을 가지고 있다. 그러므로 우리와 일한 회사들이 다시 우리를 찾는 것이다.

당신의 책은 한국에서는 물론 유통, 마케팅에 종사하는 사람들이 필수적으로 읽어야 하는 책으로 꼽히고 있다. 특히『쇼핑의 과학』의 경우, 출간 후 많은 사람이 열광했다. 그 이유가 무엇이라고 보는가? 당신의 책이 다른 유사도서와 구별되는 점은 무엇인가?

내 생각에 대부분의 비즈니스서 저자들은 그들이 얼마나 똑똑한지 책에서 보여주려 한다. 나는 20대부터 잡지, 신문 외 기타 미디어에 꾸준히 글을 기고해왔다. 나는 사람들이 내 글을 읽고 좋아하기를 바란다. 나는 타깃 독자들이 누구인지 잘 인지하고 있다. 나는 그들의 기대에 맞추어 글을 쓰고 있고,

개인적인 경험을 공유한다. 내 책을 읽은 독자라면 내가 어떤 마음을 가진 사람인지 잘 알 수 있을 것이다. 내 책이 세계적인 베스트셀러가 되어 10년 넘게 잘 팔리고 있다고 하니 매우 우쭐해진다. 여러분이 앞으로도 내 책을 갖고 싶다면, 나는 쉬지 않고 계속 쓸 예정이다.

쇼핑몰이 예전에는 단순한 쇼핑-여가 공간이었다. 그런데 이제는 몰에서 사람들이 연극을 보고 취미 생활로 악기를 배운다. 앞으로의 몰은 어떻게 더 진화할 것 같은가?

어떻게 보면 쇼핑몰은 진화의 상징으로 볼 수도 있다. 최첨단 쇼핑몰이 계속 생기고 있다. 그 첫 번째 이유는 안전성에 기반을 둔다. 예를 들어, 고등학생 아이들을 쇼핑몰에 데려다주고 몇 시간 후에 데리러 가도 그 어떤 위험한 일이 생기지 않기에 쇼핑몰의 진화가 가능했던 것이다.

1970년 이후에 교통의 요지에 백화점을 세웠지만 교통량의 증가는 기하급수적으로 늘어났고, 기존의 백화점에서는 더 이상 수용이 어렵기 때문에, 새로 짓는 쇼핑몰에서는 주차장 시설에 신경을 쓰는 한편, 공공의 편리함과 개인의 취미를 한 번에 할 수 있는 복합문화공간으로 자리매김을 한 것이다. 요즘에 우리는 몰이 아닌 올ᵉ이라고 부를 정도이다. 모든 것을 살 수 있고, 누릴 수 있는 곳으로 탈바꿈한 것이다.

남아프리카 공화국 쇼핑몰 내에는 고등학생들을 위한 스포츠

체육시설이 있고, 태국 쇼핑몰에는 자동차 대리점과 수리 센터가 있어 차를 사고 고칠 수 있다. 심지어 북유럽에는 쇼핑몰 안에 학교와 교회가 있을 정도이다. 한마디로 정리하자면 쇼핑몰은 이제 공공시설과 개인의 이해관계가 맞아떨어져 더 나은 협업을 하고 있다고 할 수 있다.

한국뿐 아니라 전 세계적으로 인터넷 쇼핑이 대세다. 그렇다보니 인터넷이 전 세계적인 유통망으로 떠오르며 쇼퍼들의 움직임 또한 크게 변화했다. 인터넷 쇼핑에서 특히 쇼퍼의 마음을 끌어당기는 방법은 무엇인가?

온라인 쇼핑의 세계는 급격히 변화한다. 우리는 이곳을 융합convergence이라고 부른다. 스마트폰과 인터넷 그리고 지역적 특성이 집약적으로 모여 있는 곳이다. 온라인 쇼핑은 어디에서나 할 수 있는 특성이 있지만, 지역마다 온라인 쇼핑몰에 대한 선호도는 현저히 다르다.

한국이 다른 나라보다 온라인 쇼핑에 열중하는 이유가 서울이라는 한 지역에 몰려 있어서 인구가 밀집되어 있기 때문이다. 대중교통 수단도 한몫한다. 대부분의 서울 시민은 적어도 하루에 2시간 이상을 출퇴근하는 데 소비한다. 그러므로 스마트폰을 보면서 개인의 프라이버시 구역을 구축한다. 또한 주거 공간 역시 밀집되어 있고, 비교적 작은 편이다. 그렇기 때문에 모니터나 스마트폰의 화면에 집중하는 현상을 가져온다. 만약 텍사스에서 한국과 비슷한 온라인 쇼핑몰을 연다면 절대로 성공하지 못할 것이다. 라이프스타일이 전혀 달라 온라인 쇼핑에 대한 콘셉트와 관계가 한국과는 전혀 다르기 때문이다. 온라인 쇼핑에서 가장 중요한 것은 세계적으로 포괄할 수 있는 상품과 지역적인 상품을 구별하는 일이다. 미래 온라인 쇼핑의 키가 바로 여기에 달렸다. 아무리 온라인 쇼핑이 진화한다고 하더라도 일단 사람들은 물건을 만져보고 냄새를 맡고 소유하고자 한다. 그러므로 우리는 새로운 비즈니스 모델을 구상 중이다. 같은 상품을 보고 바로 구입하는 가격, 본 다음 3일 뒤에 사는 가격, 보고 집까지 배달해주는 가격 등 동일한 제품의 가격을 개인이 편하게 사는 시기에 맞추어 변동시키는 것이다. 이럴 때 어떤 점이 편리한지 면밀히 분석 중이다. 현대 쇼핑의 근본 원칙이 이런 편리함에서 탄생한다.

여성 고객의 마음을 사로잡는 법 중 가장 중요한 것은 무엇인가?

여성 고객이 가장 필요로 하는 것은 안전성, 청결함, 인정이다. 안전하고 보호받는 것이 여성 고객에게 매우 중요한 1순위이다. 그다음은 청결함이다. 여성은 남성보다 청결함에 더 신경을 많이 쓰기 때문에 유아 매장에서는 특히 더 청결함에 신경을 많이 써야 한다. 셋째로 여성은 인정받기를 원한다. 이번 책에서 언급한 내용인데, 당신이 누구인지 알아주는 것, 이것이 바로 여성 고객을 사로잡는 마법이다. 여성은 중요한 고객이다. 여성을 알면 모든 것을 알 수 있을 정도이다.

당신이 요즈음 가장 주목하고 있는 쇼핑 트렌드는 무엇인가?

나는 강연회에서 이런 질문을 받으면 4가지로 얘기를 한다. 첫째, 쇼핑은 비주얼의 정확성을 아는 것이다. 소비자에게 어떻게 보일까를 분석해서, 비주얼적 면모를 어떻게 작용시켜야 성공하는지 혹은 실패하는지를 정확히 파악해야 한다.

둘째, 여성 고객 편의이다. 이번 책의 주요내용이기도 하다. 이전까지 우리가 사는 세상은 남성 중심의 세상이었다. 모든 조직, 시스템 및 건물을 남자들이 만들고 디자인했기 때문에 대부분 여성의 편의가 배제되었다. 그러므로 좀더 여성친화적인 콘셉트를 잡는 것이 중요하다.

셋째, 시간의 문제이다. 우리는 시간과 전쟁을 하며 일상을 살고 있다. 요즘 쇼핑 트렌드는 예를 들어 코엑스 같은 쇼핑몰에서 길을 잃고 싶으면 길을 잃고 구경할 거리를 많이 제공하는 것이다. 입구와 출구를 간편하게 만들면 매장에도 쉽게 들어갈 수 있지만, 다른 매장으로 용이하게 이동할 수도 있다.

마지막으로 앞선 질문에서 말한 대로 어떤 것이 세계적인 아이템이고 어떤 것이 지역적인 아이템인지 아는 것이다. 인사동에서 쇼핑하는 사람, 대구나 부산에서 쇼핑하는 사람의 다른 점이 있는지, 있다면 그 차별성은 무엇인지 구체적으로 파악하는 것이다. 이는 캐나다 몬트리올에서 현대 자동차를 사는 구매자와 멕시코의 구매자, 또는 중국 우한의 구매자가 어떤 차이를 보이는지 각각의 상황에 맞추어 마케팅 전략을 짜는 것이다.

『여자는 언제 지갑을 여는가』는 여성 고객의 소비심리를 분석한 책이다. 남성 고객의 심리를 분석한 책을 낼 생각은 없는가?

독자들 70퍼센트는 여성이다. 이 책을 읽은 여성 독자들이 내게 말하기를 이 책이 웃음을 낼 정도로 재미있는 부분도 있지만 어떤 면은 불편하다고 한다. 몸에 배여 자각하고 있지 못한 부분을 신랄하게 짚어서 이야기해주기 때문이란다. 글쎄, 내가 남성을 위한 책을 쓸 수 있을지는 모르겠다. 과연 누가 살까? 주제는 흥미롭지만 남성 고객을 위한 소비 심리로는 현재 강연을 하지 않고 있다.

※이 글은 2011년 11월 파코 언더힐이 한국에 방문했을 때 인터뷰한 내용을 토대로 엮은 것입니다.

여자는 언제 지갑을 여는가

| 펴낸날 | 초판 1쇄 2012년 5월 4일 |
| | 초판 6쇄 2015년 4월 17일 |

지은이	파코 언더힐
옮긴이	김선영
펴낸이	심만수
펴낸곳	(주)살림출판사
출판등록	1989년 11월 1일 제9-210호

주소	경기도 파주시 광인사길 30
전화	031-955-1350 팩스 031-624-1356
홈페이지	http://www.sallimbooks.com
이메일	book@sallimbooks.com

| ISBN | 978-89-522-1842-1   03320 |